U0910849

DOCTORAL DISSERTATION OF
LITERATURE AND JOURNALISM SCHOOL,
SICHUAN UNIVERSITY

主编◎曹顺庆

四川大学文学与新闻学院博士论文丛书

传媒本体论
——新媒体时代的理论转向

张 骋◎著

中国社会科学出版社

图书在版编目(CIP)数据

传媒本体论：新媒体时代的理论转向／张骋著．—北京：中国社会科学出版社，2016.5

（四川大学文学与新闻学院博士论文丛书）

ISBN 978－7－5161－7880－5

Ⅰ．①传…　Ⅱ．①张…　Ⅲ．①传播媒介－研究　Ⅳ．①G206.2

中国版本图书馆CIP数据核字(2016)第063125号

出 版 人　赵剑英
责任编辑　任　明
特约编辑　乔继堂
责任校对　邓雨婷
责任印制　何　艳

出　　版　中国社会科学出版社
社　　址　北京鼓楼西大街甲158号
邮　　编　100720
网　　址　http：//www.csspw.cn
发 行 部　010－84083685
门 市 部　010－84029450
经　　销　新华书店及其他书店

印刷装订　北京市兴怀印刷厂
版　　次　2016年5月第1版
印　　次　2016年5月第1次印刷

开　　本　710×1000　1/16
印　　张　14.75
插　　页　2
字　　数　242千字
定　　价　58.00元

凡购买中国社会科学出版社图书，如有质量问题请与本社营销中心联系调换
电话：010－84083683

前　言

新媒体时代传媒技术的迅猛发展，对人类社会的政治、经济、思想、文化等各个方面都产生了深远的影响，造成了显著的变化。可以说，当代社会是一个被传媒所覆盖和呈现的社会。因而，传媒也就成为新闻传播学及其相关学科研究的重点和热点，以传媒为研究核心的新闻学与传播学在国内外也已经成了显学。但是，目前国内外对于传媒的研究还不是很成熟。长期以来，新闻传播学都背上了“无学”的骂名，其他学科对于传媒的研究也还有待深入。目前为止，国内外对于新闻传播的研究大多都还只是停留在经验层面，缺乏应有的学理分析、深度阐述和批判精神。很多人就此为新闻传播学辩护：新闻传播学是应用型学科，“无学”很正常。但是，政治学、经济学、法学都是应用性很强的学科，为什么它们又有学呢？因为政治学有政治哲学作为它的理论根基，经济学有经济哲学作为它的理论根基，法学也有伦理学作为它的理论根基。而政治哲学、经济哲学、伦理学都是历史悠久、博大精深的学科。

因此，笔者认为造成“新闻无学”这一现象的最主要原因不在于新闻传播学重应用，而在于新闻学与传播学都属于新兴学科，都是从 20 世纪初才逐渐兴起，不像文、史、哲等成熟学科都有好几千年的研究历史。其他学科对于传媒的关注更是从 20 世纪末期才开始，很多传媒研究其实都还只是文化研究。因此，整个新闻传播研究都还缺乏深刻而系统的理论根基。所以，本书就试图从本体论层面来研究和看待传媒，进而为整个新闻传播学乃至整个传媒研究建立一个形而上的理论根基，即“传媒本体论”。

本体论是关于终极存在以及人与世界总体性关系的学说。传媒本体论就是将传媒视为一种终极存在，探讨人与世界的传媒性关系的学说。人类在不同的时代有着不同的终极存在。在古希腊时期，整个人类的存在方式是以古希腊神话中“宙斯”为最高权威，以哲学思想中“逻各斯”为中心；到了中世纪，最高权威和中心换成了“教会”和“上帝”；而到了近代，宗教改革、文艺复兴、启蒙运动等一系列运动，使人文主义者和知识分子取代上帝和教会成为真理的代言人。并且语言文字本身也强调了人的理性和主体性。因此，在近代，知识分子和人的理性成了新的权威和中心。

在当代，我们生活在一个以新媒体为主要传播媒介的时代，即“新媒体时代”。根据麦克卢汉的“媒介即人的延伸”理论，任何媒介都是人类器官的延伸，新媒体与传统媒体最大的不同就在于，传统媒体只是人类部分器官的延伸，而新媒体是人类中枢神经系统的延伸。如果“部分延伸”说明人类只是部分地依赖传媒，而“整体延伸”就说明人类全方面地依赖传媒。因此，新媒体时代是一个“传媒化生存的时代”。人类的生存每时每刻都离不开传媒，传媒也就成为当代社会新的权威和中心。也就是说，在新媒体时代，传媒已经发生了一次“哥白尼式”的转向：从工具到本体。传媒已经不再是一个外在于我们的，用于认识和理解客观世界的工具，而是事物存在和自我发展、自我揭示的领域。我们置身于传媒世界中，理解着包括我们自己在内的一切存在之物。今天的新媒体已经不再是与报纸、广播、电视等传统媒体并存的第四、第五媒体了，它已经成了一种“操作系统”或“基础性平台”，所有的传统媒体甚至人类社会的各个领域都必须要依循新媒体的逻辑才能生存和发展。我们这个时代也被称为“互联网 +”时代。

在20世纪中后期，人文社会科学经历了解释学转向、语言学转向、文化转向等一系列转向之后，在21世纪即将迎来一次新的转向，即“传媒学转向”。同时，西方哲学的发展在经历了分析哲学、语言哲学、文化哲学之后，也即将迎来一个新兴的研究领域，即“传媒哲学”。目前，传媒哲学在国内外都还属于一个很不成熟的研究领域，还缺乏深入、系统、全面的研究成果。本书也希望能为传媒哲学研究提供理论参照和科学指引。

在具体的研究路径和篇章结构上，本书共分为三大部分。

第一部分是导论。导论第一节介绍了本体论以及演进的状况，进而得出结论：从古希腊到后现代，虽然世界的本体不断地在变化，但是本体本身从没有消失。第二节紧接着就介绍了在新媒体时代传媒所发生的转向，即从工具到本体。换言之，在新媒体时代，传媒成了世界的本体。

第二部分是论文的主体部分，分为上篇（由第一章、第二章、第三章组成）和下篇（由第四章、第五章、第六章组成）。

上篇详尽论述了“传媒本体论何以可能”，也就是探讨“传媒本体论”在逻辑上为什么是成立的，它的起源、建立和延伸过程分别是怎么样的。

第一章介绍了“传媒本体论”起源于技术哲学，因为与“传媒本体论”一样，技术哲学也是从本体论和哲学的视角来审视技术，而我们也可以把传媒看成是一种特殊的技术。因此，“传媒本体论”也就是技术哲学延伸的产物。

第二章介绍了“传媒本体论”建立的标志是传媒哲学的兴起。传媒哲学顾名思义就是对传媒的哲学思考，就是从主体间性关系中去考察传媒的，将传媒看成是一种主体间性关系中的非中性的本体或主体，人和世界都存在于传媒之中，传媒决定人和世界的意义。这一点传媒哲学与传媒本体论是不谋而合的，甚至我们可以说传媒本体论就是传媒哲学。

第三章介绍了“传媒本体论”延伸的结果是传媒文化的出现。传媒本体论建立之后必然产生一定的文化后果，这个文化后果就是文化的传媒化；同样，文化也会反作用于传媒，即传媒的文化化。传媒文化就是由文化的传媒化与传媒的文化化所构成的。以传媒文化为文化载体的社会和时代依次表现为信息社会和大数据时代。信息社会是以信息为本体的社会，大数据时代是由数据所驱动的时代。

下篇详尽论述了“传媒本体论如何可能”，也就是探讨“传媒本体论”在现实中是如何实现的。本书认为“传媒本体论”只有在新媒体时代才能真正实现，实现的方式主要体现在新媒体对后现代主义思潮的决定作用。因为新媒体时代是一个传媒化生存的时代，人们的生活无时无刻不与传媒联系在一起，人类社会的各个方面都被传媒所决定。而在传统媒体时代，虽然传媒也具有一定的本体地位，但是“传媒本体论”只是在逻辑上是成立的，在现实中并不能充分实现，因为传统媒体时代并不是一个传媒化生存的时代，决定人类社会发展变化的因素有很多，传媒形态的发展变化只是其中一个因素而已。

第四章介绍了新媒体与后现代主义哲学之间的关系。“中心的消解”“结构的颠覆”“基础的坍塌”“理性的陨落”都是后现代主义哲学的重要特征，而且这些特征与新媒体的诸多特征都是一脉相承的。换言之，新媒体建构了后现代主义哲学。

第五章介绍了新媒体与后现代主义文化之间的关系。“日常生活审美化”“大众文化”“视觉文化”“文化全球化”都是后现代主义文化的重要特征，而且这些特征与新媒体的诸多特征也是一脉相承的。换言之，新媒体建构了后现代主义文化。

第六章介绍了新媒体与后现代主义文艺形态的关系。后现代语境下的新闻、文学、电影、游戏是新媒体诸多特征的反映。也就是说，网络新闻、网络文学、网络电影、网络游戏等新媒体文艺形态都体现出了后现代性。

第三部分是结语。结语提出了“传媒学转向”这个预言。“传媒学转向”意味着“传媒”日益成为人文社会科学关注的重点，并且人与传媒之间的关系也从“人使用传媒”转向“传媒使用人”。“传媒学转向”继承了“语言学转向”的思路和方法，但又超越了“语言学转向”。“传媒学转向”所创立的“仿真、超真实、内爆”这三个新概念及其内涵都是“语言学转向”所没有的。

目　　录

上篇　“传媒本体论”何以可能

下篇　“传媒本体论”如何可能

导　论

传媒转向与本体重建

第一节　本体论及其演进

一　何谓本体论

本体论（Ontology）这个概念最早是由德国经院哲学家郭兰克纽在17世纪提出来的，他在一篇文章中首次使用了ontologia一词。这里的“onto”指“本体”，“logia”指理论和科学，故ontologia指关于本体的理论和科学，即本体论。最早对本体论下定义的是德国哲学家沃尔夫，黑格尔在《哲学史讲演录》一书中谈到了沃尔夫的本体论定义：“本体论，论述各种抽象的、完全普遍的哲学范畴，如‘是’以及‘是’之成为一和善，在这个抽象的形而上学中进一步产生出偶性、实体、因果、现象等范畴。”①

从这个定义我们可以看出，本体论的研究对象是“是”，“是”指什么？“是”是指抽象的、包容一切的超越性实在。那么“实在”又指什么？这里的“实在”不是指人们能够靠感觉器官看到、听到、闻到的东西，而是指在人们的变化莫测的感觉经验之上的不变的东西，即事物的本质。这个本质的存在领域不是在我们的经验层面，而是在先验层面，这个先验层面是先于我们的表象世界（经验层面）而存在的，是表象世界的

① ［德］黑格尔：《哲学史讲演录》第四卷，贺麟、王太庆译，商务印书馆1978年版，第189页。

本质和原理，因而我们不能用感性直观来把握它，只能靠概念的逻辑运动才能达到。黑格尔就这一问题作了如下表述：“这种精神的运动，从单纯性中给予自己以规定性，又从这个规定性给自己以自身同一性，因此，精神的运动就是概念的内在发展：它乃是认识的绝对方法，同时也是内容本身的内在灵魂。——我认为，只有沿着这条自己构成自己的道路，哲学才能够成为客观的、论证的科学。”① 由此可见，本体论哲学家认为，真理的普遍性和客观性只有通过概念的逻辑运动才能达到。

与本体论运用逻辑运动的方法达到真理一样，本体论中的概念也是从逻辑上加以规定的。与日常语言中的概念不同，逻辑上加以规定的概念的意义不是由概念所指的对象规定的，而是由概念与概念之间的关系中得到规定的，也就是说，本体论中的概念的意义是由概念自身的逻辑规定性所决定的。本体论首先通过确定“是”（超越性实在）这个包容一切的、最高、最普遍的概念，进而使一切“所是”（经验性实在）的意义得到概念上的确定。因此，本体论与认识论的最大不同就在于本体论的自我相关性，换言之，本体论是一个终极的大全，它的意义不是由外在的对象所规定的，而是由其自身的逻辑所规定的。

综上所述，我们可以从以下三个层面来概括本体论的三个基本特征。

第一，在本质层面，本体论是“与经验世界隔绝或者先于经验世界的理念世界、绝对精神、纯粹理性的领域，它是纯粹的原理”。② 这里的理念世界最早是由柏拉图提出来的，用以表示与表象世界相分离的高于表象世界的世界，并且它是表象世界的原型和本质；绝对精神是黑格尔哲学中的超越性实在，人和自然的一切表现都是由绝对精神的辩证运动造成的；纯粹理性则是康德用以表示人类认知经验世界的一种先验认知能力，它是我们认识经验世界的前提。

第二，在方法论层面，本体论认为包容一切的、最高、最普遍的超越性实在是不能用感性直观来把握的，只有靠概念的逻辑运动才能达到。在黑格尔以前是用形式逻辑的方法，到了黑格尔发展为辩证逻辑的方法。

第三，在形式层面，“本体论是讨论‘是’及各种‘所是’的范畴间的相互关系的学说，其中‘是’包含着一切‘所是’，一切‘所是’都是

① ［德］黑格尔：《逻辑学》上卷，杨一之译，商务印书馆1974年版，第5页。
② 俞宣孟：《本体论研究》，上海人民出版社2012年版，第19页。

从‘是’中产生出来的”。[①] 因此，本体论是围绕着“是”这个超越性实在的概念建立起来的一门科学，这个“是”就是逻各斯中心主义中的那个最高的中心。

然而，在本体论中，作为包容一切的、最高、最普遍的那个本体从来就不是一成不变的，它取决于本体论者对人生意义、生存价值、存在真理的看法，因此它在形成和发展的过程中是不断变化的，不是已成之物，而是未成之物。

二　本体论的演进：从古希腊到后现代

虽然本体论这个概念到17世纪才正式提出，但是对于本体的研究从古希腊就开始了。在古希腊哲学史上，前苏格拉底时期主要是探讨世界的本原是什么，即世界是由什么基本物质构成的。从伊奥尼亚的“水”、毕达哥拉斯的“数”到阿那克西美的“全”以及巴门尼德的“存在”，他们在谈论世界的本原的时候都没有把作为本体的人考虑进去，他们都是把一些与人毫不相干的自然物质当作世界的本原。因此，前苏格拉底哲学又被称为自然哲学，这个时期的本体论为“自然本体论”。

随着哲学思想的发展，哲学家们逐渐意识到不能离开人来谈论世界的本体。苏格拉底率先宣布与自然哲学相对立，他以“认识你自己”的口号来规定哲学研究的对象。苏格拉底认为哲学研究的对象不是自然界，而是人自身。理性、灵魂、伦理等这些人的知识才是真正意义上的知识。此后，柏拉图提出了一种二元本体论，他将世界一分为二，一个是理念世界，一个是表象世界。柏拉图认为，“表象之中不可能有永恒不变的东西，一定存在着另一个稳定、绝对的和永恒的世界作为他们的根据，否则一切将失去存在，甚至根本不可能存在”。[②] 这个稳定、绝对的和永恒的世界就是理念世界。亚里士多德在柏拉图的基础上提出了“四因”说：质料因、形式因、目的因和动力因。在解释具体事物的时候，他又把目的因、动力因和形式因统称为形式因。因此，亚里士多德认为，任何事情都是质料因和形式因的统一，任何事情的发展都是由质料因向形式因的转化。这里的质料因就相当于柏拉图的表象世界，而形式因相当于理念

① 俞宣孟：《本体论研究》，上海人民出版社2012年版，第18页。

② 郑伟：《论本体论的演进》，载《学术交流》2008年第2期。

世界。

到了中世纪，基督教哲学将这种二元本体论发展到了极致。古希腊的自然本体论和人学本体论被统一于神学本体论，上帝成了人和自然的终极原因和目的，世界的本原也变成了全知全能的上帝。“人被宣布为上帝所安排的秩序的组成部分，作为绝对的和决定一切的本原。上帝早就预先注定了世界和人的命运。他行事不让人知道，把人变成自动执行神的意志的盲目工具。”① 在这里，人和自然在上帝这里得到了统一。

近代哲学是从反对基督教神学开始的，它提倡理性，反对愚昧；提倡人本主义，反对神本主义。本体论也在近代发展成了理性本体论。笛卡尔提出“我思故我在”的口号，这里的“我思”就是指“我理性的思考”，因此，这一口号的提出确立了人的理性和主体性的地位，使理性高于信仰、人高于上帝。笛卡尔之后，无论是唯理论还是经验论的哲学家都将人的理性提到了至高无上的地位，理性是万能的，人通过理性可以得到普遍、客观的真理。

康德是近代第一个也是唯一一个提出“理性有局限”的哲学家，他认为人的理性只能认识到现象世界，而物自体人的理性是认识不到的，只能诉诸信仰。此后，黑格尔坚决反对康德对现象世界和物自体的区分，反对有不可知的物自体的存在。黑格尔是西方哲学史上的“集大成者”，他扬弃了前人的各种观点，提出了“实体即主体”的著名命题。在这个命题中，“绝对精神既是主体又是客体，是包含了特殊的普遍，包含了具体的共相。它由于在自身中包含着差异和矛盾而不断运动、变化和发展，并在自我发展和自我认识中复归于自身”。② 绝对精神在黑格尔哲学中具有本体论的地位，人和自然的一切活动都是绝对精神辩证运动的结果。

随着时间的推移，这种以理性为中心建立起来的世界日益表现出它的局限性。哲学家们重新开始思考什么才是真正的本体，他们在否认理性本体论的基础上提出了生命本体论。将“生命解释成人的价值存在，人的超越性生成，人的终极意义显现，这才是人所生活于其中的世界本原”。③ 这种以人的生命意志为本体而建立起来的本体论改变了过去本体论的非人化倾向，确立了人的“生命活力”和“精神意志”的本体地位。如叔本

---

① 王岳川：《艺术本体论》，中国社会科学出版社 1994 年版，第 13 页。

② 秦湘源：《本体论的历史演进》，载《求是学刊》1994 年第 4 期。

③ 王岳川：《艺术本体论》，中国社会科学出版社 1994 年版，第 15 页。

华的"生存意志"、尼采的"权力意志"、狄尔泰的"生活世界"、柏格森的"直觉"，等等，都是作为世界的本源而存在的。此后，海德格尔在谈论世界本源的时候指出，"人在有意识有目的地介入到他所在的世界中去，人自己和世界这两个方面都是在这一介入的过程中展开出来、是其所是的"①，并把这种人介入世界的方式称为人的生存状态，因此，海德格尔把"此在"（人的生存状态）作为世界的本原，并称自己的本体论为"基本本体论"。

到了后现代，哲学家虽然在试图解构本体论、解构逻各斯中心主义，但是他们处处都在用本体论解构本体论，用逻各斯中心主义解构逻各斯中心主义。比如，后现代哲学家的代表德里达是最彻底的解构本体论者，但是他在解构本体论的时候却提出了"延异"这个新的本体。"延异"又称作"分延"，指"差异的实现或发生，实现的过程同时也是差异作用的时间延缓和时间积蓄和时间化"。② "延异"这个概念是德里达哲学中一切存在的本源，因此，后现代主义哲学并不是没有本体论，只是这个本体论与前现代的最大差别就在于它的不确定性，哲学也不可能离开本体论而存在。

纵观本体论演进的历史，从古希腊到后现代，本体论实现了以下两个方面的转向。

一是从传统实在的自然本体论转向以人的理性或感性意志为中心的人学本体论；二是从永恒不变的、确定的、空间性的本体论转向不断变化的、不确定的、时间性的本体论。

第二节　新媒体时代传媒的转向：从工具到本体

一　新媒体时代的传媒化生存

对于"新媒体"一词的起源，一种颇为流行的观点认为，1967 年，美国哥伦比亚广播电视网（CBS）技术研究所所长戈尔德马克（P. Goldmark）在一份开发电子录像商品的计划中率先提出"新媒体"这个概念；

① 俞宣孟：《本体论研究》，上海人民出版社 2012 年版，第 353 页。

② ［法］德里达：《声音与现象》，杜小真译，商务印书馆 1999 年版，第 85 页。

尔后，美国传播政策总统特委会主席E. 罗斯托（E. Rostow）在1969年提交给尼克松总统的著名的《罗斯托报告》中更是多次使用了“新媒体”这个概念。由此，“新媒体”一词在美国以及欧洲开始流行起来，并随后在全球范围内掀起“新媒体研究热”。

中外学者对新媒体的研究可谓是蔚然成风，而对新媒体的概念则是各执一词，众说纷纭，至今尚无统一的定义。中国传媒大学廖祥忠教授认为，将戈尔德马克和罗斯托作为“新媒体”的首创者这种观点并不准确。他研究认为“新媒体”的概念至少可以追溯到20世纪50年代，为印证这个观点，他列举了1959年麦克卢汉赴芝加哥参加全美高等教育学会举办的会议时发表的一篇题为《电子革命：新媒体的革命影响》的讲话。在这个讲话中，麦克卢汉不仅提及“新媒介”这个词，还敏锐地抓住了“新媒体”最重要的本质，即一种历史性的概念，一种与旧媒体相对应的概念。因此，在这个意义上，廖祥忠教授提出“在当今时代，‘新媒体’应当理解为‘以数字媒体为核心的新媒体’，它是通过数字化交互性的固定或即时易懂的多媒体终端向用户提供信息和服务的传播形态”。①

清华大学熊澄宇教授认为，“今天我们所说的新媒体通常是指在计算机信息处理技术基础之上出现和影响的媒体形态”。② 而美国《连线》杂志则感性地称新媒体就是“所有人对所有人的传播”。也有专家把新媒体区分为广义和狭义的，“广义层面上的‘新媒体’以是否采用数字技术为标准划分；狭义层面上的‘新媒体’则以IP协议为划分标准，强调与网络媒体融合、具有交互功能”。③ 还有学者将新媒体的定义归纳为“传承论”“相对论”“凡数字论”“互联论”“媒体定义回归论”“规模论”“多维论”“一言难尽论”。

不管人们如何定义新媒体，有一点是确定的，那就是“新媒体是相对于传统媒体而言的，是报纸、广播、电视等传统媒体以后发展起来的新的媒体形态，是利用数字技术、网络技术、移动技术、通过互联网、无线通信网、卫星等渠道以及电脑、手机、数字电视机等终端，向用户提供信息和娱乐服务的传播形态和媒体形态”。④ 而“新媒体时代”就是这样一个

---

① 廖祥忠：《何为新媒体?》，载《现代传播》2008年第5期（双月刊）。

② 熊澄宇：《新媒体与文化产业》，人民网，2005年2月1日。

③ 石磊：《新媒体概论》，中国传媒大学出版社2009年版，第3页。

④ 同上书，第2页。

以新媒体为主要信息传播媒介和生存环境的时代。

麦克卢汉提出的“媒介即讯息”观点，认为“任何媒介对个人和社会的任何影响都是有新的尺度产生的。我们的任何一种延伸或曰任何一种新技术都要在我们的事务中引进一种新的尺度”。[①] 在此基础上，麦克卢汉还提出了“媒介即人的延伸”的论断，即“任何媒介都不外乎人的感觉器官的扩展或延伸：文字和印刷媒介是人的视觉能力的延伸，广播是人的听觉能力的延伸，电视则是视觉、听觉和触觉能力的综合延伸”。[②] 以上这些传统媒体虽然都是对人的感觉器官的延伸，但是他们都仅仅是对人的某一个或者几个感觉器官的延伸。而新媒体运用了综合处理文字、图形、声音和图像的多媒体技术，将传统媒体的长处集于一身，因此，以互联网为代表的新媒体则是对整个人的神经系统的延伸。部分延伸仅仅代表人们部分依赖传媒而生存，全部延伸则表明人们将完全依赖传媒而生存，新媒体时代的到来也标志着人们从此进入了“无时无刻不传媒”的传媒化生存的时代。在传媒化生存的时代，作为社会生活重要组成部分的大众传媒完全参与到了我们的日常生活，并且干预了我们的社会生活。我们无法摆脱大众传媒对于人类生活的霸权控制，我们也不能离开大众传媒而生存。当然，这并不是说当代人在与他人的交往中必须以大众传媒为中介，而是说当今传媒社会中，我们无法将大众传媒从社会生活中剥离开来。考察当代社会不能不考察大众传媒，考察大众传媒则意味着认识今天的社会。与社会打交道在很大程度上是在同传媒打交道，而与传媒打交道就是与社会沟通。

总而言之，由新媒体时代所开启的传媒化生存使“传媒如同空气，浸透着生活的方方面面，无孔不入，如同一根根信息流通管道，每时每刻维系着个体与世界的联系与交流”。[③] 对公众来说，没有手机、没有互联网的生活是不可想象的，新媒体时代人们的工作、生活、学习、生产、消费，这一切都被传媒化了。

---

① ［加］马歇尔·麦克卢汉：《理解媒介——论人的延伸》，何道宽译，商务印书馆2000年版，第33页。

② 蒋晓丽、石磊：《传媒与文化：文化视角下的传媒研究》，华夏出版社2008年版，第6页。

③ 同上书，第5页。

二 前新媒体时代作为工具的传媒

在前新媒体时代，传媒被赋予“器”的功能。器，皿也，也就是一种工具，人们将传媒理解为由人类发明创造的、供人类使用的、用于了解和认知外部环境的工具。因此对传媒的认知基本都是工具论意义上的。一般来说，前新媒体时代的传媒最基本的功能是信息传播和接收，其他的功能都是在这个基础之上扩充和演化而来的。

研究传媒的功能，不得不提到西方社会学中的一个重要学派——结构功能主义。1945 年，美国社会学家帕森斯在《社会学系统理论的现状和前景》一文中，提出和阐述了用以指导经验研究的系统理论——结构功能主义。该理论重点研究社会的结构及其各组成部分之间在功能上的差异和相互关系。当今的传媒功能研究在很大程度上是结构功能主义的理论观点的运用和发展，并吸取了心理学、社会心理学的相关研究成果。用结构功能主义的理论来分析传媒的功能，它关心的就不是传媒系统自身的问题，而是传媒系统与社会系统的互动关系，关心的是传媒的社会功能。

1948 年拉斯韦尔在《传播在社会中的结构与功能》一书中首次明确地提出了大众传媒的社会功能，即后来著名的“三功能说”，包括环境监测功能、社会协调功能、社会遗产传承功能。1959 年赖特在《大众传播：功能的探讨》一书中对拉斯韦尔的“三功能”又进行了补充，增加了重要的“提供娱乐”的功能后将其扩充到“四功能”。传播学奠基人施拉姆将拉斯韦尔、赖特的功能观总结为三个方面：政治功能，包括监视环境、协调、社会遗产传递；经济功能，包括市场信息的传递和解释、开创经济行为等；一般的社会功能，包括社会规范的传达、协调公众的了解和意愿、娱乐等。此外，传播学的另一位奠基人拉扎斯菲尔德和社会学家默顿提出了传媒的“三功能论”，而且第一次指出并研究传媒的“负功能”问题。他们认为“授予地位”“促进社会规范的实行”是正功能，而“麻醉精神”则是负功能。

从以上分析可以看出，虽然传媒学家提出了很多关于传媒功能的理论，但是，从本质上来看，这些理论都从不同的侧面和角度强调了传媒功能的“工具性”，强调使用这种工具进行的信息传递、宣传教育、提供消遣等用途，如“瞭望哨”“社会排气阀”等，目的是为了人们更有利地应付环境，适应生活，顺利地、有效地开展与自身生存和发展有关的一切行为。也就是说，前新媒体时代的人们对传媒的认识总体上仅仅停留在将其作为一种认识和改造世界的工具层面。

而这种工具论的传媒观是建立在西方哲学的传统认识论基础之上的。传统认识论强调主客体的二元对立，将人和自我看作主体，将世界和他人看作客体，知识正是由主体去认识客体而获得的。因此，认识论正是将传媒看成是外在于主客体的“连接”主客体的“桥梁”，并且是主体去认识客体时所使用的工具。

与这种认识论相关的传媒理论还包括“拟态环境”“涵化理论”等，认识论强调真实世界和虚拟世界的二元对立，并且认为我们应该以真实世界为本，虚拟世界仅仅是真实世界的摹本。李普曼的“拟态环境”理论就认为传媒是对外部世界的扭曲或重塑，并认为我们应当对这种认识工具进行反思从而达到主客体认识相一致的认识结果，否则我们将被传媒营造的虚拟世界所误导和欺骗，甚至对真实世界的生活造成错误的决策。由此可见，李普曼的“拟态环境”理论仍然没有摆脱传统认识论的主客体分裂的模式，即认为人是主体，真实环境是客体，拟态环境是介于人与真实环境之间的由大众传媒所建构出来的环境。

然而这种工具论的传媒观在新媒体时代却遭到了根本性的颠覆。新媒体时代的传媒化生存开启了人类生活的新方向，使人类的生存进入了一个新的向度。这样的历史性变革导致传媒发生了根本的转向，而这种转向的理论根源可以从解释学的转向中找到合法性依据。

三　解释学的转向

解释学是一种关于意义、理解和解释的哲学理论，亦称为诠释学、释义学。解释学（Hermeneutics）一词源出于古希腊词 Hermes，本意是指“传达神谕”，目的在于把隐晦的神意转换为人们可以理解的语言和信息。古希腊哲学家亚里士多德认为，“解释的目的在于排除歧义以保证词与命题判断的一致性”。[①] 到了中世纪，基督教哲学家奥古斯丁将解释学应用于解释圣经和宗教教义中，并通过马丁·路德的宗教改革，解释学发展成为诠释经文和法典的一门学科。到了近代，德国浪漫主义宗教哲学家施莱尔马赫将解释学运用于哲学史中，希冀通过批评的解释来揭示某个文本中

① 王岳川：《后现代主义文化研究》，北京大学出版社 1992 年版，第 27 页。

的作者的原意。总而言之，传统解释学是建立在传统认识论的主客体二分的思维方式之上，在这样的思维主导下，解释学是作为方法论而存在的，是主体去认识客体的方法，是读者去解读文本中作者原意的方法。

到了后现代，海德格尔率先完成了解释学的哥白尼式的革命，使解释学从一种方法论转向了本体论。海德格尔的存在论哲学观就是要克服传统形而上学危机，他认为整个西方形而上学的最大危机就是对存在的遗忘，即忘在。忘记了存在，我们就必然陷入传统认识论的主客体分裂的困境当中。在认识论那里，人被规定为主体，世界是外在于人的客体。而海德格尔的存在论则认为，人与世界应该是“融为一体”的，我们在认识事物之前已经在世界之中，“我们与日常事物打交道的实践活动（海德格尔把这种活动叫“烦忙”，或“烦”）总是第一位的，我们一定是在已经熟悉了事物以后，才会把它作为一个外在于我，与我没有实践关系的东西来客观观察”。[①] 海德格尔将人这种特殊的存在方式称为“此在”，“对海德格尔来说，理解的本质是作为‘此在’的人对存在的理解，理解不再被看作一种认识的方法，而是看作‘此在’的存在方式本身”。[②] 也就是说，海德格尔认为解释学就不是主体去认识客体的方法，而是人的存在方式（此在）本身。因此，解释学也就从方法论上升到了本体论。

后来，伽达默尔以海德格尔的本体论解释学为起点，提出了哲学解释学。哲学解释学将解释看成一个解释者与文本之间的一个对话过程。伽达默尔认为人总是存在于历史之中的，因此解释活动也不可能克服历史的局限性。解释的历史性构成了人的偏见和特殊视界，解释者有解释者的视界，而文本也包含有作者原来的视界，解释的对话过程就是这两种视界的对话，进而使两种视界交融在一起，达到“视界融合”，从而使解释者与解释对象都超越原来的视界，达到了一个全新的视界。这个全新的视界又为新的解释和经验提供了可能性。因此，解释也被看成是一个敞开、流动、循环的过程。

解释学的本体论转向进一步推进了20世纪以来的“语言学转向”。这种语言学转向的根据在于，解释学的对话模式已经暗示了语言对于解释学的根本意义，对话与交流没有语言是不可想象的，更不用说我们领会的东

① 张汝伦：《现代西方哲学十五讲》，北京大学出版社2003年版，第232页。

② 王岳川：《后现代主义文化研究》，北京大学出版社1992年版，第30页。

西绝大部分是语言文本。伽达默尔在《真理与方法》一书中认为，“语言就是领会本身得以进行的普遍媒介”。[①] 也就是说，人们必须用语言去理解和认识世界，并且用自己的语言去表述自己对世界的理解。同时，伽达默尔在《哲学解释学》一书中将他的语言学观点解释为：“如果我们只在充满语言的领域，在人类共在的领域，在共同理解并不断达到共识的领域——一个对于人的生活来说如同我们呼吸的空气一样不可缺少的领域看到语言，那么语言就是人存在的真正媒介。”[②]

传统解释学认为语言是表达人的意识的形式，是主体去认识客体的工具；哲学解释学则反对工具论语言观，认为语言不是单纯的表达思想的工具，也不是可以被主体用来控制或操纵的客体，而是人类和世界得以存在的领域，所以离开人的语言去研究人的意识活动，是抽象的、片面的。“人是一种语言的存在物，因为人的理解活动离不开语言，或者它根本上就是一种语言活动。语言具有基本的优先性，不是人的工具，不是一个对象，而是人的生存和生活经验的形式。”[③] 在此意义上，海德格尔提出了著名的“语言是存在之家”，意思是语言不再是主体去认识客体的工具了，而是存在真理显现的场所；换而言之，人总是以语言的方式去拥有世界的，语言表达了人和世界的一切关系，而每一种语言都是一种特殊的世界观，如果没有语言，任何的存在都不能被人所理解和掌握。伽达默尔也认为“能被理解的存在就是语言”，亦表明语言已经不是传递意义的工具，它已经成了我们的存在方式本身，人只有借助语言才能理解存在。

四　传媒的转向

新媒体时代是一个“无时无刻不传媒”的传媒化生存的时代，语言的本体地位已经被传媒所代替，人们的对话与交流不能离开传媒。正如解释学本体论的转向认为“语言是存在之家”，反对工具论语言观一样，传媒作为语言的一种特殊替代形式，其功能在新媒体时代也正进行着越发明显的转向。我们当然不会否认传媒的一般功能，如传递信息、提供娱乐

---

① ［德］伽达默尔：《真理与方法》上册，洪汉鼎译，上海译文出版社 1992 年版，第 496 页。

② ［美］帕特里曼·奥坦伯德·约翰逊：《伽达默尔》，何卫平译，中华书局 2003 年版，第 56 页。

③ 费多益：《话语心智》，载《自然辩证法研究》2007 年第 6 期。

等，但从本体论的角度来看，传媒最基本的功能是它揭示了一个世界，即胡塞尔意义上的生活世界，或海德格尔讲的世界。真空不能传声是物理学中的常识，声音不能独立地存在，其传播必须要依赖于介质，声音是与其介质共存的：介质不是声音传播的渠道，而是其存在的境域。在新媒体时代，传媒与世界的关系正如介质与声音的关系，传媒成为事件得以呈现和存在的领域。正是传媒打开了我们的世界，使事态得以呈现出来，人与人之间得以交流，社会得以形成。在此意义上，我们生活的世界可以叫作传媒世界。但是这里需要明确区分的一点是，这个传媒世界并不是李普曼在其《舆论学》中界定的“拟态环境”。

在《舆论学》一书中，李普曼区分了“两个环境”，即拟态环境和真实环境。“拟态环境”是指大众传媒营造的楔入在人和环境之间的虚拟环境，它在人和“真实环境”之间充当的中介角色，是对真实环境的一种扭曲和重塑，而媒介正是塑造这种拟态环境的工具。“真实环境”是独立于人的意识之外的，不以人的主观意志为转移的客观世界。李普曼区分这两个环境的目的是向人们揭示出大众传媒所构建的拟态环境与人们生活所遭遇的真实环境之间的差异，并期望通过对媒介工具的批判使之达到客观中立地呈现真实环境的结果，最终使媒体营造的拟态环境能够尽量模拟真实。

李普曼对“两个环境”假设的逻辑区分是建立在一种主客体对立分裂的认识论上，属于传统认识论的范畴；而解释学的转向以及接踵而至的语言学转向让我们认识到，传媒不再被认为是主体可以任意使用的工具，而是存在显现的场所。传媒世界本身就是真实环境得以展开和被领会的领域。世界通过传媒使我们感知其存在，人通过传媒拥有其生活世界。换而言之，我们生而“被抛入”这个传媒世界，传媒世界就是我们的日常生活世界，是我们的生存方式，我们通过传媒理解我们自己和我们的世界。在新媒体时代，人们和传媒世界打交道就像呼吸一样自然，人们并不会去设想分裂而虚设的另一个“真实世界”，那样的概念与我们作为人的生活经验并不相符。传媒的本体论转向要求我们的认知对日常生活经验开放，经验本身寻找并发现表达它的领域，但这并不意味着传媒是对对象的简单描摹，也并非一个与物相符合的符号，而是从属于对象本身的。由此可知，“拟态环境”在新媒体时代以及传媒本体论的语境下成了一个伪命题，人们真实感知的、在其中生活和作为决策依据的传媒环境就是真实环境。

对象在传媒世界中拥有它的存在。我们甚至可以说，事物为了被认知而将它们自身带到传媒的表达中。在新浪财经公布的“2011 微博十大事件”中，郭美美事件、随手拍解救乞讨儿童、官员直播开房等媒介事件榜上有名。这些事件的共同点在于它们的发生和发展与新媒体密切相关。在围观或参与这些事件的过程中，我们并不支配或占有这些事件；相反，这些事件在传媒中并通过传媒而具有自在的生命，我们让它们占有我们，也因此参与构建我们的日常世界。

我们的经验在传媒中展开，在传媒中我们的经验本身也在形成和不断改变着。人和世界在传媒中经历着一个本原的相互隶属性。对人而言，人是世俗而有限的存在，我们总是处在一个环境之内，“此在性”规定我们不能站在我们生存的环境之外的某个超然物外之境，并从一个客观的距离之外来审视它，并以为从那里我们生存的整体将会被正确认知；相反，我们的世界是从这种处境的内部被“照亮”的，传媒的世界是对人有意义的世界。对传媒而言，在新媒体时代，传媒第一次不是一个外在性的东西了，而是事件存在和自我发展、自我揭示的领域，它将物带入我们的世界，并因此而成为世界的一部分。对事物而言，说某物是“事实的存在”在于它被人意识到并被看成是有意义的，在这个意义上我们甚至可以说“传媒是存在之家”。事件在传媒中有了得以显现和存在的领域，没有在传媒中自我显现的事物对人这个有限的此在来说是无法认识也没有意义的，亦即不存在的。

对于前新媒体时代的人来说，理解传媒的本体论这一观点很困难，主要原因在于传统认识论预先就有了传媒是外在于主客体的工具的观念，而本体论则想要告诉我们，传媒是我们生存的媒介，我们存在于传媒之中。当我们问“你在网络上做什么”的时候，工具论的回答是：“上网查资料”或者“上网聊天”；而在新媒体时代，本体论的回答是：“在网上生活”，甚至我们还能够设想有人会反问：“不上网能做什么?”

新媒体时代下，人们在这样的传媒世界里体验着一种前所未有的存在方式，世界也通过传媒缓缓地自我呈现出其内在的丰富多样性；同时，网络、手机等新媒体对我们来说又是如此熟悉，如此不可或缺，它就像是水或空气那样无所不在却又大隐于市。我们甚至可以大胆地预言：人文社会科学在 20 世纪经历了解释学转向、语言学转向之后，在新媒体时代即将迎来一次新的转向，即“传媒学转向”。

上　篇

“传媒本体论”何以可能

小　引

从技术哲学到传媒文化

笔者在上篇中将详尽论述“传媒本体论何以可能”，也就是探讨“传媒本体论”在逻辑上为什么是成立的，它的起源、建立和延伸过程分别是怎么样的。“传媒本体论”是从本体论的视角来审视传媒，不再将传媒看成是一个外在于主客体的“连接”主客体的“桥梁”，不再是主体去认识客体的工具，而是将传媒看成是事物存在和自我发展、自我揭示的领域。人类置身于传媒世界中，理解着包括人类自己在内的一切存在之物。

“传媒本体论”起源于技术哲学，因为与“传媒本体论”一样，技术哲学也是从本体论和哲学的视角来审视技术，而我们也可以把传媒看成是一种特殊的技术。虽然技术哲学在19世纪下半叶才正式成为一门学科，才得到了专门的研究和系统的论证，但是对技术的哲学思考从古希腊就开始了，包括苏格拉底、柏拉图、亚里士多德在内的几乎所有古希腊哲学家都论述了自己对于技术的哲学思考。到了中世纪，宗教改革以前的哲学家普遍对技术持批判和怀疑的态度，他们认为技术改造自然界的过程是违背上帝旨意的，因为自然界的本来秩序是上帝创造和安排的，违背了上帝的旨意必将受到上帝的惩罚。宗教改革之后的哲学家又重新对技术持肯定和积极的态度，他们认为人类通过科学技术参与现实事物可以使灵魂得到拯救，因为宗教改革之后的神学观认为灵魂得到拯救的方式不是逃离现实世界，而是积极地投身于现实事务之中。到了近代，技术哲学的思潮分为乐观主义和悲观主义两种。技术乐观主义者的代表人物有培根、霍布斯、斯宾诺莎、爱尔维修、霍尔巴赫、洛克等；技术悲观主义的代表人物有卢梭、康德、黑格尔、马克思、恩格斯等。技术哲学在现代正式成为一门学科，德国哲学家卡普被誉为技术哲学的奠基人。此后，海德格尔、芒福德、埃吕尔、德索尔等一大批哲学家都详尽阐述了自己的技术哲学思想，技术哲学也迎来了全面繁荣的时期。

“传媒本体论”建立的标志是传媒哲学的兴起。传媒哲学，顾名思义就是对传媒的哲学思考，就是从主体间性关系中去考察传媒，将传媒看成是一种主体间性关系中的非中性的本体或主体，人和世界都存在于传媒之中，传媒决定人和世界的意义。这一点传媒哲学与传媒本体论是不谋而合的，甚至我们可以说传媒本体论就是传媒哲学。传媒哲学兴起于麦克卢汉，麦克卢汉的“媒介即讯息”“媒介即人的延伸”“冷热媒介”“重新部落化”“地球村”等重要思想无不体现了他的传媒哲学的立场。此后，鲍德里亚、哈贝马斯、波兹曼等当代思想家都分别阐述了自己的传媒哲学思想。鲍德里亚认为大众传媒是消费社会的“操控者”和“助推器”；哈贝马斯论述了大众传媒与公共领域的关系；波兹曼则对以电视为代表的大众传媒持批判态度，他认为电视图像传播使人们丧失理性、客观、深刻、有序、富有逻辑的认知结构，使人们娱乐至死。

“传媒本体论”延伸的结果是传媒文化的出现。传媒本体论建立之后必然产生一定的文化后果，这个文化后果就是文化的传媒化；同样，文化也会反作用于传媒，即传媒的文化化。传媒文化就是由文化的传媒化与传媒的文化化所构成的。对于传媒文化，各个学派所持的态度也不尽相同，其中法兰克福学派对传媒文化持批判态度，而英国文化研究学派却极力为传媒文化正名。信息是大众传媒所传播的内容，传媒文化的出现和盛行必将使人类进入一个新的社会，即信息社会。信息社会是以信息为本体的社会，信息成了世间万事万物的本原，宇宙和生命的起源、演化和本质都以信息为终极原因。随着人类社会信息量的不断增加，人类又将超越信息社会而迎来一个新的时代，即“大数据时代”。这是一个由数据驱动的智能时代，人类社会的各个方面都以数据说话。

综上所述，我们从理论上对传媒本体论的起源、建立、延伸三个方面的逻辑梳理可以看出，“传媒本体论”在理论上、在逻辑上是成立的。

第一章

传媒本体论的溯源：技术哲学

第一节 技术哲学的兴起和发展：从古代到现代

技术哲学是“对人类改造自然或技术过程的总体性思考，是关于技术发展的根本观点和普遍规律的学问”。[①] 它的兴起与发展不是一蹴而就的，而是有一个漫长的历史过程。这不仅取决于技术的飞速发展使人类生活的方方面面都与技术密切相关，还取决于哲学家们的关注点和视界向技术问题的转移。

纵观技术哲学的发展史，大致可以归纳出两个特点：一是技术哲学的到来相对滞后。与历史哲学、道德哲学、艺术哲学、宗教哲学等不同，技术哲学作为一门学科的历史只有 100 多年。二是技术哲学的发展较快。它自 19 世纪末诞生于德国以来，“在百年中取得了长足进步”[②]，不仅出现了很多优秀的技术哲学家，而且建构出了不少技术哲学理论。下面笔者就从古代到近代对技术哲学的兴起和发展做一个较为详细的梳理，进而使我们能够深刻全面地认识到技术哲学中的基本概念和基本思想，从而正确把握技术哲学的未来发展方向。

---

① 陈昌曙：《技术哲学引论》，科学出版社 2012 年版，第 11 页。

② 同上书，第 16 页。

一 古代的技术哲学：古希腊和中世纪

（一）古希腊的技术哲学

技术哲学的思想最早从古希腊就开始萌芽。古希腊著名哲学家亚里士多德在他的代表性观点“四因说”里面就已经包含了技术哲学的思想。在亚里士多德看来，自然界的万事万物都是由质料因、动力因、形式因和目的因所构成，由此可见，作为人类改造自然的技术过程也是由这四个因素构成。以建筑过程为例，建筑材料是质料因，建筑师是动力因，设计图纸是形式因，为了居住是目的因。并且亚里士多德认为：“如果在技艺中有目的存在，那么在自然中也有目的存在。”① 也就是说，在他看来，正是技术的这四种因素决定了自然界的万事万物也是由这四种因素构成。此外，在亚里士多德的哲学中还包含了很多其他技术哲学的思想。例如，他指出：“一般的说来，技艺一部分是完成自然不能完成的东西，有一部分是模仿自然。”② 换言之，技术在改造自然的同时，也在模仿自然，如人工降雨、基因重组等等。再比如，亚里士多德认为：“每一种技艺之所以做好它的工作，就在于选择居间者，并以它为标准来衡量其作品。”③ 也就是说，在技术活动中，我们应该选择居间和折中的态度，谁能够找到技术活动中的折中点，谁就是更好的技术工程师。

除亚里士多德之外，古希腊的其他哲学家也提到了技术。前苏格拉底哲学家阿那克萨戈拉就认为：“在体力和敏捷上我们比野兽差，可是我们却使用我们自己的经验、记忆、智慧和技术。”④ 意思是人优于其他动物的地方就在于人有技术。亚里士多德的老师柏拉图在他的《理想国》中也提到了他的技术思想，在柏拉图看来，虽然在一个理想的国家中有各式各样的人，但是“一个秉性该做手艺或该做买卖的人是不配挤进军人乃至谋国者行列的”。⑤ 他认为，只有哲学家才是真正有智慧的人，才配做一个国家的统治者和谋划者。

---

① 北京大学外国哲学史教研室编译：《古希腊罗马哲学》，生活·读书·新知三联书店 1957 年版，第 64 页。

② 同上书，第 65 页。

③ 同上书，第 67 页。

④ 北京大学外国哲学史教研室编译：《西方哲学原著选读》（上卷），商务印书馆 1981 年版，第 23 页。

⑤ 陈昌曙：《技术哲学引论》，科学出版社 2012 年版，第 18 页。

（二）中世纪的技术哲学

在中世纪早期，基督教徒普遍对技术持怀疑和批判的态度。他们认为："人工合成自然之物的任何努力一开始就被认为是注定要失败的，人只能繁育人，至于其他事物，人充其量只能构造，赋予其人造的形式。"① 也就是说，人工合成的东西不如自然界的万事万物那么完美。这是因为中世纪早期的哲学家普遍认为技艺改造自然界的过程是违背上帝的旨意的，上帝是造物主，自然界的秩序是上帝创造和安排的，因而自然界具有上帝的神性。因此，人类通过技术改造自然、创造人工合成物的过程就是在破坏自然界的神性，是在侵犯上帝所创造的世界秩序，那么，这种违背上帝旨意的行为必将受到上帝的严惩。早期的基督教徒认为，避免受到上帝惩罚的唯一办法就是逃离这个罪恶的现实世界，躲进修道院，虔心祈祷、清心寡欲，使灵魂得到上帝的拯救。

中世纪后期的宗教改革逐渐形成了一种新的神学观。这种新的神学观虽然也持原罪说，但是它认为，灵魂得到拯救的方式不是逃离现实世界，而是主动地进入尘世，积德行善、辛勤劳动，积极地投身于现实事务之中，只有这样才能弘扬上帝的美德，才能认识上帝的伟大，才能增加上帝的荣耀。大批清教徒逐渐相信，科学技术活动、人工合成物都是上帝对人的旨意，因为科学技术活动是人类参与现实事务的主要手段。"人们以为通过认真而严肃地追求技术的进步而达到为上帝服务的目的，这就为技术的进步寻找到了'上帝为普遍公理'的依据。"② 因此，科学技术活动是人们实现自身价值的最重要途径，"现实的技术活动也就获得了一种超功利的精神寄托，从而使科学、技术活动成为全社会各行各业中最吸引人和最受尊敬的活动之一"。③

二　近代的技术哲学：技术乐观主义与技术悲观主义

西方的近代哲学家普遍都不重视技术问题，他们更重视科学问题和认识论，这与整个西方近代哲学重理论、轻实践的传统有关。但是，这并不等于技术哲学在近代就荡然无存，很多哲学家在自己的哲学观里面都包含

① 文成伟、刘则渊：《欧洲中世纪技术的形而上学反思》，载《自然辩证法研究》2004 年第 3 期。

② 同上。

③ 许良：《技术哲学》，复旦大学出版社 2005 年版，第 17 页。

了技术哲学的思想，并且由于他们对技术的不同看法而形成了两个不同的派别，一派对技术的发展持乐观主义的态度，另一派对技术的发展则持悲观主义的态度。

（一）技术乐观主义

英国著名唯物主义哲学家培根就是一个技术乐观主义者。培根对技术的发展给予了高度的评价，他认为技术是可以用来支配和征服自然界的，技术的发展是应该得到肯定的。虽然在中世纪经院哲学时期科学认识的进展不大，但是技术一直生生不息，一直在不断地进步和完善。在培根看来，“好多世纪以来，各种科学始终站在原来的地方，几乎保持着同一的状况，得不到明显的发展……但是，在以自然和经验为依据的机械技术中间，我们看见发生的却是相反的情形，因为这些东西（只要它们是人民大众所需要的）是在不断地繁荣和生长，好像在它们中间有着一种生命的气息，起初很粗钝，然后便利起来，往后变得很美观，而且在一切时候都在向前进展”。① 他的这段话表明：以自然和经验为基础的技术能够满足大众的需要，并且技术是有活力的，是不断向前发展的。

同时，培根还深刻阐述了技术在改造和认识自然中所起到的作用。培根在其代表作《新工具》中谈道：“在一个物体上产生和加上一种新的性质或几种新性质，乃是人的力量的工作和目的。”② 培根的这句话也就表明了自然界万事万物的本性在技术的作用下比在自然状态下更容易显露出来。也就是说，“技术乃是对自然过程的挑衅、变革、改造，自然界只有在被挑衅和激发时，才会把自己的奥秘显示出来和被揭示出来”。③

英国经验主义哲学家霍布斯也对技术持乐观主义态度，他认为：“人类最大的利益，就是各种技术，亦即衡量物质与运动的技术，推动重物的技术，建筑术，航海术，制造各种用途的工具的技术，计算天体运动、星体方位和时间部分的技术、地理学的技术，等等。”④ 与培根提出的自然的本性要靠技术的挑衅去揭示一样，法国唯物主义哲学家狄德罗也认为：

① 北京大学外国哲学史教研室编译：《16—18 世纪西欧各国哲学》，生活 · 读书 · 新知三联书店 1958 年版，第 35 页。

② 北京大学外国哲学史教研室编译：《西方哲学原著选读》（上卷），商务印书馆 1981 年版，第 46 页。

③ 陈昌曙：《技术哲学引论》，科学出版社 2012 年版，第 21 页。

④ 北京大学外国哲学史教研室编译：《16—18 世纪西欧各国哲学》，生活 · 读书 · 新知三联书店 1958 年版，第 63—64 页。

"要认识自然，就需要有意用一些最奇怪的试验来挑逗自然，探访自然，多方地拷问对象，这意味着他很重视实验技术对认识自然的作用。"同时，在他主编的《百科全书》一书中，他还对技术作了明确的定义："技术是有目的的，是通过社会协作完成的，它既包括硬件、工具，也包括规则、工艺方法，而且是由它们构成的体系。"①

此外，斯宾诺莎、爱尔维修、霍尔巴赫、洛克等近代哲学家也是技术乐观主义者，他们都从各自不同的角度论述了技术与人类进步的关系。

（二）技术悲观主义

随着科学技术的飞速发展，人们也逐渐意识到了科学技术是一把"双刃剑"，它在给人类的物质生活带来巨大利益的同时，也给人类的精神生活带来了巨大的损害，人成了机器的附庸，人生的价值和意义荡然无存。正如德国大诗人席勒所言："随着机械技术的发展、工厂制度的建立，工业文明给人类带来的并不是更自由、更舒适、更有保障的生活，人不但没有得到解放，反倒成了机器的奴隶和机械系统的一个片段。"② 技术对人的本质的异化是 18 世纪人文主义者的主要批判对象，他们不仅对机器、技术和工业文明展开批判，而且工具理性这种技术思维方式也是他们的重点批判对象。并且人文主义者对技术思维方式的批判往往被看作是技术哲学的开端，因为它从本质上揭示出了技术文明的要害。

在近代哲学家里面，法国著名哲学家卢梭是最早对技术展开批判的人文主义者。在《论科学和艺术》一书中，他指出："科学、文学和艺术，由于它们不那么专制因而也许更有力量，就把花冠点缀在束缚着人们的枷锁之上，它们窒息人们那种天生的自由情操。"③ 也就是说，卢梭认为，科学技术败坏了人性，使人性堕落。人类的道德意识已经被工具理性的思维所代替；人类自然而纯洁的幸福也被冷酷、急躁和恐惧的感觉所代替；人与人之间出于本能的相亲相爱也被尔虞我诈、算计、猜疑所代替。卢梭进一步指出科学技术产生和滋长了闲逸，"它们对社会所必然造成的第一种损害，就是无可弥补的时间损失"。④ 因此，卢梭告诫人们必须放弃科学技术，回归到具有浪漫主义色彩的理想之国。正如他所呼吁的那样：

---

① 陈昌曙：《技术哲学引论》，科学出版社 2012 年版，第 22 页。

② 许良：《技术哲学》，复旦大学出版社 2005 年版，第 20 页。

③ ［法］卢梭：《论科学和艺术》，何兆武译，上海人民出版社 2007 年版，第 8 页。

④ 同上书，第 22 页。

“人们啊！你们应该知道自然想要保护你们不去碰科学，正像一个母亲要从她孩子的手里夺下一种危险的武器一样。”①

卢梭之后，德国古典哲学的两位大师康德和黑格尔都从哲学的高度思考过技术。康德“人为自然界立法”的命题不仅表明了人的自我意识的先验性，而且反映了作为实践的自我是变革世界的根本力量。因此，康德将技术活动看成是与人的理性能力相对的一种实践能力，是一种“已获得的技巧”。人先天具有一种“技术判断力”，它能使技术根据“单纯的机械法则”或“实用性的原则和规则”进行有目的的活动。黑格尔在其哲学著作中也多次提到了科学技术的能动作用，在《逻辑学》一书中，他论证了手段和目的的辩证关系。黑格尔指出：“手段是一个比外在合目的性的有限目的更高的东西；——犁是比由犁所造成的、作为目的的、直接的享受更尊贵些。工具保存下来，而直接的享受则会消逝并忘却。人以他的工具而具有支配外在自然界的威力，尽管就他的目的说来，他倒是要服从自然界的。”② 由此可见，在黑格尔看来，手段和目的是紧密联系在一起的，任何目的的实现都离不开手段这个中介。因此，技术是人类认识自然和改造自然的重要手段，同时他也强调了人类的技术活动必须要服从自然界的法则。

此外，马克思和恩格斯也是近代非常重要的技术哲学家，由于笔者在后文中还会对马克思主义技术哲学作详细的论述，这里就不再作论述了。

三　现代的技术哲学：技术哲学的全面繁荣

自19世纪后半叶以来，技术哲学率先在德国得到了专门的研究和系统的论证，之后这种思潮向全世界蔓延，进入了技术哲学的全面繁荣时期。

德国哲学家卡普被誉为技术哲学的创始人，他的《技术哲学原理》一书也被认为是技术哲学的奠基之作。他在书中明确地指出：“本书的目的在于对出自人手的人工制品的产生和完善进行思考性的观察，同时把工具的产生和完善看作是人的自然意识发展的首要条件加以阐述，并由此而把对技术设备的详细分析与有关人类文化意义的思考结合起来”。③ 卡普

① ［法］卢梭：《论科学和艺术》，何兆武译，上海人民出版社2007年版，第19页。

② 许良：《技术哲学》，复旦大学出版社2005年版，第22页。

③ 同上书，第31页。

提出了技术的“人体器官投影说”，即一切技术和工具都是人体器官的投影和外化，通过这种外化和延伸，人类在使用工具的过程中再生产着自己。正如他在书中指出的那样，“在工具和器官之间所呈现的那种内在的关系，以及一种将要被揭示和强调的关系——尽管较之于有意识的发明而言，它更多地是一种无意识的发现——就是人通过工具不断地创造自己。因为其效用和力量日益增长的器官是控制的因素，所以一种工具的合适形式只能起源于那种器官。这样，大量的精神创造物忽然从手、臂和牙齿中涌现出来。弯曲的手指变成了一只钩子，手的凹陷成为一只碗；人们从刀、矛、桨、铲、耙、犁中看到了臂、手和手指的各种各样的姿势，很显然，它们适合于打猎、捕鱼，从事园艺，以及耕作”。[①] 而且卡普强调，技术的“人体器官投影说”是人类不自觉发现的，是在发现了技术与人体器官相似的事实之后才提出的，并不是人类自觉的发明。

德国工程师、生物学家德索尔是现代技术哲学史上又一位重要的技术哲学家，他对技术哲学的开创与发展起到了不可磨灭的作用。20 世纪初期，作为工程师和生物学家的德索尔在研究 X 射线的时候就敏锐地发现了技术中蕴含着许多值得探讨的哲学问题。在德索尔的一系列著作中，他都探讨和阐述了很多关于技术哲学的思想，并且他对技术也持乐观主义的态度。德索尔认为，与工业制造和产品生产不同，技术活动在本质上是一种创造活动。它不仅能够推动人类的物质文明建设，更能促进人类的精神文明建设。总之，技术是人类生存、发展和创新的根本力量和途径。

德索尔的技术哲学深受康德哲学的影响，并且对康德的思想进行了补充和完善。他在康德的三大批判（《纯粹理性批判》《实践理性批判》《判断力批判》）的基础上提出了第四大批判：技术创造的批判。在德索尔看来，技术创造是“从思想而来的现实存在”，也就是说，技术的发明并不是我们凭空想象出来的，而是来自于我们的先验认知能力，德索尔的这一观点与康德的认识论相同。但是，德索尔超越康德的地方在于，康德认为人们的先验认知能力只能认识到现象世界，而不能认识到“物自体”，而德索尔却认为人们通过技术创造能够积极接触到“物自体”，能够认识到事物的本质。

在现代法国的技术哲学领域，埃吕尔是人文主义技术哲学的代表性人

---

① ［美］米切姆：《技术哲学概论》，殷登祥译，天津科技出版社 1999 年版，第 6 页。

物。他主要从社会的角度来研究技术，提出了“技术自主论”的思想。埃吕尔认为：“自主技术意味着技术最终依赖于自己，它制定自己的路径，它是首要的而不是第二位的因素，它必须被当作‘有机体’，倾向于封闭和自我决定：它本身就是目的。”[①] 也就是说，在埃吕尔看来，技术不是为人类达到一定的目标而服务的手段，它是自主的，是独立于人和社会而自我决定的，技术自身就是目的而非手段。他进一步指出：“技术已变成自主的事实给了它一个至上的地位：没有什么在它之上能评判它的东西，它把自己变成了一个超级权威，任何事物都要以技术标准来评判，任何事只要是为了技术就可据此得到肯定。”[②] 换言之，技术是现代社会中的支配力量，人们只能做技术允许他做的事情，不能做技术可能性之外的事情。因此，埃吕尔对技术也是持批判态度的，他认为社会中的技术活动越多，人们的自主性也就越少，人类的精神文明也就越不发达。埃吕尔对技术的批判也为后来法兰克福学派对技术的批判提供了理论指导。

除了以上笔者提到的三位技术哲学家之外，19 世纪和 20 世纪还有很多著名的哲学家都提出了自己的技术哲学思想。笔者在下文中将对马克思、海德格尔和芒福德的技术哲学作详细的论述。

第二节　马克思：作为人的本质存在的技术

虽然马克思在自己的所有著作中都没有使用过“技术哲学”这个词，但是在马克思的很多理论中都包含了技术哲学的思想，对技术的本质、技术的发展、技术的异化都作了深入、细致的分析，他对技术的哲学认识也构成了他全部哲学思想的核心和基础。也就是说，“他的极其丰富而深刻的哲学思想，是以他对技术、工业和以技术为基础的现代生产活动的深刻认识为前提的”。[③]

一　技术哲学在马克思主义哲学中的地位

目前，在国内学者对马克思主义哲学的研究中，技术哲学一直是被忽

① Jacques Ellul, *The Technological System*, *Trans*, *Jouchim Neugroschel*, New York: Continuun, 1980, p. 125.

② Ibid., p. 151.

③ 乔瑞金主编：《技术哲学教程》，科学出版社 2006 年版，第 12 页。

略的一个领域，甚至很多学者都认为马克思没有技术哲学的思想，他们的关注重点都在马克思的辩证唯物主义和历史唯物主义。事实上，马克思的技术哲学思想在马克思主义哲学中有极其重要的地位，是一个非常值得研究的领域。国外学者对马克思主义的研究都非常重视马克思技术哲学的思想，都肯定了马克思技术哲学的存在。在《卡尔·马克思思想中的异化、实践和技术》一书中，法国哲学家 Kostas Axelos 指出："技术是马克思全部思想的关键和核心，唯有同时深入研究马克思对技术之意义的理解和对马克思主义之意义的理解，才能有一种清晰的哲学认识。"[①] 德国技术哲学家拉普也认为："马克思列宁主义的技术哲学大概最接近于一个思想流派，因为马克思、恩格斯和列宁已经奠定了基础。"[②] 具体说来，技术哲学在马克思主义哲学中的重要地位主要体现在以下几点。

第一，技术在人类活动和文明进程中具有首要地位，起着不可替代的作用。马克思指出："技术的研究，会把人类对于自然的能动关系，把人类生产的直接过程，由此也把人类社会生活关系……的直接生产过程揭露出来。"[③] 由此可见，马克思将技术的首要地位从三个方面表现了出来：首先，技术根植于人与自然的关系之中，人与自然的关系就在于人类利用技术能动地作用于自然，使自然在技术的作用下为人类服务；其次，技术是生产力的一个重要因素，也是衡量生产力水平的一个重要标志，而生产力又是人类生产活动中起决定作用的因素，因此，技术是满足人类生产活动的基础；最后，技术还是推动人类社会生活关系变革的根本动力。技术的进步推动了生产力的发展，从而改变了人类社会的生产方式，生产方式的改变造成了人类社会生活关系的变化，进而产生了新的制度和意识形态。

第二，技术不能离开人类的社会生产关系和历史文化背景而独立存在。马克思认为："技术绝不是孤立的、独立于社会之外的一个纯粹领域，作为人类社会的一个不可或缺的组成部分，其意义表现为社会生产的需求和社会生活的需要，即技术产生于需要。不同时代具有不同的需要，

---

① Kostas Axelos, Alienation, Praxis, and Techne in the Thought of Karl Marx 1—3, Translation Copyright by the University of Texas.

② ［德］拉普：《技术哲学导论》，刘武等译，辽宁科学技术出版社 1986 年版，第 182 页。

③ ［德］马克思：《资本论》（第 1 卷），人民出版社 1956 年版，第 448 页。

也就会有不同的技术。”[①] 换言之，马克思是把技术与人类历史结合起来研究，将技术的发展看成是历史的产物。因此，我们决不能把技术看成是游离于人类社会关系之外的东西，决不能离开一定的历史文化背景来考察技术。同时，我们还不能将技术与其他科学分离开来，而应该看到技术与自然科学和哲学的密切关系。在马克思看来，一方面，包括技术在内的工业的发展和进步，为自然科学的每项发明创造了坚实的物质基础；另一方面，具有生产力性质的技术改变了人们的生产关系，进而对作为意识形态的哲学具有决定作用。同时，马克思还看到了自然科学和哲学对技术能动的反作用，为技术的发明和进步提供了理论基础。

第三，技术与人类的文化和道德关系密切，是文化和道德的基础。一方面，技术创造了人区别于动物的文化活动。人与动物的最大区别就在于动物只有生理需求，而人除了有生理需求之外还有精神需求，可以创造出灿烂的精神文明来。在马克思看来，技术“不仅提高了人类征服自然的能力，而且也发展了人类的大脑即文化活动的器官或载体本身，为人类进行丰富的文化活动创造了最基本的前提”。[②] 同时，马克思认为，技术的进步还为人类文化活动的发展提供了必要的物质手段。例如，马克思指出，正是印刷术的出现使西方的宗教改革和文艺复兴得以发生，总的说来，印刷术“变成科学复兴的手段，变成对精神发展创造必要前提的最强大的杠杆”。[③] 另一方面，马克思还注意到了技术的资本主义应用对人类道德的败坏。其一，技术的资本主义应用使工人都变成了技术的附庸，丧失了思考的能力；使工人在肉体和精神上都没有自主的空间，对资本主义统治阶级也是绝对地服从。其二，技术的资本主义应用还极大地损害了妇女和儿童的利益。很多妇女被迫沦为妓女，因为妇女已经成了过剩的人口。很多儿童也被贬为童工，使这些儿童在萌芽时期身体和精神就受到了巨大的摧残。

二　技术的本质：人的本质力量的对象化

马克思对技术本质的定义是与人的本质联系在一起的。他认为，技术只有在人的存在与活动中才能被界定和理解，因为它是人类最重要和最基

① 乔瑞金主编：《技术哲学教程》，科学出版社2006年版，第19页。

② 同上书，第23页。

③ 《马克思恩格斯全集》（第47卷），人民出版社1979年版，第427页。

本的实践活动之一，也就是说，技术是人创造的，技术的本质是人的本质力量的对象化。

人的本质问题一直以来都是马克思主义哲学的基本出发点和最终归属，《德意志意识形态》这本书是马克思与恩格斯合著的，标志着马克思主义诞生的著作。这本书是以研究人与动物的区别开始的，他们认为，人与动物的最大区别就在于人可以生产他们所必需的生活资料。这本书又是以研究人的本质结束的，马克思和恩格斯认为，他们引入生产力、生产关系、生产资料、经济基础、上层建筑等一系列概念的最终目的是想阐明一个事实，那就是人是生产方式的存在。正如西方马克思主义哲学家弗洛姆所指出的那样，我们不应该将马克思理解为一个经济决定论的唯物主义者，而应该将他理解为一个关注人的生存状态的人本主义者。在弗洛姆看来，“马克思的目标是使人在精神上得到解放，使人摆脱经济决定论的枷锁，使人的完整的人性得到恢复，使人与其伙伴们以及与自然界处于统一而且和谐的关系之中”。[①]

关于什么是人的本质，马克思认为：“人不是由一系列固定不变的在分类学上可描述的特征定义的，人的本质并不是单个人所固有的抽象物，实际上，它是一切社会关系的总和。”[②] 既然人是一切社会关系的总和，那么我们就不能脱离现实来理解人，社会中各种现实因素的变化都会对人产生巨大的影响。马克思进一步指出：“一定的生产方式或一定的工业阶段始终是与一定的共同活动的方式或一定的社会阶段联系着的。”[③] 也就是说，一定的生产方式和工业阶段构成了人们各种社会关系的基础，生产是人与人之间进行社会交往的前提，生产方式也决定了人与人之间社会交往的方式。例如，马克思认为正是手推磨这种生产方式产生了封建社会，而蒸汽磨这种生产方式产生了资本主义社会。因此，我们不能像黑格尔那样将人定义为绝对精神的存在，也不能像费尔巴哈那样将人定义为宗教的存在，而应该从生产方式、劳动方式、社会关系入手来界定人的本质。

与人的本质是社会关系的总和一样，技术的本质也不是一个固定的抽象物，而体现了人与自然、人与人之间的关系。正如马克思在《资本论》

---

① 张红岩：《人本主义的马克思：弗洛姆的〈马克思关于人的概念〉解读》，载《云南财贸学院学报》（社会科学版）2007 年第 2 期。

② 许良：《技术哲学》，复旦大学出版社 2005 年版，第 53 页。

③ 乔瑞金主编：《技术哲学教程》，科学出版社 2006 年版，第 22 页。

中所指出的那样，“工艺学会揭示出人对自然的能动关系，人的生活的直接生产过程，以及人的社会生活条件和由此产生的精神观念的直接生产过程”。[①] 这里的工艺学就是指技术的本质，这个本质一方面体现了人对自然的能动作用，另一方面体现了人与人之间的社会关系。由此可见，技术是人类实践活动的产物，它根植于人的劳动以及所有的实践活动之中。在马克思看来，“人们为了能够‘创造历史’，必须能够生活。但是为了生活，首先就需要吃喝住穿以及其他一些东西。因此，第一个历史活动就是生产满足这些需要的资料，即生产物质生活本身，而且这是这样的历史活动，一切历史的一种基本条件，人们单是为了能够生活就必须每日每时去完成它，现在和几千年前都是这样”。[②] 因此，人类为了满足自己日益增长的物质文化需要，才使技术成为必不可少的东西，才使技术被界定为人的本质力量的对象化的产物。

同时，对工业发展史的深入探讨也构成了马克思技术哲学的重要内容，马克思将工业的发展史也看成是人的本质力量的对象化的产物。正如他所指出的那样，“工业的历史和工业已经产生的对象性的存在，是一本打开了的关于人的本质力量的书，是感性地摆在我们面前的人的心理学，在人类历史中即在人类社会产生过程中形成的自然界是人的现实的自然界；因此，通过工业——尽管以异化的形式——形成的自然界，是真正的、人类学的自然界”。[③] 总之，以人的视角来理解技术（工业）和以技术（工业）的视角来理解人是马克思技术哲学的基本原则。

三 技术对人的本质的异化与解放

马克思除了看到了技术的进步对于人类社会巨大的推动作用，还深刻地认识到了资本主义制度下的技术进步和劳动分工对人的本质的异化。“异化”这个概念是由马克思率先提出来的，主要就是指人自己生产出来的东西反过来奴役了人自身。在马克思看来，在资本主义社会中，随着技术的进步以及生产力的飞速发展，社会财富创造的重心已经从生产者的劳动时间转移到了参与生产过程的技术设备上。因此，生产者就被排除到了生产过程之外，不再是价值创造的最主要最活跃因素，而仅仅是生产过程

---

① ［德］马克思：《资本论》（第1卷），人民出版社1975年版，第410页。

② 《马克思恩格斯全集》（第1卷），人民出版社1979年版，第58页。

③ ［德］马克思：《1844年经济学—哲学手稿》，人民出版社1979年版，第80页。

的监督者和调节者而已。过去由工人所完成的任务，现在被技术所取代，工人的价值被贬低了，工人的劳动也退化了，谋生成了他们的唯一目标。与此同时，生产者与自己生产出来的产品之间也产生了异化，劳动产品本来应该是由生产者生产出来为自己所用的，但是由于劳动的异化，劳动产品成了一种异己力量，支配人的行为和意志。生产者不再能够自由地支配自己生产出来的劳动产品，反而被这些劳动产品所奴役。人的本性应该是自由的，但是当人的自由被技术所剥夺、限制、压抑、制约的时候，不得不说人的本质已经被技术所异化。

除此之外，马克思认为，资本主义制度下的劳动分工也会造成人的本质的异化。劳动分工是“以家庭中自然产生的分工和社会分裂为单独的、互相对立的家庭这一点为基础”①的，因此，劳动分工必然导致私有制的产生。私有制的出现不仅使私人利益与公共利益相脱离，而且还使劳动分工这种人本身的活动成了一种奴役人的力量，成了一种异己的力量。劳动分工固定了人的社会劳动，使人只对分配给自己的那部分任务负责，而不负责整体的生产任务。同时，劳动分工还使“人与人的关系同样发生了异化，因为所有的人都从遥远的第三者（即资本主义社会）那里得到分配给自己在劳动过程中的位置，彼此间缺乏内在联系”。② 总之，劳动分工是一种异已的力量，支配着人的意志和行为，导致了人的异化。

在马克思看来，无论是技术进步还是劳动分工导致的人的异化的根本原因都不是技术本身，而是技术的资本主义应用。技术和机器的发展在为人类创造物质财富和精神财富的同时，也成为资产阶级用来统治无产阶级和实行专制的有力工具。“因为机器就其本身来说是缩短劳动时间，而它的资本主义应用延长工作日；因为机器本身是人对自然力的胜利，而它的资本主义应用使人受自然力奴役；因为机器本身增加生产者的财富，而它的资本主义应用使生产者变成需要救济的贫民”，③ 等等。

那么，人怎样才能从这种异化当中走出来，实现人的彻底解放呢？马克思认为这种解放的动力就是生产力的飞速发展。在马克思的唯物史观中，生产力是起决定作用的因素，一个社会生产力的发展状况决定了一个社会生产关系和上层建筑的状况。而技术又是生产力中的一个重要因素，

---

① 乔瑞金主编：《技术哲学教程》，科学出版社2006年版，第22页。

② 许良：《技术哲学》，复旦大学出版社2005年版，第55页。

③ 乔瑞金主编：《技术哲学教程》，科学出版社2006年版，第32页。

是第一生产力，它的进步推动了生产力的飞速发展，进而导致了生产关系和上层建筑的变革。马克思进一步指出：“人的最终解放是生产力的解放，人对异化的克服是对所有导致其产生的条件的克服，把属于人的一切最终还给人本身，是以全面消除那些制约这种‘还给’的因素为转移的，而消除的动力基础是高度发展了的以技术或工业为基础的社会生产力。”① 生产力发展的最终结果是建立共产主义社会，只有共产主义社会才能彻底实现人的解放，才能从根本上使人从异化的状态走出来。由此可见，要想实现“人的彻底解放和对异化的克服，仍然是以生产力的巨大增长和高度发展为前提的，换句话说，是以技术或工业的巨大进步为杠杆的”。②

第三节　海德格尔：技术的追问

海德格尔是20世纪德国著名的存在哲学家、现象学大师，他的哲学思想是以关注人的存在意义（即此在）为中心建立起来的。从20世纪30年代开始，海德格尔注意到了技术对人类存在状态的深刻影响，注意到了技术对人类命运的主宰力量。从此之后，他开始从哲学的高度来关注技术，率先用现象学的方法来研究技术。因此，海德格尔对技术的本质及其与人类命运关系的探讨构成了他后期哲学思想的主旨。

一　现象学视野下的用具

早期的海德格尔虽然没有正面阐述过技术问题，但是在《存在与时间》一书中，海德格尔还涉及了很多技术的问题，这主要体现在他对“用具”的思考和分析上。可以说，海德格尔后期的技术哲学都是建立在他早期对“用具”的分析之上的。

海德格尔早期的哲学思想是从批判传统形而上学开始的，他认为从古希腊开始，西方哲学一直存在的一个重大问题就是对存在的遗忘，都是用存在者来代替存在，并试图用一个假象的存在者（如古希腊的逻各斯、中世纪的上帝、近代的理性等等）来作为本体论的存在，把它看成是其他一切存在者之所以为存在者的根源。海德格尔就是要用现象学的方法重新使

① 乔瑞金主编：《技术哲学教程》，科学出版社2006年版，第33页。
② 同上书，第23页。

存在的问题得以显现，重新追问存在的意义。在海德格尔看来，要想追问存在的意义，必须找到一个在存在论上具有优先地位的存在者，此在（即人的存在）就是这么一个存在者，也就是说，我们只有从此在的存在状态出发才能追问到存在的意义。

海德格尔认为，此在并不是一个既定的东西，而是一种可能性的存在。因此，人可以自己选择、计划、设计自己的存在方式，而这种存在方式并不是一种理论性的认识而是对工具的使用。也就是说，此在的存在状态就是与各种各样的外物打交道，把外物当作“用具”来使用，并在这种使用过程中建构出整个世界。海德格尔将人与外物打交道的过程称为“烦忙”，将人与人打交道的过程称为“烦神”。然而，海德格尔之所以能够得出此在的存在方式正是运用了现象学的方法。

现象学方法由海德格尔的老师胡塞尔所创立，胡塞尔认为，现象学方法强调意识的意向性结构，这是一种“自我—意识—世界”的结构，也就是说，自我的意识总是对某物的意识，自我与某物是融为一体的。因此，现象学的方法推翻了西方哲学自笛卡尔以来所强调的主客体二元对立，主体与客体都不能独立地存在，人与世界都只有在彼此的关系当中才能建构出自身的意义。在胡塞尔的基础上，海德格尔提出了一种新的意向性结构，即“人—存在于—世界”的结构。他认为，人一生下来就被抛入世界之中，也就是说，我们在认识事物之前就已经存在于世界之中了，世界并不是一个外在于我们的客观对象。而且海德格尔还指出，人存在于世界中的主要方式不是认识事物，而是对用具的使用。用具也只有在使用的过程中才能被把握，才能显示出自身的价值。正如海德格尔所说：“严格地说，从来没有一件用具这样的东西‘存在’，属于用具的存在一向总是一个用具整体。只有在这个用具整体中那件用具才能足够是它所是的东西。用具本质上是一种‘为了作……的东西’，有用、有益、合用、方便等都是‘为了作……之用’的方式。”① 海德格尔以锤子为例，说明了人与用具之间的存在论关系。锤子的主要作用是用来锤击东西，锤子顺不顺手、好不好用才是它的核心价值。因此，锤子不是认识论意义上的客观对象，换言之，锤子的价值不能用我们可以观察到的大小、重量、颜色、材

---

① ［德］海德格尔：《存在与时间》，陈嘉映等译，生活·读书·新知三联书店 1999 年版，第 82 页。

料、形状来衡量，它的价值只有在使用的过程当中才能体现出来。海德格尔将用具与人的这种最初的实践状态称为工具的“上手”，而将用具作为外在于人的一个客观观察对象的状态称为工具的“在手”，他指出，只有当用具损坏或不合用的时候，“在手状态”才会出现。

通过海德格尔对用具的现象学分析，我们可以看出人与用具之间的相互依存关系。任何技术都不是外在于人的一个中立性的工具，而是一种意向性的技术，是一种“持存物”，技术的本质也只有在使用的过程当中才能被揭示出来。总而言之，海德格尔对用具的现象学分析成为他后期技术哲学的重要思想来源。

二 座架：技术的本质

技术问题是海德格尔后期哲学关注的主题。海德格尔认为，对技术哲学的探讨首先必须弄清楚技术的本质是什么？而要弄清楚技术的本质就必须从过去我们对技术的“流行观念”开始，逐步深入到技术的本质领域。海德格尔归纳出了过去两种人们对于技术的“流行观念”或“旧的学说”。他指出：“按照旧的学说，被看作某物的本质的东西是：某物是什么。如果我们问技术是什么，我们就问到了技术。每个人都知道有两个说法回答了我们的问题。第一个说道：技术是目的的手段。另一个说道：技术是人的行动。”① 海德格尔将这两种对于技术的“流行观念”分别称为工具性和人类学的规定，并认为这两种规定都是正确的，对古代技术和现代技术都适用。并且这两种关于技术的定义也是密不可分的，因为设置目的和使用手段都是人的行动。

但是，海德格尔认为，以上两种对于技术的“流行观念”虽然正确，但是没有真实地揭示出技术的本质。正如他所说：“唯有真实的东西才把我们带入一种自由的关系之中，即与那种从其本质来看关涉于我们的关系中。照此看来，对于技术的正确的工具性规定还没有向我们显明技术的本质。”② 也就是说，我们从工具层面是无法揭示出技术的本质的，只能揭示出技术是一种具体的为人所用的工具，而无法深入技术的本质。要想追问技术的本质，我们必须把握住技术与人、技术与世界的本源性关系，进

① ［德］冈特·绍伊博尔德：《海德格尔分析新时代的技术》，宋祖良译，中国社会科学出版社1993年版，第7页。

② 同上书，第13页。

一步指出：工具性本身是什么？目的和手段在何种程度上是相互关联的？

在海德格尔看来，技术不仅仅是一种手段，还是一种展现方式。这种展现方式“既不是像自然界中花开花落、草木枯荣的那种出于自身原因的东西的展现，也不像古代风车或水车那样虽出于外部原因但仍顺应自然的展现，而是征服、利用和控制自然、挑战自然、它迫使自然和人都进入非自然、非本真的状态”。[①] 也就是说，技术重新建构着人与自然、人与人之间的关系，并且海德格尔将这种征服、控制、挑战自然的技术的本质称为“座架”。“座架”指“那种摆置的聚集，这种摆置摆弄人，使人以订造方式把现实事物作为持存物而解蔽出来”。[②] 也就是说，从本质来看，技术是一种对事物的解蔽方式，但这种解蔽是以“限定”和“挑战”为基础的。

所谓限定，就是指从某一方面去定位某物，去限制某物，去取用某物。技术的限定是指人们把自然界限定在技术的需要上，技术成为自然界的主宰，自然界的丰富多彩荡然无存，丧失了自身的独立性和天性。正如海德格尔所说：“田野的耕种也变成了不同的耕种，这种耕种限定自然。它在强求的意义上限定自然。现在，耕作是机动化的食品工业。限定空气，使之交付氮；使土地交付矿石，使矿石交付铀，使铀交付原子能，而原子能可以产生出来用于破坏或和平利用。”[③] 值得一提的是现代技术不仅限定自然，而且还限定人，使人也按照技术的标准去看待自然，使人的多元价值取向也消失殆尽，成了技术的奴隶。

现代技术对自然的限定也就意味着对自然的挑战。所谓挑战，就是指技术过分地干扰、限制自然，使自然进入非本真的状态，迫使事物不能按其本性而展现出来。在海德格尔看来，事物在遭受挑战性的展现之后变成了持存物，持存物是事物在技术时代的存在方式，在技术时代只有持存物，而没有客观对象。也就是说，“在现代技术的支配之下，没有什么东西能够以自己的方式呈现出来。所有的东西都被汇入一个巨大的网络系统，在这个系统中，它们存在着的唯一意义就在于实现技术对事物的控制”。[④] 同时，在事物遭受挑战性展现的过程中，人也受到技术的挑战。

① 许良：《技术哲学》，复旦大学出版社2005年版，第62页。

② ［德］海德格尔：《海德格尔选集》，孙周兴主编，生活·读书·新知三联书店1996年版，第942页。

③ ［德］冈特·绍伊博尔德：《海德格尔分析新时代的技术》，宋祖良译，中国社会科学出版社1993年版，第58页。

④ 高亮华：《人文主义视野中的技术》，中国社会科学出版社1996年版，第142页。

甚至人比自然更先遭到挑战，因为挑战性展现是需要人来完成的，只有人遭受了挑战之后才能去挑战自然，因此，人也成了技术时代的持存物。

通过以上海德格尔对技术本质的论述，我们可以看出，作为“座架”的技术一方面是使人受到技术的限定和挑战，成了技术的奴隶；另一方面受到挑战的人又去挑战自然，使自然成为持存物。

三　技术与人类的命运

海德格尔对技术根源的回溯，对技术本质的追问，最后的归宿都是要落实到人。也就是说，海德格尔技术哲学的最终着眼点就是技术与人类命运的关系。

（一）技术时代的危机：人对天命的违背

在海德格尔看来，天命是赋予万事万物生机和活力的一种超人、超自然的力量，人的各种生存活动都是顺应天命的要求，都是存在于天命之中的。他认为，这种超人、超自然的天命就是“存在”。因此，海德格尔进一步指出，既然人类的所有活动都是出于天命的需要，那么作为人类活动之一的现代技术必然也是存在天命的自我展现。换言之，“作为现代技术的本质的座架专属于展现着的天命，其本身就是存在天命的展现自身的一种方式。一切展现的方式皆出于天命，现代技术也是出于这种天命”。①

然而，海德格尔指出，现代技术虽然是存在天命展现自身的一种方式，但是也隐含着使人违背天命的危机。正如海德格尔所指出的那样，技术的本质是“座架”，“座架”是以限定和挑战的方式展示自身的。因此，当存在的天命将人送入技术这种展现方式之中时，就可能遮蔽人与展现之源的关系，进而使人背离存在的天命。

海德格尔认为，虽然作为座架的技术是存在天命的一种展现，但是当人进入技术这种特殊的展现方式的时候，他就会把技术视为无所不能、君临一切的基础和标准，世界上的一切东西都是按照技术的逻辑去加以阐释，就连上帝都失去了他的高贵与神圣。在技术的支配下，包括人在内的所有事物都不能按其本性展现出来，都成了技术时代的持存物，所以事物都只存在于一种展现方式中，而其他的展现方式被遮蔽了，进而违背了存

① 高亮华：《人文主义视野中的技术》，中国社会科学出版社 1996 年版，第 147 页。

在的真理。一方面，当人成为技术时代的持存物的时候，人也就失去了他自己，违背了自己的本性。人本来是可以从多个方面去顺应天命的，现在却成了技术这一种天命的奴隶；另一方面，当自然成了技术时代的持存物的时候，自然界的丰富多彩荡然无存，丧失了自身的独立性和天性。总而言之，作为天命的一种展现方式的技术具有拒斥包括人在内的所有事物进入最原始的存在真理的危险，这是一种使人违背天命的危机。

（二）技术时代的拯救：思与诗

“哪里有危险，哪里就有拯救。”这是德国著名诗人荷尔德林的诗句。海德格尔正是引用了这句诗来说明使人陷入危机的现代技术也是使人从危机中得到拯救的力量。现代技术虽然使人违背了存在的天命，但是它毕竟是存在天命的展现方式，潜藏着将人从背离天命的危机中拯救出来的可能性。也就是说，技术作为一种拯救力量与它作为一种危机一样，都包含于技术的本质之中。

但是，技术本身并不是一种拯救的力量，对技术本质的反思、追问、领悟才有这种可能性。海德格尔将这种对技术本质的反思、追问、领悟称为“思”。在他看来，这里的“思”不是指传统认识论意义上的主体对客体的理性认识活动，“真正的思是人之为人的一种最本质的生存方式，它表明了人与存在的真实关系。在思中，人为存在所用，作为存在呈现自身的澄明之所。这就是说，思是人对那些呈现在他面前的东西的最基本的响应方式。因此，思也是人体察存在、追随天命的途径”。[①] 在思中，我们通过对技术本质的追问就可以使技术本身得到内在的超越，从而使被技术统治所遮蔽、掩盖的存在真理重新得以澄明，存在的天命也将在技术的追问中展现其自身。

此外，海德格尔从荷尔德林的诗歌那里找到了另一种拯救的方式，就是用艺术来攻克技术。在海德格尔看来，“艺术可以产生不带有形而上学的权力意志烙印的新的人类和社会形式，产生不再由生产性形而上学历史所引导的新的工作样式”。[②] 由此可见，艺术建立的基础是存在论，艺术的目的不是人类控制自然的工具，而是服务于存在者的显现。存在者的显现也不是为了人类的目的，而是为了显现自身。正如海德格尔所说，“由

① 高亮华：《人文主义视野中的技术》，中国社会科学出版社1996年版，第151页。

② Zimmerman, *Heidegger's Confrontation with Modernity*, Indiana University Press, 1990, p. 114.

荷尔德林的诗歌所激发的艺术革命可以为人类塑造一种崭新的未来”。①

第四节 芒福德：技术与人性

在现代技术哲学发展史上，美国技术哲学家芒福德的地位是举足轻重的。他被另一位当代著名技术哲学家卡尔·米切姆誉为人文主义技术哲学的创始人。芒福德早期的技术哲学思想是乐观主义的，他认为技术为人类开创了一个新纪元，给人类的未来带来了希望和光明。不过，之后不久，芒福德在《技术与文明》一书中表达了他对技术谨慎乐观的态度，对先前的乐观主义进行了反思，这本书也成为芒福德技术哲学思想的转折点。此后出版的《机器的神话》一书在《技术与文明》的基础上对技术进行了深刻严厉的批判，后期的芒福德也就成了技术悲观主义者。

纵观芒福德的整个技术哲学思想，笔者认为可以归纳为以下两点：一是从人性的角度来理解技术，探讨技术与人性的关系；二是揭示出了现代技术的本质“巨机器”以及人类将如何从巨机器的束缚中走出来。

一 从“工具制造者”到“精神制造者”

关于人的本质是什么，历史上有很多定义。“人是工具制造的动物”是18世纪和19世纪人们所普遍接受的对人的本质的定义，也就是说，能不能制造工具是人与动物的根本区别。而在芒福德看来，这种把人定义为工具制造的动物的观点是绝对错误的，如果我们对人的本性进行深入洞察就会发现，“精神制造”而非“工具制造”才是人的本质属性。芒福德之所以得出“人是精神制造的动物”这一结论主要是基于以下两个前提：一是脑的进化先于手的进化；二是符号的创造是人与动物的根本区别。

（一）脑的进化先于手的进化

脑的进化与手的进化哪一个在先？这个问题自古以来一直都莫衷一是。古希腊哲学家阿那克萨戈拉认为手的进化先于脑的进化，而柏拉图和亚里士多德却认为脑的进化先于手的进化。不过到了19世纪以后，人们普遍都认为手的进化先于脑的进化，德国动物学家海克尔就指出人的双手通过制造工具使脑容量增加；恩格斯也认为：“正是人的双手在劳动中把

---

① 乔瑞金主编：《技术哲学教程》，科学出版社2006年版，第103页。

猿变成人。”[①]

而芒福德却指出“手的进化先于脑的进化”的观点是绝对错误的，他引用了人类学家恩斯特·迈尔在《动物的种类和进化》一书中的证据证明：被誉为人类祖先的南方猿人的脑容量只有现代人的三分之二，并不比猿大多少，但是他们仍然拥有制造工具的能力。因此，芒福德认为，制造工具的能力的获得不需要像人类一样拥有大的脑容量，同时也不会导致脑容量的增加。

人的身体能力与动物相比非常的有限，然而，“人之提升为人，是因为他拥有一个比任何后来的装备更重要的、能够服务于所有目的的工具——他自己的心灵激活的身体”。[②] 换言之，芒福德认为正是由于人的大脑的进化促进了人的身体的进化，使人类的身体发展成了一种“身体技术”，这种“身体技术”不仅仅是指制造工具的手，更是指制造精神的手，它可以在舞蹈和礼仪场合中作出优雅的动作，可以爱抚爱人的身体，可以将亲人拥入怀中。并且这种制造精神的“身体技术”是动物不具备的，因此，芒福德认为，大脑的进化是精神制造的前提和基础，也是人与动物的区别之所在。

（二）符号的创造是人与动物的根本区别

芒福德之所以认为“人是工具制造的动物”这个命题不对，是因为他认为其他动物也有工具制造的能力，例如，昆虫、鸟类和猩猩在人类正式出现之前就已经有了制造工具的能力。因此，工具的制造和使用并不是人与动物的根本区别。

在芒福德看来，由于人拥有高度发达的大脑，所以人除了拥有动物意义上的生理需要之外，还拥有人所独有的精神需要。而符号的创造正是人类满足自身精神需要的重要手段，也是人类释放自己精神能量的主要方式。正如他在《人的状况》一书中所指出的那样，“人在社会生活中不断地深化人性，靠的是把自己的经历转变为符号和把符号转变为生活经历的能力，只有通过符号人才能拓展自己的识别能力和作出选择的能力；……符号不仅仅是各种经历的代替品，而且包含了其中的意义并拓展了它”。[③] 也就是说，符

① 练新颜：《“工具制造者”还是“心灵制造者”？——刘易斯·芒福德论人的本质》，载《自然辩证法研究》2012 年第 11 期。

② 高亮华：《人文主义视野中的技术》，中国社会科学出版社 1996 年版，第 45 页。

③ Lewis Mumford, *The Condition of Man*, Harcourt, Brace and Company, 1944, p. 9.

号的创造是人与动物的根本区别。符号使人们不再生活在封闭的时空之中，不同时空的人们通过符号的交流能够拓宽自身的视野，能够了解过去，能够预言未来。人依赖于符号的记载和对符号意义的解读能够拥有独特的历史观念，能够创造出灿烂的精神文明来，这也是动物所不具备的。

二 巨机器：单一技术的本质

芒福德将人类历史上的技术分为两类：一类是多元技术，另一类是单一技术。“多元技术是技术制造活动的原始形式，是一种混合的技术，它融合了技巧、美感的判断和欣赏，是一种社会性的技术，它以适应人类生活的多种需要和情趣为基本原则。”① 也就是说，在古老的技术时代，技术与艺术是紧密结合在一起的。在芒福德看来，“机械发明与美感表现为此种多元技术中不可分割的两方面，而直到文艺复兴时为止，艺术本身仍为主要的发明领域。”② 如古希腊的雕塑、中世界的建筑以及文艺复兴时期丰富多彩的艺术作品都不仅体现出高超的技术水平，而且还表达了深刻的意义和价值，时至今日，我们都还能感受到它们所蕴含的艺术魅力。因此，在多元技术时代，人们的工作虽然也有机械单调的一面，但是还有轻松快乐的一面。总之，多元技术是与整个人性联系在一起的，能够满足人们生活中的多种多样的需求。

文艺复兴之后，伽利略和牛顿的机械化的自然观成为主流，人们逐渐开始拒斥感性、意志、情感等非理性因素，推崇理性、逻辑、有序的世界观。这种机械化的自然观改变了人们传统的世界观和人生观，因此，始技术时代的多元技术逐渐被科学时代的单一技术所替代。“单一技术以追求速度、效率、金钱和机械技术的进步为其要旨。这种以科学知识和规模生产为基础，以指导经济扩张、物料充盈和军事优势为主要特征的单一技术已经渗透到政治、经济、文化和人们的价值观念中，转化为一种机械的世界观，成为一种基本的价值观念，指导着人类的行为。”③ 与多元技术能够满足人们多种多样的需求不同，单一技术仅仅是权力的产物，目的是实现政治统治、经济发展、军事强大等统治阶级所设定的目标。

---

① 吴琳、张敏：《论芒福德巨机器技术观》，载《白城师范学院学报》2008 年第 4 期。

② ［美］芒福德：《机械的神话》，钮先钟译，黎明文化实业股份有限公司 1972 年版，第 139 页。

③ 吴琳、张敏：《论芒福德巨机器技术观》，载《白城师范学院学报》2008 年第 4 期。

单一技术虽然起源于工业革命时期，但是这种权力主义的形式可以追溯到5000多年前的古埃及时期，芒福德将其称为“巨机器”，即等级森严的官僚管理体制。他认为，古埃及是一切巨机器的原型，它是人类历史上第一个专制国家，整个国家都是一部巨机器。这部巨机器的特征是高度组织化的社会秩序，物质产品是埃及金字塔。埃及金字塔这个庞大的工程之所以能够在生产工具很不发达的年代建成，全靠这么一部巨机器。它将近十万劳工以高度精确的方式组织起来，以高度权力化的操控和高度专业化的分工而产生出巨大力量。随着时代的发展，旧的巨机器一度被人们抛弃。但是，随着资本主义的兴起，新的巨机器逐渐形成。这种新巨机器追求权力的方式是通过抽象的计算，这也是新时代资本主义精神的核心，也就是说，资本主义本身就是新的巨机器。新巨机器与旧巨机器虽然在表现方式上有一些差异，但是它们的本质是相同的，它们都有一个共同的目标，那就是：“一心只想增强权力组合并扩大其领域，而忽视一切生命的需求和目标。新旧大机器都是向死路走，但他们愈接近于全球统一控制的理想时，这种结果也就愈为不可避免。”① 换言之，新旧巨机器的共同目标都是追求同一性，这种同一性消除了人类的有机性，使人进入了非本真的状态，迷失了自我。

总之，在芒福德看来，现代单一技术的本质就是巨机器。巨机器是指“与生活技术、适用性技术、多元技术相反的一元化专职技术，其目标是权力和控制，其表现是制造整齐划一的秩序”。② 在这种巨机器的控制之下，人类的所有组成部分都被一个绝对的统治者所支配，在这种等级森严的官僚管理体制之下，人类都成了这个“巨机器”系统中的一个部分，都已经被机械化了，丧失了人性。“单一技术的‘单一的权力’和巨机器的‘组织体系’的结合终于被人误认为即是现实的本身，人们生活在由自己创造的技术情境之中，并且把这种技术情境变成自己的生活情境，结果即为纯机械化形式被硬套在生活的每一种表现之上，于是人的有机性、人格、人类社会的许多必要性都受到了限制。”③ 由此可见，巨机器虽然

① ［美］芒福德：《机械的神话》，钮先钟译，黎明文化实业股份有限公司1972年版，第190页。

② 吴国盛：《芒福德的技术哲学》，载《北京大学学报》（哲学社会科学版）2007年第6期。

③ 吴琳、张敏：《论芒福德巨机器技术观》，载《白城师范学院学报》2008年第4期。

是由人所创造出来的，但是却成了一种异己的力量，反过来奴役了人自身。

三 走向生活指向的技术

在芒福德看来，人类要想摆脱巨机器的奴役，就需要使技术重新回归生活世界，回归人性的全面发展。从发生学的角度来看，芒福德认为，技术的原初状态是身体技术的语言。正如他所指出的那样，“在人类当初生的观念尚未找到文字来表达其本身之前，首先是在身体的言语中表达出来。由于它占据了一个活人，于是最后也就可以支配整个社会”。[①] 早期的人类正是凭借身体技术的语言与他人和世界进行沟通和互动。正因为技术的起源是与人类的整个身体紧密联系在一起的，所以人类需要的应该是能够满足我们各种各样需求的并且渗透着生命要素的技术。技术应该是多元的、丰富的，与人有机结合在一起的。

芒福德从技术起源的角度来分析技术的原初状态和技术的本质。任何技术的产生都源自于人的心灵、精神和生命的某种状态，也就是说，是精神决定技术，而不是技术决定精神。因而，芒福德才对现代单一技术持坚决的批判态度，他认为现代技术奴役人的精神，使人成了机械化的人，丧失了人性，迷失了自我。同时，他不承认技术的自主性，认为技术本身并没有过错，现代技术所造成的一切罪恶都不是技术本身的问题，而是人的问题。因此，人类如果想摆脱巨机器的奴役，解决人与技术之间的矛盾，就必须从改变人本身入手，必须树立一种新的世界观。正如芒福德所指出的那样，“要想真正得救，则人类将需要一种类似宗教的自动皈依：必须以有机世界观来代替机械世界观，必须重视人格和生命远过于机器和计算机”。[②] 要做到这一点就需要“放弃权力系统漠视生命的思想和方法。无论任何阶层，和任何种类的社会中，都必须做一种有意义的努力，以使生活的目的不仅是为了发挥权力，而是要透过互助，爱的结合和生物技术的培养，以把地球变得更适合于人类的生活。所以目的是要促进生命和心灵的进步，而不是权力的进步或学习的进步”。[③]

---

① ［美］芒福德：《机械的神话》，钮先钟译，黎明文化实业股份有限公司 1972 年版，第 241 页。

② 同上书，第 39 页。

③ 同上书，第 75 页。

由此可见，有机世界观遵循的是生命至上的原则，人的生命是一切存在的起点和归宿。我们必须深入到生命的最初构成方式，返回到人性的起点，这样我们才能为自己找到一种新的尺度，即面向人的心灵、生命、精神的尺度。正如芒福德所说："人类经验的本身必须是多次元的：其一轴是水平的，通过对外在观察开放的世界，即所谓客观的世界；而另一个轴则与前者成直角，纵贯有深度与高度的主观的世界。现实的本身只能由无量的线条、图形通过两平面而交汇于中心来代表，而其中心即为一个活人的心灵。"① 因此，人类的一切技术都必须以人的生命为最终指向，必须实现人与技术的协调发展。对巨机器的克服也必须在人性之内，需要有效的途径，也必须依靠人的主观能动性才能使自身从巨机器的奴役当中重获新生。

总而言之，走向生活指向的技术是"以尊重生命、尊重人性的多元技术，摆脱巨机器式的单一技术的全方位控制；以生命系统、生态系统为原型的仿生化、非线性、循环化、信息化、智能化的新兴技术，取代机械性、线性、非循环性、非信息化的传统技术，建立起与生态圈能相容的技术圈"。② 这种技术不是用来奴役人的，而是用来为人类谋取幸福生活的，用来复活人的生命的。

---

① ［美］芒福德：《机械的神话》，钮先钟译，黎明文化实业股份有限公司1972年版，第314页。

② 周雪、张新标：《回归生活——基于芒福德技术哲学思想的反思》，载《湖北经济学院学报》（人文社会科学版）2011年第5期。

第二章

传媒本体论的建立：传媒哲学

第一节　麦克卢汉从现象学那里继承了什么：一种基于“传媒哲学”的思考与展望[①]

麦克卢汉是人类历史上具有跨时代意义的传播学家。他所提出的“媒介即讯息”“媒介即人的延伸”“冷热媒介”“重新部落化”等一系列媒介理论为传播学乃至整个传媒研究奠定了坚实的理论基础。不过，目前国内外对于麦克卢汉的研究都还主要表现为一种随意性言说，缺乏严密而深入的学理探讨；尤其是对于他思维方法的认识更是充斥着各种误解，甚至将他指责为狭隘的“技术决定论”者。笔者认为，麦克卢汉提出的一系列媒介理论都沿用了现象学中的“本质直观”“主体间性”“生活世界”等思维方式。麦克卢汉并不是一位“技术决定论”者，他的媒介理论为媒介哲学的兴起奠定了坚实的基础。

一　“媒介即讯息”：一种本质直观的思维方法

“媒介即讯息”是麦克卢汉最著名的一个媒介思想。在以往的媒介研究中，人们往往只重视媒介的内容，重视媒介内容所产生的传播效果，而忽视了媒介的形式本身。因为他们认为媒介本身是中性的，不会对传播内容产生影响，同样的内容用不同的媒介进行传播所达到的效果是一样的。而“媒介即讯息”却认为：“任何媒介即人的延伸对个人和社会的任何影

① 本节中“媒介”和“传媒”同义。

响都是有新的尺度产生的。我们的任何一种延伸或曰任何一种新技术都要在我们的事务中引进一种新的尺度。”[①] 也就是说，在信息传播中最重要的不是传播的内容，而是传播这些内容的媒介形式本身。媒介本身就能对人和世界施加影响，就能推动社会的变革，媒介的内容反而成了次要的因素。笔者认为：麦克卢汉之所以能得出“媒介即讯息”这个结论，正是运用了“本质直观”这种现象学的方法。

现象学作为现代西方哲学中最重要的一种哲学思潮，是以“本质直观”的方法而闻名于世的。现象学的主要任务是对近代欧洲理性观的批判，现象学的创始人胡塞尔认为：“伽利略在从几何的观点和从感性可见的和可数学化的东西的观点出发考虑世界的时候，抽象掉了作为过着人的生活的人的主体，抽象掉了一切精神的东西，一切在人们的实践中所附有的文化特征。这种抽象的结果使事物成为纯粹的物体，这些物体被当作具体的实在的对象，它们的总体被认为就是世界，它们成为研究的题材。”[②] 这样一种主客体二元对立的思维方式必然导致工具理性和功利主义思想的泛滥，以及价值理性和人的精神追求的缺失。所以，胡塞尔主张人们要“对科学主义和非理性方法的真理概念进行一种彻底的反思和追溯，返回到古代思想的源头，即认为真理就是显现出来而被看到的东西，是直接被给予的自明的东西，其他一切（逻辑、概念、事物的存在等）都是建立在这一基础之上，并由此得到彻底理解的”。[③] 这样一种哲学方法就称为“本质直观”，这种方法强调：“任何原初地给予的直观都是认识的合法源泉，一切在直观中原初地（即所谓在其亲身的现实性中）呈现给我们的东西，只能按照它自身被给予的那样，而且也只能在它自身在此被给予的界限之内被接受。”[④] 换言之，只有先验的纯粹意识才是我们认识事物本质的起点，只有通过先验纯粹意识的意向性活动我们才能把握住事物的本质。因此，我们需要通过现象学“还原”和“悬置”，将后天的经验和成见“悬置”起来或者放入“括号”中，暂且不管。只有这样我们才能还原到纯粹的先验意识，才能还原到“本质直观”的起点。

---

① ［加］马歇尔·麦克卢汉：《理解媒介——论人的延伸》，何道宽译，商务印书馆 2000 年版，第 33 页。

② ［德］胡塞尔：《欧洲科学危机和超验现象学》，张庆熊译，上海译文出版社 1988 年版，第 71 页。

③ 邓晓芒：《胡塞尔现象学导引》，《中洲学刊》1996 年第 6 期。

④ ［德］胡塞尔：《纯粹现象学通论》，李幼蒸译，商务印书馆 1992 年版，第 84 页。

虽然麦克卢汉在论述“媒介即讯息”的过程中没有明确提到“本质直观”的这么一种现象学方法，但是我们在他的论述中却处处能看到这种方法的影子。麦克卢汉在论述“道路”“铁路”“飞机”“纸张”“报纸”“电影”“电话”等近30种媒介对社会变革的决定作用的时候，将媒介的内容和其他社会因素“悬置”起来而只考察媒介本身的作用，这正是运用了“现象学还原”的方法。因此，我们不能将麦克卢汉视为“媒介决定论”者，因为他并不是没有认识到媒介内容和其他社会因素的作用，而仅仅是将它们暂时放入“括号”中不予考虑而已。就连麦克卢汉本人都说：“我强调媒介是讯息，而不说内容是讯息，这不是说，内容没有扮演角色——那只是说，它扮演的是配角。”①

同时，麦克卢汉对媒介本质的研究也不是用逻辑推理的方法，而是用“本质直观”的方法认识到了媒介的本质。在《理解媒介——论人的延伸》一书中，麦克卢汉是以近30种具体媒介向我们的意识呈现为基础来阐释媒介本质的。这种基于自我意识体验的阐释就是现象学中“本质直观”的思维方法，“它拒绝承载任何有关外部世界存在的超越内容而将自己完全限定在直接被给予的内在证据之上，只依据绝对自明的意识现象说话”。② 正是这种绝对自明的意识的意向性活动才使“本质直观”能够实现。在麦克卢汉看来，各种不同的媒介通过对人的感官经验的作用来构成人们的知觉环境，进而向人们提供日常生活的世界。这个世界并不是一个外在于人们的客观世界，而是媒介作用于人的感官意识而建构出来的主观世界。“媒介即讯息”就是对媒介本质的最好诠释。媒介的本质就是向我们呈现着的观念世界。

二 “媒介即人的延伸”与“冷热媒介”：一种主体间性关系中的媒介

“媒介即人的延伸”是麦克卢汉继“媒介即讯息”之后又一个著名的媒介思想，这个思想也是麦克卢汉所有媒介思想的基础。我们之所以能够将媒介本身视为“讯息”，正是因为它们在延伸了人体的感觉器官之后改

① 梅琼林：《透明的媒介：论麦克卢汉对媒介本质的现象学直观》，《人文杂志》2008年第5期。

② 范龙：《媒介现象学：麦克卢汉传播思想研究》，中国大百科全书出版社2012年版，第52页。

变了人们的感知方式，进而推动了社会的变革。因此，麦克卢汉将人类社会的发展史看成媒介的发展史，正是由于媒介在延伸了人类的感官之后决定了人类历史的发展方向。在这里，作为“人的延伸”的媒介不仅仅是通常意义上的报纸、广播、电视等大众媒介，而是指最广义的媒介，大众媒介仅仅是广义媒介中的一种。既然麦克卢汉将媒介定义为人体的延伸，那么只要能够对人体的感知器官进而延伸，只要能够扩大人类的交流能力的东西都可以称为媒介。正如麦克卢汉所说：“媒介是我们身体和官能的延伸，无论衣服、住宅或是我们更加熟悉的轮子、马镫，它们都是我们身体各部分的延伸。为了对付各种环境，需要放大人体的力量，于是就产生了身体的延伸，无论工具或家具，都是这样的延伸。这些人力的放大形式，人被神化的各种表现，我认为就是媒介。”① 这里面，麦克卢汉将衣服看成是人体皮肤的延伸，住宅是人体温度控制机制的延伸，轮子和马镫是人体脚步的延伸。因此，作为“人的延伸”的最广义媒介是无处不在的。

笔者认为：“媒介即人的延伸”这个思想的最大贡献不仅仅在于提出了作为“人的延伸”的最广义媒介的概念，更在于它推翻了在主客体二元对立思想下所形成的工具主义媒介观，而建立起了一种主体间性关系中的媒介观。

过去人们对于媒介的认识是建立在西方自笛卡尔以来的主客体二元对立的认识论之上的。笛卡尔“我思故我在”的思想开创了传统认识论，传统认识论强调主客体二元对立，人是主体，自然界是外在于人的客体，真理就是主体运用理性去认识客体而获得的，而媒介正是主体去认识客体的工具。因此，传统认识论仅仅把媒介看成是沟通主客体的桥梁，持的是工具主义的媒介观。“主体间性”是胡塞尔现象学中的一个新概念，它摆脱了传统认识论的主客体二元对立的思维模式，建立起了主体与主体之间的交互共在关系。每个主体都不再把自然界看成是一个外在于自我的对象性客体，而是将其看成一个与我一样的另一个对象性主体。自我主体与对象主体之间的交往也不再是主体与客体之间的主从原则，而是主体与主体之间的交互原则。在这种主体间性的思维模式下，媒介就不再是主体去认

① ［加］麦克卢汉：《麦克卢汉如是说：理解我》，何道宽译，中国人民大学出版社2006年版，第39、40页。

识客体的工具，而是一个外在于主体的独立发挥作用的另一个主体。媒介通过延伸人们的感知器官，从而影响人们的整体感知模式，并进而推动人们生活状态的变革。因此，不仅是人创造了媒介，媒介反过来也塑造了人，人与媒介之间是一种交互共生的关系。麦克卢汉认为：“没有一种媒介具有孤立的意义和存在，任何一种媒介只有在与人的相互作用中，才能实现自己的意义和存在。”① 同理，单独的人也没有独立的价值和意义，人也只有在与媒介的相互作用中，才能实现自己的价值和意义。

此外，麦克卢汉的另一个著名的“冷热媒介”理论也很好地体现了这种主体间性关系中的媒介。麦克卢汉将所有的媒介分为两类，一类是“热媒介”，另一类是“冷媒介”。“热媒介”是高清晰度、低参与度的媒介，如电影、广播、照片等；“冷媒介”是低清晰度、高参与度的媒介，如报刊、图书、漫画、电视等。虽然麦克卢汉关于“冷热媒介”的划分具有争议，但是这种划分很好地体现了人与媒介交互共生的关系。“冷热媒介”是以人的参与程度来划分的，“任何媒介都不同程度地与‘人的参与’相关，因此它们天然地或具有‘排斥性’、或具有‘包容性’，而这些特点又会对媒介的使用者——即人本身——产生巨大的影响”。② 例如，作为热媒介的电影与作为冷媒介的电话对人的影响就很不相同。电影提供的是较为清晰的信息，受众参与度低，不会轻易改变人们习惯的思维模式；而电话“在许多方面是不连续的，……它不会给你一个完整的一揽子信息，它没有一个完整的形象。你不得不一边聆听一边构建一个形象，从而改变自己的接受习惯和思维模式”。③ 因此，“冷热媒介”正是通过提供清晰程度不同的信息来影响人们的感知方式，进而反作用于人，改变人们的思维方式。

总而言之，麦克卢汉的“媒介即人的延伸”和“冷热媒介”两个理论揭示了人与媒介的交互共生的关系，体现了一种主体间性关系中的媒介。在这里，媒介不再是一个中性的、从属于人的工具，而是一个能够反

① ［加］马歇尔·麦克卢汉：《理解媒介——论人的延伸》，何道宽译，商务印书馆2000年版，第56页。

② 范龙：《媒介现象学：麦克卢汉传播思想研究》，中国大百科全书出版社2012年版，第79页。

③ ［加］马歇尔·麦克卢汉：《理解媒介——论人的延伸》，何道宽译，商务印书馆2000年版，第28、49页。

作用于人的主体。正如麦克卢汉所说，媒介是“人身上最富有人性的东西”。①

三　“重新部落化”和“地球村”：“生活世界”的回归

“重新部落化”也是麦克卢汉媒介理论中的一个非常重要的思想，这一思想是把整个人类媒介进化的历史过程分为三个阶段：从“部落化”到“非部落化”再到“重新部落化”。早期的“部落化”是指文字产生以前的人类生存状态，在前文字时期，人和人之间的交流主要是通过语言以及动作、表情、声音、气味，等等。也就是说，在那个时代，人和人之间的交流必须调动我们的一切感知器官，而且这些感知器官之间没有高低之分，相互补充、相互协作，形成一个多感官协调作用的感知系统。麦克卢汉认为：“文字发明之前，人生活在感官平衡和同步的世界之中。这是一个具有部落深度和共鸣的封闭社会。这是一个受听觉生活支配，由听觉生活决定结构的口头文化的社会。”② 在这里，麦克卢汉特别强调了“听觉”在“部落化”形成过程中的重要作用，他指出：“由于要依靠口头言语获取信息，人们被拉进一张部落网。因为口语词比书面词承载着更丰富的情感——用语调传达喜怒哀乐愁等丰富的感情，所以部落人更加‘自然’，更富于激情的起伏。听觉—触觉的部落人参与集体无意识，生活在魔幻的、不可分割的世界之中。”③

不过，随着媒介的发展，文字的出现使“部落化”退出了历史的舞台。文字与口语最大的不同就在于，文字突出了视觉的重要性，赋予视觉以至高无上的地位，进而打破了人体感知系统的平衡，撕破了前文字时代的部落网，使人类告别了部落化时期而进入了非部落化的时代。在麦克卢汉看来，非部落化是一个视觉中心主义的、“强烈分割的、个人主义的、显豁的、逻辑的、专门化的和疏离的”④ 时代。

由于文字的出现，人类从“部落化”时代进入“非部落化”时代确实是一次重大的社会转型。但是，麦克卢汉认为，电子媒介的出现使人类

① ［加］麦克卢汉：《麦克卢汉如是说：理解我》，何道宽译，中国人民大学出版社2006年版，第188页。

② Eric McLuhan，Frank Zingrone，*Essential McLuhan.*，Stoddart Publishing Co，1995，p. 239.

③ Ibid.，p. 240.

④ Ibid.，p. 240.

正在经历“重新部落化”的又一次重大转型。与视觉媒介不同，视听兼备的电子媒介恢复了在“非部落化”时代被破坏的人类感知系统的平衡，使人体的所有感觉器官能够重新协调运作起来，因此，麦克卢汉指出，电子媒介是人类中枢神经系统的延伸。正如他所说：“电子媒介的功能仍是使我们的感知得到延伸，就像原有的机械媒介一样：轮子是腿脚的延伸，衣服是皮肤的延伸，拼音文字是视觉的延伸。但是，电子媒介的功能不止于此。它们使我们的整个中枢神经系统得以提高和外化，它们对于人类而言，是更高层次的综合延伸。”[①] 而正是作为中枢神经系统延伸的电子媒介使人类从“非部落化”的生存状态中走出来，重新回归“部落化”的生存状态。人类社会就是这样经历了从“部落化”到“非部落化”再到“重新部落化”的“否定之否定”的螺旋式上升的发展过程，麦克卢汉将这种“重新部落化”的结果称为“地球村”。

“地球村”这个概念是20世纪60年代麦克卢汉在接受《花花公子》采访时提出的，是指人造地球卫星与电视的结合使浩瀚无边的世界缩小成了一个“天涯若比邻”的村庄。正如麦克卢汉所说：“卫星与电视相结合的产物，就是一个为信息所席卷的世界。……在这个世界里，空间和时间的差异在新型媒介的作用下已经不复存在。这是一个同步的、‘瞬息传播’的世界，因此也是一个鸡犬相闻如村落的世界。”[②] 也就是说，正是电子媒介使人类“重新部落化”，进而造成了“地球村”的出现，“地球村”是“重新部落化”的发展和延续。

从麦克卢汉对“重新部落化”和“地球村”的论述中我们可以看出，他对“重新部落化”和“地球村”是持赞美态度的，对“非部落化”是持批判态度的。麦克卢汉之所以持这样的态度，是因为他对“生活世界”的推崇。生活世界理论是胡塞尔现象学中的一个重要思想。他认为“生活世界是一个前科学、前哲学的奠基性的世界，它是一切科学和哲学产生的基础，具有非抽象、非概念化、非逻辑化的绝对素朴性特征”。[③] 这是一个只有在日常生活中通过知觉才能被人们所经验到的世界，与由近代自然科学与绝对理性所构筑起来的科学世界相对。胡塞尔认为，西方近代危机

---

① Eric McLuhan, Frank Zingrone, *Essential McLuhan*, Stoddart Publishing Co, 1995, p.245.

② Ibid., 1995, p.258.

③ 范龙：《媒介现象学：麦克卢汉传播思想研究》，中国大百科全书出版社2012年版，第34页。

的根源就在于科学世界对生活世界的遮蔽，那么摆脱危机的唯一出路就是回归生活世界。生活世界才是科学世界的前提和基础，才是人类生存的家园。回归生活世界实际上就是回归到统一、完善、有机的感知经验中去，即回归到"整体的人"。因为只有"整体的人"才能感知到生活世界，"单向度的人"只能感知到科学世界。麦克卢汉之所以批判文字和印刷术，就在于他认为文字印刷传播只是延伸了我们的视觉，打破了人类感知的统一和平衡，使人类进入了"非部落化"的生存状态。因此，麦克卢汉认为正是电子媒介延伸了我们的整个中枢神经系统，使我们"重新部落化"，使世界变成了"地球村"，进而使我们回归到了"整体的人"，也就回归到了生活世界。

四　余论：传媒哲学的兴起：以麦克卢汉为起点

综上所述，无论是"媒介即讯息""媒介即人的延伸"与"冷热媒介"，还是"重新部落化"与"地球村"，都沿用了现象学的思维方法。现象学又是当代西方哲学的开端，奠定了当代西方哲学的基础，对整个西方哲学的思维方法产生了革命性的影响。传统西方哲学的思维方法分为唯理主义与经验主义两种，唯理主义的思维方法强调从"一般"到"个别"的演绎推理；经验主义的思维方法强调从"个别"到"一般"的归纳总结。这两种思维方法虽然表面上路数相反，但是都是以现象与本质的二元对立为前提，都强调人们无法从个别现象中把握到一般本质。现象学"本质直观"的思维方法之所以具有革命性的意义就在于它超越了传统的唯理主义与经验主义的思维方法，主张人们可以从个别现象中直观到一般本质，进而消解了现象与本质的二元对立，提出"现象即本质"的著名命题，从而在唯理主义与经验主义之外开辟了一条新的思维方法。这种思维方法第一次从"人的存在"的视角来观照世界，第一次将世界看成是人类纯粹意识的意向性活动的产物。

麦克卢汉将现象学方法引入传播学以后也为传播学研究开辟了一个新的研究领域，即"媒介哲学"。传统的传播学研究被分为两大学派，即经验学派与批判学派。经验学派所采用的实证研究继承了经验主义的思维方法，这种研究方法的局限在于它仅仅从有限的可量化的经验中作出判断，而忽略了与"人"相关的其他不可量化的人文经验；批判学派所采用的批判研究继承了唯理主义的思维方法，这种研究方法的局限在于它总是从某个既定的概念和立场出发，意识形态色彩太浓。然而，媒介哲学的研究思路就巧妙地克服了二者的局限，它是从“人的存在”视角对媒介作了非意识形态化的阐释，进而从存在论层面揭示出媒介所蕴含的哲学意蕴。

哲学的根本问题是思考人与世界的关系。麦克卢汉从存在论层面考察媒介所要揭示的也正是人与世界的媒介性关系，即“媒介构成了人类生存其间的知觉环境，它在本质上就是向我们呈现着的世界”。[①] 因此，我们可以说麦克卢汉的媒介理论就是一种哲学理论，体现了“媒介哲学”的思想立场和思维方法。与语言哲学将“语言”作为“本体”来看待一样，媒介哲学也将“媒介”视为“本体”。在媒介哲学的视野里，媒介已经不是一种主客关系中的中性的工具，而是一种主体间性关系中的非中性的本体或主体，人和世界都存在于媒介之中，媒介决定人和世界的意义。也就是说，“媒介不是沟通世界的桥梁，媒介就是世界本身；世界不是借由媒介来表现，世界就存在于媒介中；人不是通过媒介去认识世界，人就生活在媒介的世界里”。[②] 在这个意义上我们甚至可以提出一个新的命题，即“媒介是存在之家”。由此可见，媒介哲学的建立正是继承和发展了麦克卢汉的媒介思想。他无疑是这个领域的先知先觉者，是第一个从哲学的视角和高度来审视媒介的媒介学家，是第一个将人类发展史写成是媒介发展史的思想家，也是人类历史上第一个真正意义上的媒介哲学家。因此，我们可以说媒介哲学的兴起是以麦克卢汉为起点的。

第二节　符号操控与本体虚无：反思鲍德里亚的消费社会大众传媒观

鲍德里亚提出的消费社会理论是当代社会特别是当代发达社会的本质特征之一，也是构成当代社会的最重要的理论基础和思想基础。而大众传媒在消费社会的形成过程中起了举足轻重的作用，甚至我们可以说，正是大众传媒的繁荣才造就了消费社会的形成。由此可见，如何理解和反思消费社会对于当今社会而言具有极大的重要性和紧迫性。尤其是只有当我们深刻地理解和反思了消费社会中的大众传媒，才能更加深入地揭示消费社

---

① 范龙：《媒介现象学：麦克卢汉传播思想研究》，中国大百科全书出版社 2012 年版，第 59 页。

② 同上。

会的本质特征，才可能更加深入地理解当代社会所面临的问题和出路。

一　消费社会与大众传媒

鲍德里亚所定义的消费社会是与生产社会相对的一个概念。生产社会也有消费，因此，“消费”这个词在两个不同的时期具有不同的含义。

在生产社会时期，生产社会就是马克思所言说的那个社会，是以生产为主导的社会。从马克思政治经济学的社会再生产理论里面的“生产→交换→分配→消费”链条中可以看出，“消费”仅仅是社会再生产单向链条中的最后一个环节，它是从属于生产活动的，也就是说，消费相对于生产而言是一个被动的吸收过程。马克思还专门分析了生产与消费在生存社会中的关系：“无论我们把生产和消费看作一个主体的活动或者许多个人的活动，它们总是表现为一个过程的两个要素，在这个过程中，生产是实际的起点，因而也是起支配作用的要素。消费，作为必需，作为需要，本身就是生产活动的一个内在要素。但是生产活动是实现的起点，因而也是实现的起支配作用的要素，是整个过程借以重新进行的行为。个人生产出一个对象和通过消费这个对象返回到自身，然而，他是作为生产的个人和把自己再生产的个人。所以消费表现为生产的要素。”① 马克思的话也表明在生产社会中，生产是占据主导地位的，生产决定消费，消费仅仅是生产的附庸而已。

随着科学技术的飞速发展，以及大众传媒的持续繁荣，社会由此也从以生产为主导的社会转型到了以消费为主导的社会，即消费社会。在消费社会中不是“生产决定消费”，而是“消费决定生产”。

鲍德里亚的意义在于，他在上述基础之上，进一步发现：“消费”这个概念的内涵也发生了质的变化，消费的对象已经不再是生产社会中所谓的商品的使用价值和实体性。他明确提出，消费社会中的“消费”是商品的符号性价值。符号的“虚拟”的系统性，使消费成为一种“虚拟”系统性的活动模式，消费的对象是“物体系”中的符号。因此，在消费社会中，商品要想成为消费对象，就必须符号化，必须成为符号。人们的消费对象也不再是具体的商品，而是符号化的商品；不再是商品的使用价值，而是商品的符号价值。

---

① 《马克思恩格斯全集》（第30卷），人民出版社1995年版，第35页。

大众传媒是消费社会的助推器，在消费社会中扮演着举足轻重的角色。在生产社会，由于消费者都是消费商品的使用价值，因此，大众传媒的功能就是商品物质效用信息的传达。换言之，大众传媒在生产社会仅仅是架在生产者与消费者之间的工具，功能是生产者向消费者传达商品的商业信息。而在消费社会，大众传媒就不仅仅是对商品信息的传达，甚至主要不是传达商品信息，而是为商品附加一种文化意义，即使商品符号化，产生符号价值。大众传媒“把罗曼蒂克、珍奇异宝、欲望、美、成功、共同体、科学进步与舒适生活等等各种意象附着于肥皂、洗衣机、摩托车及酒精饮品等平庸的消费品之上”①，赋予消费品一种符号价值的诉求。即使是使用价值和交换价值完全相同的两个商品也会因符号价值的差异而在价格高低上有很大的不同。在此意义上，大众传媒被赋予了一种意识形态的功能，商品的符号化是由大众传媒所塑造的，大众传媒创造了商品的符号价值。

在这种符号价值中，商品的价值是以它们所带来的声誉和展现的地位、权利的方式来衡量的，它体现在消费者的时尚、名望、奢华等身份象征上，成为他们社会地位的标识。因此，在消费社会，消费者的消费欲望并不是消费者与生俱来的欲望，而是由大众传媒（尤其是广告）建构出来的。大众传媒建构消费欲望是通过追逐假象和醉生梦死的文学手法来麻醉人们的精神，并呼吁一种全新的生存方式，这种生存方式是以“消费”来分层，人们消费符号价值高的商品（如宝马汽车、LV包、劳力士手表等），就表明进入了更高的社会区分阶层，拥有了更高的社会地位。同时，“消费”这个词也有了新的含义：“消费并不是一种物质性的实践，也不是‘丰产’的现象学，它的定义，不在于我们所消化的食物、不在于我们身上穿的衣服、不在于我们使用的汽车、也不在于影像和信息的口腔或视觉实质，而是在于，把所有以上这些元素组织为有表达意义的东西；它是一个虚拟的全体，其中所有的物品和信息，由这时开始，构成了一种符号化的系统化操控活动。”②

总而言之，消费社会就是指一个被大众传媒所操控的社会。在这个社会里，人们的消费对象不再是商品的使用价值，而是大众传媒创造的符号

① ［英］费瑟斯通：《消费文化与后现代主义》，刘精明译，译林出版社2000年版，第21页。

② ［法］鲍德里亚：《物体系》，林志明译，上海人民出版社2001年版，第223页。

价值；人们的生活世界也不再是由具体物品所构成的实体世界，而是由大众传媒所构筑起来拟像世界和“超真实”的世界；人们的需要也不再是主体性的需要，而是由大众传媒、广告所建构出来的“虚拟”的需要。

通过以上笔者的分析，我们对鲍德里亚的消费社会理论以及大众传媒在消费社会中所扮演的角色已经有了一个大致的了解。我们意识到，鲍德里亚的消费社会理论的确是一个天才性的发现和总结。但是，如果我们进一步深入地思考就会发现，消费社会中的大众传媒是有局限的，而且这些局限并不体现在具体的细节上，而是体现在消费社会得以建立的前提和基础之上。下面我们来具体分析这些局限。

二　本体的沦陷：解构实体世界，建构拟像世界

笔者前面已经提到，由于消费社会被消费的不再是商品的使用价值，而是大众传媒附加在商品上的符号价值。因此，大众传媒决定了人与物品之间的结构关系，以及在此基础之上建立的整个社会文化体系，并且这种结构关系已经在人类历史及文化与传播相关联的所有层面体现出来了，符号消费的对象也就是所有与此相关联的东西。因此，人类社会的实体世界就完全被大众传媒解构了，而建构起了拟像世界。

鲍德里亚在《符号交换与死亡》中，总结和概述了“拟像”演进的社会发展的三个阶段，提出了“拟像的三阶序列”。他认为，自文艺复兴时代以来，关于“拟像”的发展依次递进是：“①仿造是从文艺复兴到工业革命的‘古典’时期的主导模式；②生产是工业时代的主导模式；③仿真是被代码所主宰的当前时代的主导模式。”① 此外，鲍德里亚还进一步论证了在“拟像”演进的三个阶段序列中所分别遵循的“价值规律”。其中，第一阶段的“拟像”，即仿造，遵循的是“自然价值规律”。这个阶段发生在工业革命之前，在那个时期，人们只能通过手工制造的方式来制造产品，因此，在当时符合自然规律的“原件”的地位是至高无上的。一个产品仿制的好不好主要看它与“原件”的匹配程度高不高，与“原件”越像，价值就越高。第二阶段的“拟像”，即生产，遵循的是“市场价值规律”。工业革命之后，由于机械化大生产的出现和普遍应用，人们可以采用机械化大生产的方式来制作产品，换言之，通过机械复制技

① Jean Baudrillard, *symbolic Exchange and Death*, London: Sage Publicatons, 1993, p. 50.

术，人类可以生产出与“原件”一模一样的产品，即本雅明所说的“机械复制时代”生产方式，因此，在这一阶段，“原件”的地位已经下降，主要的调控方式也变成了市场这只“无形的手”。第三阶段的“拟像”，即仿真，遵循的则是“结构价值规律”。消费社会的到来，由于大众传媒普及，人们已经生活在由大众传媒（广告、品牌）所建构出来的“拟像世界”和“超真实”世界中，产品的生产将不再需要“原件”，“原件”和“实体世界”在消费社会都被完全解构。不仅如此，第三阶段之所以是“超真实”，“真实”的“原件”需要向符号化的“超真实”的“产品”学习和致敬。

我们承认，鲍德里亚对社会三阶段、尤其是第三阶段的总结是强有力的，在消费社会中，由符号高低贵贱差异系统决定一个商品的价值，决定消费者的身份和地位，这种情况的确存在。但是鲍德里亚似乎忘记了：一个商品的符号价值除了会受大众传媒的影响，仍然必须以这个商品的交换价值和使用价值为基础。“财富的划分决不是纯粹符号层面之意义指涉的区分，而是通过符号对整个现实世界之分割、占有和禁绝的区分。”① 因此，一个人如果拥有了一栋高档的别墅或者一辆高级轿车，也就进入了较高的社会区分阶层，拥有了较高的社会地位，仍然是因为高级轿车和别墅拥有较高的交换价值和使用价值。否则，符号价值系统的区分功能就不再是稳定和客观的，高级轿车和别墅之所以始终都拥有较高的符号价值，正是由于它们一直都具有稳定、客观的较高的交换价值和使用价值，因此，物品的符号化必须以物质性为基础；否则，符号价值系统就不再具有社会区分功能，因为符号的编码必须以一个物品的物质性为基础。

如果实体世界被完全解构，物品符号变为纯粹的能指，人类社会将不再需要物质生产，只需要沉浸在由大众传媒所建构出来的拟像世界之中就行了，我们肚子饿了也不再需要吃饭，只需要“画饼充饥”就行了。也就是说，“没有物品作为社会财富的物质性凝聚，物的符号编码就不可能实现为能指。不管社会的符号系统是多么复杂、多维、无边无际和具有整体的操纵力量，都不允许我们说社会的存在论维度仅仅是或者主要是符号

---

① 吴兴明：《反思波德里亚：我们如何理解消费社会》，载《四川大学学报》（哲学社会科学版）2006 年第 1 期。

之维”。[①] 因此，“符号学”这条思维路径可能的陷阱就在于，它敞开了社会被“符号化”的一面——“敞开即遮蔽”——同时，就必然遮蔽了社会作为“本体”的一面，遮蔽了整个实体世界。而社会本体和实体世界正是“符号世界”和“拟像世界”得以建立的前提和基础。

三　虚无主义的泥潭：解构终极价值，建构世俗价值（符号价值）

马斯洛著名的人生在世五层次，在此可以归结两个追求的维度：一是求生存，二是求生存的意义。求生存重要，无之，人便不能存活。但是求生存的意义更为重要，无之，人即便活着，也跟一般的动物没有区别。因为人与动物的最大区别就在于动物只求生存，不求生存的意义，也就是说，动物只有生理追求，没有精神追求。而人除了有生理追求之外，还有精神追求，还会去追求自由、平等、正义、民主等这些人类生存的意义。

一般说来，与生存的意义相关的就会涉及终极价值，与生存相关的就会涉及世俗价值。

终极价值在这里有三个含义：一是绝对的。终极价值是绝对的、永恒的，不会随着社会发展而发生变化，即不遵守“经济基础决定上层建筑”这条定理，它们是建立在人类人性的共同性和抽象人格形式之上的（如自由、平等、人权）。二是至上的。由于其他价值都是以经验层面作为其基础的，经验层面又是复杂多变的，因而都是相对的，可以质疑的；而终极价值是建立在人类人性的共同性和抽象人格形式之上的，因而是至高无上的，无可置疑的。三是最后的。即终极价值是最后的价值，底线性的价值，是无论如何不能妥协，任何价值与之发生冲突都必须抛弃。终极价值的功能和作用主要体现在指导人类追求生存的意义。

世俗价值是指世俗社会中通行的价值准则及其系统。它们是相对的、有限的，随着社会发展而发生变化，遵守“经济基础决定上层建筑”定理（如中国儒家承传下来的忠、孝、节、义）。而世俗价值的功能和作用在于帮助人类求生存，人都会去求生存，而人性又是自私的，都想只是获得更多的物质利益和财富，并且人类又是群居动物，人类求生存的活动又

---

① 吴兴明：《反思波德里亚：我们如何理解消费社会》，载《四川大学学报》（哲学社会科学版）2006 年第 1 期。

是在人类社会中进行的，这样就必然导致各种利益冲突。为了不使这些利益冲突威胁到人类的生存本身，人们就通过协商来制定出种种规范（世俗价值）来调节各种冲突，从而使我们每个人所得到的物质利益能够相对最大化。因此，世俗价值就是人类为了求生存而根据世俗社会的情况制定出来的价值，因而是相对的、有限的。

而大众传媒在整个消费社会中建立起了唯一的价值维度，即符号价值。所谓符号价值，“就是指物或商品在被作为一个符号进行消费时，是按照其所代表的社会地位和权力以及其他因素来计价，而不是根据该物的成本或劳动价值来计价”。① 由此可见，符号价值是由其所代表的社会地位和权力决定的，而社会地位和权力不是一成不变的，因为社会地位是通过社会过程形成的，随着社会关系的重新组合，在共同语境中不断获得修正和重塑，也就是说符号价值会随着社会的发展变化而发生变化，故是由经济基础决定的，因此符号价值属于世俗价值的范畴。

在消费社会中，大众传媒解构了终极价值，也就解构了终极价值的功能和作用。人类也就只会去求生存，不会去追求生存的意义，人们只要能够满足欲望需要就行了，没有了更高的精神需求，不会去追求真正的幸福，不能体现一个人的自我意识和最高价值。同时人们也失去了一个终极的参照和评价标准。人生和社会没有了终极的目标和方向。整个人类社会就像一艘在大海上迷失了方向的航船，漫无目标地在大海上漂流。我们的人生也就会陷入“虚无主义”的泥潭当中。

四　基础的坍塌：解构权利法制系统，建构消费符号系统

何谓权利法制系统？权利法制系统包含两个子系统：一是权利系统。权利系统遵循的是权利优先原则。我们每个人生来具有的自然权利，即天赋人权、自由。这些都是依据先验层面上的“自然法则”的普遍有效性而规定的。对于通常讲的“自然法则”，康德是这样规定的：“对于赋予责任的法则而言，一种外在的立法是可能的，一般而言这些法则就叫做外在的法则。在这些法则中间，有一些法则，对它们的责任即便没有外在的立法也能被理性先天地认识，它们虽然是外在的法则，但却是自然的法

① 张红岭：《鲍德里亚的消费社会理论探要》，载《广西社会科学》2008 年第 7 期。

则。"[①] 由此可见，自然法则虽然一种是"外在的法则"，但它不是外在立法的产物，却是一切外在立法的"实证的法则"之所以成立的前提，因为它是"先验性"的，能够"被理性先天地认识的"。

二是法制系统。法制系统遵循的是程序正义原则。美国学者约翰·罗尔斯在《正义论》一书中提出并分析了程序正义的三种形态：纯粹的程序正义、完善的程序正义以及不完善的程序正义，并着重对纯粹的程序正义进行了论述。在罗尔斯看来，"正义的主要问题是社会的基本结构，或更准确地说，是社会主要制度分配基本权利和义务，决定由社会合作产生的利益之划分的方式"。[②] 要解决这些问题，可以按照纯粹程序正义的原则来设计整个社会系统。"在纯粹程序正义中，不存在对正当结果的独立标准，而是存在一种正确的或公平的程序，这种程序若被人们恰当地遵守，其结果也会是正确的或公平的，无论它们可能会是一些什么样的结果。"[③]

而在消费社会中，大众传媒正是解构了权利法制系统，而在整个社会建构起了一种消费符号系统。消费符号系统是一种社会系统，这种社会系统完全由大众传媒来操控。鲍德里亚认为："当代社会系统并没有把它对社会的总体控制建立在那些伟大的平等原则或民主原则之上，即使这些原则通过学校和社会培训的教育已经深入人心，但是这些关于权利、正义等等的有意识的平等原则仍然相对脆弱，且永远不足以实现社会一体化，因为它们太明显地与这个社会的客观现实不符。"[④] 因此，整合消费社会的不是那些建立在"自然法则"之上的系统和原则，而是消费符号系统。权利法制系统在消费社会仅仅是个摆设，消费符号系统才是真正的支配性系统。也就是说，消费符号系统是权利法制系统的基础。

但是，鲍德里亚并没有认识到消费符号系统作为支配性系统的致命的局限。首先，权利法制系统作为现代社会政治体制、经济体制、文化体制得以建立的基础早已是个无可争议的事实。虽然这个系统的内部可能还存在有缺陷和漏洞，但是它必然是任何一个社会得以建立和发展的前提和基

① 李秋零主编：《康德著作全集》第6卷，中国人民大学出版社2007年版，第232页。

② ［美］罗尔斯：《正义论》，何怀宏、何包钢、廖申白译，中国社会科学出版社1988年版，第7页。

③ 同上书，第86页。

④ ［法］让·鲍德里亚：《消费社会》，刘成富、全志纲译，南京大学出版社2001年版，第88页。

础。如果没有权利法制系统对人们的消费行为进行根本的约束和规范，人们就可以随心所欲，不遵守基本的消费规则，这样，消费社会连一天都不能维持下去，甚至根本就不可能出现。也就是说，权利法制系统对于人们的消费行为一系列合法性规定显然是消费社会得以建立和发展法定基础。

其次，由消费符号系统所操控的社会中人们的消费行为具备了“消费异化”的性质。消费异化主要表现在以下两个方面：一方面，主体性丧失，强制性，被动性。在消费社会中，人们的需要不再是主体的本真的需要，而是由大众传媒所建构出来的需要。人们面对无限的符号世界的包围逐渐丧失了自己的理性观察力和判断力，人们的消费也是强制性的和被动性的。由于人们丧失了理性思考能力，一系列精神生态问题便随之而来，无法满足的欲望使暴力、色情、抑郁、紧张等行为和情绪大量增多。另一方面，差异性，不平等性。由于人们的消费对象已不再是商品的使用价值和实体性，而仅仅是由大众传媒创造的符号价值。而符号消费又会产生新的差异和不平等，因为符号之所以能成为消费品被消费就在于消费符号系统所具有的社会区分的功能。因此，在消费社会中，消费本身就会“重新产生等级和阶级特权。具有强大购买力的消费者，通过符号消费的方式，从炫耀到审慎（过分炫耀），从量的炫耀到高雅出众，从金钱到文化，绝对地维系着特权”。①

当然，笔者也没有完全否认大众传媒在消费社会中所起到的作用，也注意到了鲍德里亚的消费社会大众传媒观作为一种新的思想体系有它产生的历史必然性和某种积极意义。例如，它所主张的符号学和解构主义的思维方式的确为我们提供了一种新的思想维度和思考问题的方式，并且解构了任何一种思想的“专制霸权”，从某种程度上也促进了公民社会的建立；又如，它所建构出来的符号世界为我们开启了一个崭新的生存空间，人们能够在这个虚拟世界中完成现实世界中能够完成甚至不能完成的事情。

但是，笔者认为，以上这些进步都是以解构人类社会赖以生存和发展的更深层次的前提、基础和价值为代价的。当下，我们每个人都生活在由大众传媒所操控的消费社会里，我们在享受消费社会带给我们的好处和欢

① ［法］让·鲍德里亚：《消费社会》，刘成富、全志钢译，南京大学出版社2001年版，第40页。

乐的同时，更应该保持理性而清醒的头脑。

第三节　大众传媒·互联网·公共领域：反思哈贝马斯的大众传媒观

“公共领域”这个理论贯穿哈贝马斯整个学术思想发展的始终，也就是说，哈贝马斯的所有学术理论的合法性都是建立在“公共领域”这个问题之上的。因此，哈贝马斯对大众传媒一直是持批判态度的，因为他认为正是大众传媒解构了公共领域。但是，笔者认为，哈贝马斯没有认识到的是解构公共领域的大众传媒仅仅是指报刊、广播、电视这些前互联网时代的大众传媒，而互联网这个新的大众传媒非但没有解构公共领域，反而在互联网时代重构了公共领域。

一　哈贝马斯对公共领域的界定

“公共领域”这个概念最早是由德国女哲学家汉娜·阿伦特提出的，只不过阿伦特的公共领域理论还缺乏完整的理论体系、强劲的思想力量、准确的话语系统。而哈贝马斯完成了对阿伦特的超越，使“公共领域”理论真正成了一种理论话语系统。

与阿伦特的公共领域概念具有共和主义的色彩不同，哈贝马斯的公共领域理论是在市民社会的语境下提出来的，具有自由主义的色彩。与黑格尔和马克思将“市民社会”理解为控制商品市场、资本市场、劳动市场的经济领域不同，哈贝马斯将“市民社会”分为经济领域和公共领域两个部分。经济领域就是指黑格尔和马克思所理解的市民社会，而公共领域是指独立于官方和经济的社会文化交往领域，它“包括教会、文化团体和学会，还包括了独立的传媒、运动和娱乐协会、辩论俱乐部、市民论坛和市民协会，此外还包括职业团体、政治党派、工会和其他组织等”①。在《公共领域的结构转型》一书的再版序言中，哈贝马斯指出：“这本书的中心问题被认为是‘市民社会的重新发现’。”② 这里的“重新发现”就是指重新发现了市民社会中的公共领域部分。

---

① ［德］哈贝马斯：《公共领域的结构转型》，曹卫东等译，学林出版社 1999 年版，第 29 页。

② 同上。

阿伦特虽然最早提出了“公共领域”这个概念，但是她始终没有对公共领域进行界定。哈贝马斯则从各个方面对“公共领域”进行了详尽的描述性规定，从而形成了公共领域的理论话语系统。哈贝马斯认为：“公共领域是介于国家和社会之间进行调节的一个领域，在这个领域中，作为公共意见的载体的公众形成了，就这样一种公共领域而言，它涉及公共性的原则——这种公共性一度是在与君主的秘密政治的斗争中获得的，自那以后，这种公共性使公众能对国家活动实施民主控制。”① 从哈贝马斯对公共领域的定义可以看出，公共领域大致有以下四个特征。

一是公共性。与政治领域和私人领域不同，公共领域是向所有人开放的，所有人都可以自由进出，都可以参与公共事务的讨论，都有权发表自己的意见。正如哈贝马斯所言，“公共领域的成败始终都离不开普遍开放的原则。把某个特殊集团完全排除在外的公共领域不仅是不完整的，而且根本就不算是公共领域。……在原则上一切人都属于这一领域”。② 他认为，公共性是公共领域的根本原则。

二是批判性。批判性是继承了启蒙运动时期的理性批判精神，公共领域一方面批判国家政治权力，另一方面批判代表某个集团或个人的私人利益。因此，与出于自我利益和政治利益的批判不同，这里的批判是指“公众在理性精神的指引之下，基于‘公’的目的而进行的交往过程，以此形成对公共事务的一致性意见。当然，这种意见有别于公共权力机关的声音”。③ 也就是说，在公共领域中，社会公众依赖自己的理性④就某个与公共利益相关的社会生活问题就行协商和讨论，进而对公共权力进行批判、监督和透视。因此，批判性是公共领域的基本特征。

三是平等协商性。哈贝马斯认为，在公共领域里，每个人都可以参与公共事务的讨论，人和人之间没有政治地位和经济地位的差异。参与讨论的个人都是抽象人格形式的个体，都具有独立的人格和平等自由的权利，都可以提出自己的主张，表达自己的态度、欲望和需求。正如当代美国教

---

① ［德］哈贝马斯：《公共领域》，载汪晖、陈燕谷编《文化与公共性》，生活·读书·新知三联书店2005年版，第125—126页。

② ［德］哈贝马斯：《公共领域的结构转型》，曹卫东等译，学林出版社1999年版，第94页。

③ 石义彬：《单向度、超真实、内爆——批判视野中的当代西方传播思想研究》，武汉大学出版社2003年版，第58页。

④ 哈贝马斯将这种理性称为“交往理性”。

授琼·科恩在谈到公共领域时所指出的："所有受公共政策和法律影响的公民都应该有发表他们的意见、施加影响和参加相关商议的权利，而且所有的参加者都必须能在平等的条件下这样做。"① 所以，平等协商性是公共领域的核心。

四是基于公共利益之上的共识。追求共识是公共领域的根本目标，公共领域如果离开了对共识的追求也就失去了存在的价值。这里的共识不是指根据一种世界观、价值观而达成的，而是以肯定差异性为前提，通过社会成员间的相互沟通、相互协商而达成的公共意见。这里的公共意见不是指"我们各个个人意见的总括，即便我们大家自发同意也不是公众或公共的意见。它是经过详尽地辩论和讨论并被我们所有人承认为共同意见的那种东西"。② 由此可见，虽然公共领域是由一个个的私人个体组成，但是它是以公共利益为基础的。与建立在某个个体或集团之上的私人利益不同，公共利益是以每个个体的基本权利、价值、利益为基础，强调每个人都有在不损害他人的前提下追求自己的幸福、价值和利益的权利。

二　大众传媒对公共领域的解构

大众传媒在公共领域中扮演着举足轻重的作用，它为社会公众提供了一个相互沟通、相互协商的公共话语平台，促进了独立于政治权力和市场经济的公共舆论的形成。然而，哈贝马斯认为，在19世纪末的垄断资本主义时期，随着权力和金钱对大众传媒的入侵，作为公共领域重要组成部分的大众传媒丧失了公共话语平台的功能，沦为了权力和金钱的工具，进而造成了公共领域的结构转型。

一方面，大众传媒与国家政治权力的结合使公共领域违背了独立于政治的原则，使其受制于政治逻辑。从20世纪开始，报纸、广播、电视这些大众传媒的飞速发展使资本主义政府意识到了大众传媒的巨大威力，他们便开始对大众传媒进行管理和控制，使之成为政府的喉舌，其中最典型例子的就是当时的通讯社已经由私人机构变成了官方和半官方机构。政府就利用大众传媒来建构一个已经被官方所操控的伪公共领域，在这个领域中，所谓的代表社会公众的公共利益不过是用来掩盖某个政党或者集团的

① ［美］马克·E. 沃伦：《民主与信任》，华夏出版社2004年版，第202页。

② ［加］查尔斯·泰勒：《市民社会的模式》，载邓正来、J. C. 亚历山大主编《国家与市民社会——一种社会理论的研究路径》，中央编译出版社2002年版，第20页。

私人利益的东西罢了。

就这样，大众传媒“逐渐被政治化、国家化，具有了公共权力的性质。媒体由公众利益的代言人变成了政治的舆论工具，公共领域由批判转向对现实的美化和粉饰，从而使真正事关公众的重要议题，尤其是不利于国家机器的议题难以进入媒介议程，最终使促进社会民主化的途径被阻滞，批判理性淡出公共领域”。① 这时的大众传媒不再是监督和批评政府的公共话语平台，而成为权力政府统治社会公众的工具，理性批判的公共领域也随之消失了。正如哈贝马斯所指出的那样，“大众传媒俨然成了资本主义政治力量的化身，它不仅能够高度凝聚公众注意力，而且能够建构出公共权威，传媒技巧越成熟，操纵民意就越彻底，理性批判的公共领域也就被消解于无形了”。②

另一方面，大众传媒与资本主义市场的结合使公共领域违背了独立于经济的原则，使其受制于市场逻辑。随着科学技术的飞速发展以及消费社会和大众社会的到来，以报纸、广播、电视为代表的大众传媒逐渐被商业化、世俗化和娱乐化。被市场逻辑入侵的大众传媒就开始操控公共领域。大众传媒“将私人利益置于公众利益之上，使公共性原则受到市场规则的侵蚀，公共领域赖以存在的重要条件即非商业化原则被破坏，从而给公共领域的运行机制带来重大影响”。③ 这主要表现在以下两个方面。

第一，市场化的大众传媒将商业化的市场逻辑带入公共领域，从而把公共领域变为大众的消费领域。与参与公共领域的社会公众不同，消费领域中的社会公众已经由批判的公民变成了时尚的消费者。消费者就是一群只有消费意识而没有批判意识的大众，他们整天就沉醉于音乐、电视、情景剧、摇滚这些娱乐文化中而丧失理性思考的能力。大众传媒也由具有批判精神的公共话语平台变成了保护某个个体或集团的私人利益，引导民众消费的超级广告。“商业化取向的大众传媒为了要取悦消费大众，以轻松、容易理解而且又带有娱乐效果的内容，取代严肃的政治资讯和批判性的政治评论，消费的逻辑不仅把公民转变为消费者，它

① 路宪民、樊亚平：《论全球性媒体对公共领域的冲击和影响》，载《兰州大学学报》（社会科学版）2004年第1期。

② 王榕、辛军：《哈贝马斯论大众传媒功能的变化》，载《山东大学学报》（哲学社会科学版）2003年第4期。

③ 杨仁忠：《公共领域论》，人民出版社2009年版，第271页。

也入侵政治领域，政党与政治人物和公众之间的公共沟通转变为公关手法的作秀和表演。”①

第二，报纸、广播、电视等大众传媒自身的单向传播性质与公共领域中社会公众之间相互沟通、相互协商的双向传播相矛盾，从而使大众传媒很容易被某个个体或商业集团所掌控，进而通过大众传媒操控公共舆论来获得商业利益。在前大众传媒时代，公共领域主要存在于咖啡屋、书店、酒吧、教会等社会团体和文化团体里面，在这些社会团体中，人与人之间都是面对面地用语言相互沟通，相互交流。当聚会的公众达到较大规模的时候，大众传媒就成了公共领域中最主要的交流媒介。但是，大众传媒与面对面的口语交流不同，它的传播方式是单向的，是少数的传播者向多数的受众传播，受众的反馈非常有限。因此，少数人就可以利用大众传媒来控制公众的意志，利用高超的推销技术将自己的私人利益隐藏在大众传媒所宣称的“公共利益”之下，从而建构出一个“伪公共领域”来实现自己的商业意图。

三　互联网对公共领域的重构

哈贝马斯的大众传媒观是有道理的，也看到了大众传媒在公共领域中所起到的负面作用。但是，哈贝马斯的思维仅仅停留在前互联网时代，他没有看到的是随着互联网这种新大众传媒的出现，媒介的传播方式发生了翻天覆地的变化。笔者认为，正是这些新的变化重构了被报纸、广播、电视这些传统大众传媒所解构的公共领域。

首先，与传统大众传媒点对面、单向的传播方式不同，互联网的传播方式是点对点的、双向互动的传播。报纸、广播、电视这些传统大众传媒都是少数传播者将信息单向地“推”给多数的受众，无法实现传受双方的互动交流。而互联网双向互动的传播方式改变了传播者与受众之间的关系，任何网络用户都可以既是传播者、又是接受者，都可以在互联网上实现即时的交流互动。随着互联网技术的迅猛发展，电子公告板、网络论坛、网络聊天室、博客、微博等互联网上的虚拟社区为社会公众提供了一个相互之间可以充分自由讨论协商的公共话语平台。

---

① 张学标、严利华：《大众传播媒介、公共领域与政治认同》，载《新闻与传播评论》2009 年第 1 期。

正如哈贝马斯所说，理想的公共领域最需要的就是拥有一个公共话语平台，社会公众可以在这个平台中就某个公共议题进行自由、平等、理性的相互沟通、相互讨论。互联网双向互动的传播方式就正好为公众提供了这么一个公共话语平台，并且与资本主义早期的咖啡屋、书店、酒吧、教会相比，这个新的公共话语平台具有更多的优势：“不论是在公共空间的公开性、独立性、开放性和公众参与的平等性、自由性、公平性方面，还是在信息收集、传播的完整性、客观性、时效性方面，以及讨论问题的论辩性、批判性和理性沟通等方面，网络传媒都具有许多优于传统公共领域媒介的地方。”①

其次，与传统大众传媒在传播时空上的有限性相比，互联网突破了传播时空上的有限性，实现了全球范围内的即时互动传播。在时效性上，互联网不像报纸、广播、电视这些传统大众传媒要受到印刷排版、栏目制作、节目安排等条件的限制，它可以不受任何限制地第一时间将消息发布在网页上，从而大大提高了信息传播的有效性；在空间性上，互联网的触角现在已经几乎延伸到了世界的每一个角落，打破了传统国家与国家、地域与地域之间的限制，实现了真正意义上的“地球村”。任何人在世界的任何角落都可以与世界范围内的任何人进行互动和交流，世界上任何角落里发生的事情都可以第一时间传到网上而传遍全球。

互联网在传播时空上的无限性特征正好实现了公共领域的公共性。如前文所说，公共性是公共领域的根本特征。每个人都有权利进入公共领域，每个人都可以在公共领域中畅所欲言，表达自己的观点，都可以参与公共事务的讨论。互联网就为每个公民提供了这么一个进入公共领域的机会，网民们可以在互联网上畅所欲言，参与公共事务的讨论。互联网使公共领域的进入者扩展到全球所有公民，不管男女老少、文化程度、财产数量、地位高低等，互联网都可以第一时间将全世界的人民联系在一起。正如尼葛洛庞帝所言，“互联网的用户结构将越来越接近世界本身的人口结构”。②

最后，与传统大众传媒参与主体的实名性不同，互联网的参与主体都是匿名的，这也构成了互联网的虚拟性特征。在互联网上，传播者和接受

① 杨仁忠：《公共领域论》，人民出版社2009年版，第281页。

② ［美］尼葛洛庞帝：《数字化生存》，胡泳、范海燕译，海南出版社1997年版，第213页。

者都只能看到和听到发布在网上的文字、声音、图像和影像，或者只能看到传播者和接受者在网上使用的化名，而看不到他们的真实身份。因此，互联网就创造了一个不同于实体世界的虚拟世界。

互联网的这种虚拟匿名性实现了公共领域的平等协商性特征。在互联网这个虚拟世界中，任何人无论年龄、种族、肤色、性别、国籍都可以自主选择以何种身份、何种方式出现，消除了现实社会中先赋性存在的歧视与成见。正如比尔·盖茨的一句名言："在互联网上没人知道你是一条狗。"IP 地址成了互联网上识别个体身份的唯一标识，每个网民在互联网上的地位都是平等的，每个网民在互联网上获得信息的机会也是均等的，这就从根本上打破了现实生活中人与人之间的等级观念，实现了公共领域所需要的平等协商性。

此外，互联网的匿名性特征还激发了社会公众参与公共事务讨论的热情，从而也保障了公共领域的公共性。"由于网民进入网络获取信息、交换意见、表达观念时都是匿名的，这就不必也无须顾及自己与别人所处群体的差异，能够做到畅所欲言、尽情表达。"① 匿名性还使每个公民能够更加安全、更加便利地参政议政，任何人都可以在网上就某个政治事件公开发表自己的看法和建议，甚至可以直接向政府有关部门发送消息和电子邮件。这种全体公民都可以参政议政的现象在传统媒体时代是不可想象的。

总而言之，互联网的交互性、匿名性、开放性、虚拟性、全球性等特征使被传统大众传媒所解构的公共领域在信息时代得以复兴。

第四节　"娱乐至死"还是"娱乐救亡"：对波兹曼传媒观的批判性解读

尼尔·波兹曼在《娱乐至死》中深刻地批判了以图像传播为主的电视媒介，认为其取代以文字印刷传播为主的印刷品所体现的理性主义和主体性，并最终提出了"娱乐至死"这个预言。其中体现出的追求真理和批判的精神，以及一个知识分子的良知与责任不得不让人肃然起敬。

① 杨仁忠：《公共领域论》，人民出版社 2009 年版，第 282 页。

一 波兹曼的预言

在《娱乐至死》这本书的封面就有一个令大家都感到非常奇怪的插图：一家四口都坐在电视机前看电视，但是他们都只有头颅、没有躯干。其实这幅插图就正好暗示了波兹曼的预言：人类将沉溺于由电视所带给我们的娱乐世界，而丧失了理性思考能力。

波兹曼首先从麦克卢汉的“媒介即讯息”引申出了“媒介即隐喻”的观点。麦克卢汉认为：“所谓媒介即是讯息，只不过是说任何媒介即人的延伸对个人和社会的任何影响都是有新的尺度产生的。我们的任何一种延伸或曰任何一种新技术都要在我们的事务中引进一种新的尺度。”[①] 也就是说，在信息传播中最重要的不是传播的内容，而是传播这些内容的媒介形式。在此基础上波兹曼提出了“媒介即隐喻”的观点，即媒介不仅有传播信息的功能，而且“是一种隐喻，（它）用一种隐蔽但有力的暗示来定义现实世界。不管我们是通过言语还是印刷的文字印刷或是电视摄像机来感受这个世界，这种媒介——隐喻的关系，都会对这个世界进行分类、排序、构建、放大、缩小、着色，并且证明一切存在的理由”。[②] 换言之，媒介“具有一种隐蔽的却是强有力的暗示来定义现实世界”[③]，这种媒介——隐喻的关系、这种媒介的形式，强有力地决定着媒介的内容，进而强有力地决定着整个社会文化形态，强有力地决定着人们的整个社会生活。

然后，波兹曼还进一步提出了“媒介即认识论”，即媒介能够改变人们认识事物的方式和方法。他认为：“对于真理的认识同表达方式密切相关。真理不能，也从来没有，毫无修饰的存在。它必须穿着某种合适的外衣出现，否则就不可能得到承认。”[④] 也就是说，真理的不同表达方式决定了我们对真理认知的不同。例如，在印刷机时代，真理都是靠文字印刷来进行传播，文字印刷传播的形式决定了人们的认知结构：理性、客观、深刻、有序、富有逻辑。而在电视时代，真理是靠图像来进行传播，而图

① ［加］马歇尔·麦克卢汉：《理解媒介——论人的延伸》，何道宽译，商务印书馆2000年版，第33页。

② ［美］尼尔·波兹曼：《娱乐至死》，章艳译，广西师范大学出版社2004年版，第16页。

③ 方苏：《人类：一个娱乐至死的物种?》，载《东南传播》2007年第11期。

④ ［美］尼尔·波兹曼：《娱乐至死》，章艳译，广西师范大学出版社2004年版，第28页。

像传播使“人们看的以及想要看的是有动感的画面——成千上万的图片，稍纵即逝然而斑斓夺目。而正是电视本身的这种性质决定了它必须舍弃思想，来迎合人们对视觉快感的需求，来适应娱乐业的发展”。[①] 因此，图像传播将使人们丧失理性、客观、深刻、有序、富有逻辑的认知结构。

当然，波兹曼也涉及了“印刷术时代”的种种问题：“印刷术树立了个体意识，却毁灭了中世纪的集体感和统一感；印刷术创造了散文，却把诗歌变成了一种奇异的及精英的表达方式；印刷术使现代科学成为了可能，却把宗教情感变成了迷信；印刷术帮助了国家民族的成长，却把爱国主义变成了一种近乎致命的狭隘情感……”“然而，400 年来占据绝对统治地位的印刷术利大于弊。”[②] 因为印刷术推崇理性、客观、深刻、富有逻辑的思维方式和话语结构，这些方式和结构“点燃了人们的希望，至少人们可以理解、预测和控制这个世界以及存在于这个世界上的种种奥秘”。[③]

当以电视为代表的图像传播改变了人们的认识结构以后，“我们的文化对于电视认识论的适应非常彻底，我们已完全接受了电视对于真理、知识和现实的定义。无聊的东西在我们的眼里充满了意义，语无伦次变得合情合理。……电视只有一种不变的声音——娱乐的声音。……电视正把我们的文化转变成娱乐业的广阔舞台”。[④]

需要特别指出的是，波兹曼并不是反对电视所具有的娱乐功能，而是反对电视上“所有的内容都以娱乐的方式表现出来”。[⑤] 当娱乐业代替了其他一切行业的时候，我们人类将会走向何方？对此，波兹曼提出了自己的预言：“在信息技术日益发达的时代，一切公众话语都日渐以娱乐方式出现，并成为一种文化精神。政治、宗教、新闻、体育、教育和商业都心甘情愿成为娱乐的附庸，毫无怨言，甚至无声无息，其结果是我们成了一个娱乐至死的物种。”[⑥]

从以上分析我们可以看出，波兹曼预言“娱乐至死”的逻辑前提是：人应该是理性主义者（理性的动物）和人应该具有主体性。而他的预言

---

① ［美］尼尔·波兹曼：《娱乐至死》，章艳译，广西师范大学出版社 2004 年版，第 28 页。
② 同上书，第 26—27 页。
③ 同上书，第 48 页。
④ 同上书，第 106 页。
⑤ 同上书，第 114 页。
⑥ 同上书，第 4 页。

会不会实现，他的逻辑前提是不是绝对没有问题？是不是都是图像传播惹的祸？

二 文字印刷传播：拉开了“现代主义”的帷幕

“现代主义”是西方思想启蒙运动的产物。西方启蒙运动正是以人的理性和主体性为依托来进行启蒙、推翻宗教教会专制、培养人的科学和道德观念。德国社会学家马克斯·韦伯将这一过程称为世界的“祛魅”，即从彼岸世界回到此岸世界，用理性的权威取代上帝的权威，从以神为中心回到以人为中心。

从以上波兹曼“媒介即隐喻”和“媒介即认识论”的观点中，我们可以看出，波兹曼认为，媒介的形式决定了媒介的内容，决定了我们的认知结构以及整个社会文化形态。也就是说，媒介发展史决定了整个人类的发展方向。文字印刷传播形式决定了人类朝着理性主义和主体性的方向发展，而理性主义和主体性正是“现代主义”得以建立的合理性基础。换言之，文字印刷传播拉开了“现代主义”的帷幕。

在西方，无论是文艺复兴还是启蒙运动都与文字印刷传播的出现和普及密不可分。哲学家罗素认为：“随着印刷术的出现，大大扩展了新思想的传播范围，结果有助于去挖传统权威的墙角。因为用方言翻译出来的《圣经》印刷成书，很容易到手，教会不能再用花言巧语来继续维持它在信仰事务方面的监护人身份。至于一般学术，也处于同样原因的促动而回到现世主义。印刷术不仅给批评旧秩序的新政治理论提供了传播工具，而且还使人文主义学者得以重新出版古代人的著作，随之促进了经典原著的广泛研究，有助于教育水平的普遍提高。”① 从以上罗素的话可以看出，文字印刷术的出现动摇了中世纪宗教教会的权威，使真理的阐释者从上帝和教会变成了人文主义学者和知识分子。并且在文字印刷技术产生之前，“知识分子总是忙于保存文化，文化在很大程度上局限于抄写和解释经典与宗教文本，而不产生新的思想。这一艰苦的过程也限制了古代文本的传播。印刷的出现解放了知识分子的劳动。知识分子开始逐渐使用人文和科学的方法来探讨在神学之外的问题”。② 知识分子的研究方向就从宗教世

① ［英］罗素：《西方的智慧》，冯家驹等译，世界知识出版社 1992 年版，第 222—223 页。

② ［美］约翰·R. 霍尔、玛丽·乔·尼兹：《文化：社会学的视野》，周晓虹、徐彬等译，商务印书馆 2004 年版，第 120 页。

界转向了世俗世界，研究对象从“神”转向了“人”。传播学家施拉姆也指出：“书籍和报刊同18世纪欧洲启蒙运动是联系在一起的。报纸和政治小册子参与了17世纪、18世纪所有的政治运动和人民革命。正当人们越来越渴求知识的时候，教科书使举办大规模的公共教育成为可能。”①

除了印刷术开启了西方的文艺复兴和启蒙运动之外，语言文字本身也强调了人的理性和主体性。早在古希腊哲学中，语言就代表了理性。亚里士多德认为：“人是逻各斯的动物”。这里的逻各斯既指语言又指理性，因此，亚里士多德既把人看作语言的动物，又把人看作理性的动物。美国哲学家巴雷特也说：“希腊人发明了逻辑。希腊人关于人是理性的动物的定义，从字面意义上说，就是人是逻辑的动物；按更本原的含义则是人是语言的动物。因为逻辑（logic）这个词是从动词legein（说，讲，交谈）来的。人是进行相互联系、符合逻辑的交谈的动物。”②

到了现代社会，现代主义者认为语言文字决定了人们的理性抽象思维。首先，语言文字是线性的，线性的排列决定了语言文字是在时间中存在的，对它的解读也就是一个线性的过程；其次，语言文字是一个稳定有序的结构，是按照语法规则和使用习惯来排列的，对它的解读也就是一个逻辑的过程；最后，语言文字是概念、抽象的，按照麦克卢汉的“冷媒介”“热媒介”理论，语言文字显然属于“冷媒介”，即低清晰度、高参与度的媒介，因此对语言文字的解读需要受众的抽象概括能力。线性、逻辑、抽象概括都暗示了语言文字所开启的理性时代。

此外，语言文字还强调了人的主体性。主体性是指将人看作一个封闭的主体，不受外界的干扰，自主、主动、能动、自由地进行思考和行动。语言文字虽然已经成为我们生活中必不可少的一部分，但是它仅仅是对真实世界的描述和刻画，文字与真实世界的界限和距离依然存在。界限和距离代表了一种深度，这种深度正好为读者提供了一个自主、主动、能动、自由思考和想象的空间，进而突出了人的主体性。并且如前文所说，语言文字属于“冷媒介”，对它的解读需要充分调动读者先天的认知能力，同样也强调了主体性。

① ［美］施拉姆等：《传播学概论》，陈亮等译，新华出版社1984年版，第18页。

② ［美］巴雷特：《非理性的人》，段德智译，上海译文出版社2007年版，第78页。

三 电视图像传播：敲开了“后现代主义”的大门

“后现代主义”是20世纪60年代在西方产生的，是对“现代主义”的批判和修正，因此，它的主题便是“解构现代主义”：一是解构理性。后现代主义者认为正是理性的泛滥造成了人类今天的困境，所以我们应该抛弃理性，推崇感性。二是解构主体性。在人与自然的关系上，后现代主义者反对以人为主体，强调人与自然的和谐共处。在人与人的关系上，反对以自我为主体，强调主体间性。三是解构确定性、真理和深度。强调多元论、差异性、碎片化。

波兹曼认为电视图像传播使人们丧失了理性、客观、深刻、富有逻辑的思维方式和认知结构，而这种“丧失”正好符合“后现代主义”的特征。因此，我们可以说是电视图像传播的普及敲开了“后现代主义”的大门。

首先，图像传播强调了感性主义的认知方式，消解了文字传播的理性主义认知方式。也就是说，“以视觉为中心的符号传播系统正向传统的语言文化符号传播系统提出挑战，并使之日益成为我们生存环境的更为重要的部分。显然，现代文化正在脱离以语言为中心的理性主义形态，在现代传播科技的作用下，日益转向以视觉为中心，特别是影像为中心的感性主义形态”。① 图像传播是以视觉为基础，而任何一种人类知觉的运用，都是对身体的运用。而身体一旦被合法化，就预示着弗洛伊德意义上的“本我”和感性能量的释放，受众在观看图像的时候将自己的感性欲望完全沉浸于画面情境中，进而必然导致感性主义的认知方式。而且由图像传播所导致的感性主义认知方式与消费社会的到来也密不可分，消费文化所强调的欲望消费和快乐主义原则带动了整个文化形态的感性化，文化内容的肤浅和空洞。

其次，图像传播的形象性、直观性、逼真性、易复制性消解了受众的主体性。本雅明在《机械复制时代的艺术作品》中认为：“复制技术把所复制的东西从传统领域中解脱出来，由于它制作了许许多多的复制品，因

① 孟建：《视觉文化传播：对一种文化形态和传播理念的诠释》，载《现代传播》2002年第3期。

而它就用众多的复制物取代了独一无二的存在。”① 也就是说，复制技术使“摹本”与“原本”的界限消解了。如今我们已经从机械复制时代过渡到了图像时代，图像传播正是运用复制技术使图像世界和真实世界的距离消失了，这种距离的消失与杰姆逊所提到的后现代主义文化中的一个重要特征距离感的消失是一脉相承的。在谈到电视这一媒介的时候，杰姆逊说：“它进入了你的生活，它上面出现的形象可以说就是属于你的。在电视这一媒介中，所有其他媒介中所含有的与另一现实的距离感完全消失了，这是个很奇特的过程，但这一过程可以说正是后现代主义的全部精粹。”② 距离感的消失挤压了人们自由想象和抽象思考的空间，使人们在接受图像的时候不是主动、自由、能动地去解读，而是被动地接受。图像传播决定了人们直观化、简单化的思考方式，进而解构了受众的主体性。

最后，图像非线性的传播方式还消解了意义的确定性和深度。与语言文字相反，图像是非线性的，非线性的排列方式决定了图像是在空间中存在的，时间在这里被切割成了“当下的时间”，失去了线性的状态，意义被分解为零散的、不连续的、差异的状态。“当叙述的线性时间在‘形象文化’中消失以后，叙述意味着失去了历史的纵深层次感。没有过去、没有现在，故事的结尾和真理的存在都显得没有意义了。就像海伯狄治所说：‘形象之下或之后一无所有，因而没有什么要揭示的隐藏的真理。’”③ 图像传播所具有的当下瞬间截取的特性，使它所表现的事物和形象也是不确定的、碎片化的、非整体的。读者在解读的过程中也很容易断章取义，造成多元化和差异性的解读结果。

此外，图像世界和真实世界距离的消失还导致了深度和个性的消失，一切都被平面化、肤浅化、同质化地表现出来。法兰克福学派将这种现象称为文化的工业化，即文化工业，并批判道：“文化工业一方面极力掩盖严重重复化的异化社会中主客体间的尖锐矛盾，一方面大批量生产千篇一律的文化产品，来将情感纳入统一的形式，纳入一种巧加包装的意识形态，最终是将个性无条件交出，淹没在平面化的生活方式、时尚化的消费

---

① ［德］本雅明：《机械复制时代的艺术作品》，王才勇译，浙江摄影出版社 1993 年版，第 55 页。

② ［美］杰姆逊：《后现代主义与文化理论》，唐小兵译，陕西师范大学出版社 1987 年版，第 168 页。

③ 梅琼林：《论后现代主义视觉文化之内涵性的消失》，载《哲学研究》2007 年第 10 期。

行为以及肤浅化的审美情趣之中。”①

四 书写时代的局限

人类的传播媒介从口语传播发展到文字印刷传播之后，标志着我们进入了一个新的时代——书写时代。虽然文字印刷传播所开启的书写时代，在整个人类发展史上有一定的价值和意义，但是它的局限也是显而易见的。

笔者在前文分析了书写时代蕴含了现代主义这种哲学范式，现代主义又是以理性主义和主体性为合理性基础的。因此，书写时代的局限就是现代主义的局限，是理性和主体性本身的局限。而理性和主体性对于我们人类而言到底有哪些局限呢？

（一）理性的局限

首先，理性主义构造了一个虚幻的、形而上的理性世界。在这个世界中，先验的理念是第一性的，是世界的本质，而现实的世界只是第二性的，仅仅是理性世界的摹本。如理性主义哲学家康德认为，个体的先验理性能力是认识和道德立法的根据。同样，黑格尔更是把理性提高到了本体论的地位，认为理性是事物的本质，是世界的本性。理性在现代社会的作用正如法兰克福学派掌门人霍克海默所指出的那样，是“从理性中推出之前来自启示的那些东西：人类生活的意义和永恒原则”。②

但是，德国著名哲学家尼采认为，理性世界是对生活在现实世界中的人的生活和生命意志的摧残，人类社会从中世纪的宗教专制走向了现代社会的理性专制。理性代替了上帝，成了新的专制者。他认为我们应该恢复人的自然本性，解放人的生命力，倡导一种“酒神精神”，这种“酒神精神”是对人的生命、本能、意志、激情的肯定。在尼采看来，人类的知识和道德的根源并不应该在先验的理性领域中去寻找，而是来源于生命本身，来源于身体的本能和冲动，来源于权力意志。另一位哲学家叔本华也认为，理性仅仅是人的偶然属性，当理性把表象固定为概念时，就把丰富而生动的表象分割了，而“直觉总是一切真理的源泉和最后的根据”③。

① 陆扬、王毅：《大众文化与传媒》，生活·读书·新知三联书店2000年版，第50页。

② ［德］霍克海默：《反对自己的理性》，载詹姆斯·斯米特编《启蒙运动与现代性》，徐向东等译，上海人民出版社2005年版，第371页。

③ 文化部教育局编：《西方现代哲学与文艺思潮》，上海文艺出版社1987年版，第5—6页。

其次，马克斯·韦伯将理性区分为价值理性和工具理性，他认为现代主义这一思潮的出现是与资本主义经济秩序的创立密切相关的。在韦伯看来，西方的理性主义价值观构成了西方资本主义精神的特征。而资本主义精神是以实际利益、成效和预期目的的实现为精神核心的，因此，韦伯认为，现代社会中的理性是以工具理性为主导。工具理性，又称为目的理性，就是指将理性作为一种工具来追求现实的利益。它带来的后果就是，人们在生活中就只会去追求现实的利益和目的，而放弃自由、平等、博爱、正义等这些终极价值，都成了“见利忘义”的小人，进而导致整个人类深度意义和自由的丧失。工具理性这个概念也是法兰克福学派的主要批判对象。

（二）主体性的局限

现代主义所提倡的“主体性”这个概念也是有局限的。其一，就人与自然的关系而言，主体性强调将人视为主体，自然界视为客体，人是自然界中一切客体的存在根据和尺度，人为自然界立法。后现代主义者认为，这种将人视为主体、自然界视为被人所统治的客体的态度，将使自然界遭到严重的践踏和破坏，人类也将最终遭到自然界的报复而毁灭。海德格尔将现代社会看作一个“世界图像时代”，在这个时代中，“世界图像并非意指一幅关于世界的图像，而是指世界被把握为图像了”。[①] 而当世界被把握为图像以后，人与世界的关系就变为表象者与被表象者之间的关系，即人是表象者，是主体，而世界是被表象者，是客体。海德格尔认为，一旦人与世界的关系变成表象者与被表象者，即主体与客体的关系之后，人的存在意义就会被遮蔽。而对存在的遗忘，即忘在，是整个主体性哲学的最大弊病。因为在海德格尔看来，世界并不是外在于人的，而是与人“融为一体”的，也就是说，人是始终存在于世界之中的，人的存在就是在世界中的存在。

其二，就人与人的关系而言，主体性强调人将自我视为主体，将他人视为客体，主体因此就成为孤立的主体，没有涉及主体之间的交往与沟通，认识论因此也成了一种“唯我论”。后现代主义者主张我们应该摒弃这种以自我为中心的观念，因为人是社会性的存在，每个人都处在与他人

---

① ［德］海德格尔：《世界图像时代》，孙国兴编《海德格尔选集》，上海三联出版社 1996 年版，第 899 页。

的关系之中，自我也只有在人们的相互关系中才可被理解。因此，哈贝马斯提出了“主体间性”这个概念。“主体间性”强调并不以自我为主体，每个人都是主体，认识行为并不是主体对外在客观世界的反映，而是主体与主体之间的对话、沟通和协商，最终达到对某个问题的共识。

五 图像时代的意义

在电视图像传播取代文字印刷传播成为当代社会主要的传播方式以后，人类进入了另一个新的时代——图像时代。而图像时代正好克服和修正了书写时代的各种局限，无论对于个体还是整个人类社会而言都有巨大的价值和意义。

（一）身体的解放

笔者在前文也谈到了现代社会的理性压抑了人的本性，束缚了人的身体，剥夺了人的自由。而图像时代的到来推翻了理性的“神话”，颠覆了统治西方长达两千多年的逻各斯中心主义传统。

整个传统西方哲学都是强调理性与感性、灵魂与身体、本质与现象的二元对立，并且认为前者是高于后者的，前者决定后者。而图像传播的直观性、形象性、非线性决定了对它的解读是以视觉为基础，任何一种以人类知觉为基础的行为，都是一种身体的行为，都是对身体的解放。笔者在前文也论证了电视图像传播敲开了“后现代主义”的大门，而整个后现代主义哲学都是对身体的肯定和颂扬。

在19世纪后期，尼采率先发出了“一切从身体出发”的呐喊。在尼采哲学的身体决定论中，“动物性是身体化的，也就是说，它是充溢着压倒性的冲动的身体，身体这个词指的是在所有冲动、驱力和激情中的宰制结构中的显著整体，这些冲动、驱力和激情都具有生命意志，因为动物性的生存仅仅是身体化的，它就是权力意志”。[①] 权力意志在尼采哲学中是一个本体论的概念，它是宇宙间一切事物和人的行为的根本原因和动力。这样，代表身体和本能的权力意志取代了传统哲学中的理性位置，使身体从理性的压制中解放了出来。

之后，弗洛伊德的“无意识”理论认为性欲构成了人类一切行为的原动力，粉碎了整个传统西方哲学理性至上的世界图景。而人们在解读图

① ［德］尼采：《苏鲁支语录》，徐梵澄译，商务印书馆1997年版，第218页。

像的时候正是一种被动的、无意识的行为，也就是对身体的运用和解放。胡塞尔的现象学也认为视觉在直观中有把握事物本质的能力。在胡塞尔看来，我们应该将自己的一切自然信念和现象经验都“悬置”起来，最终回到先验的自我，只有这样我们才能在直观中认识到事物的本质。按照现象学的观点，我们在读图的时候是通过眼和心直接地把握事物的本质，无须借助语言这个中介。最后，以德里达和利奥塔为代表的解构主义哲学家也认为对图像的崇拜将人的身体从语言文字的束缚中解放了出来，使人类从“诗意的栖居”转向“图像的栖居”，从“语言学转向”走向“身体转向”。

（二）公民社会的建立

电视图像传播与文字印刷传播还有个最大的不同点，就是电视图像传播具有广泛的全民参与性、接受性和互动性。而文字印刷传播具有很大的局限性，只有掌握了文字符号的人，也就是说，只有识字的人才能成为文字印刷传播的接受对象。因此，少数知识精英率先接受了这类传媒所传播的信息，进而主宰和控制了文化的走向。而由知识精英所开创的文化是一种精英文化，这种文化的解释权和享用权都掌握在知识精英手中，与普通民众无缘，普通民众只能听命于知识精英的控制和摆布。

然而，电视图像传播没有任何对传播对象的文化水平进行限制，任何人都可以接触这类传媒，率先接受信息的就不再是知识精英，而是普通大众，大众成了传媒的真正掌控者。因此，可以说是电视媒介的出现开启了大众媒介时代，而大众媒介的产生与发展必然导致与之相适应的文化诞生，大众文化就正是这样一种文化。

大众文化作为一种与大众媒介相适应的文化，有着广泛的群众基础，剥夺了过去少数知识精英拥有和追求文化的特权和专利，消解了文化的等级性与差异性，使文化产品不是仅仅在少数知识精英内部流通，而是在大众媒介和大众文化这一“公共领域”内流通。

公共领域是指介于私人领域和政治领域之间的一个领域，是各种公众聚会场所的总称，主要是独立自主的个体及由其所组成的自治社团组织进行自主交往和自由辩论的一种非官方的文化批判领域。换言之，“公共领域说到底就是公共舆论的领域”①。而由大众传媒所开创的公共领域有着

① ［德］哈贝马斯：《公共领域的结构转型》，曹卫东译，学林出版社1999年版，第35页。

广泛的参与性和开放性，不同年龄、阶层、文化、地域的人都能在这个公共领域中进行自由的沟通、交流、磋商，最后达成共识，实现文化的公共化和民主化，进而推动了公民社会的建立。

公民社会是指围绕每个公民的共同利益、目的和价值上的非强制性的集体行为。公民指代表“公意”的人，卢梭将“公意”定义为每个人的共同意志。也就是说，公民社会不是要满足哪一个人、哪一个组织和集团的利益，而是要满足每一个人的利益。而大众媒介和大众文化的传播权和控制权正是掌握在每个公民的手中，因此，我们更应该将大众媒介和大众文化称为“公众媒介”和“公众文化”。

在《娱乐至死》这本书的前言里，波兹曼写到了两个小说家的预言：一个是乔治·奥威尔，他在《一九八四》这部小说中预言人类未来将受制于专制独裁的统治。另一个是奥尔德斯·赫胥黎，他在《美丽新世界》中预言人类未来将沉溺于娱乐世界当中而丧失自由，丧失理性思考能力。波兹曼认为奥威尔的预言并没有实现，而赫胥黎的预言才是真正的危险，才是真正值得人们警惕和防范的。

然而，笔者认为波兹曼对待娱乐的态度有些偏激了，对“美丽新世界”的恐惧有些夸大其词了。如果我们将《一九八四》的“专制至死”和《美丽新世界》的“娱乐至死”放在一起让大家自由选择，我相信绝大多数人都会选择“娱乐至死”。波兹曼最大的错误就在于将“一九八四”和“美丽新世界”割裂开来，没有认识到“美丽新世界”才是“一九八四”预言没有实现的最重要原因。因此，笔者的预言与波兹曼正好相反，不是“娱乐至死”，而是“娱乐救亡”。

第三章

传媒本体论的延伸：传媒文化

第一节　传媒文化：文化的传媒化与传媒的文化化

一　何谓传媒文化

今天我们所生活的时代就是传媒文化的时代，我们的生活无时无刻能离开传媒。我们要认识当代社会的文化或者是我们自己，离开了传媒都是不可能的。要深入了解这个由传媒文化所统治的时代，首先就要弄清楚什么是传媒文化。

最早对传媒文化下定义的是美国传媒学家道格拉斯·凯尔纳，他把传媒文化的特征概括为："1. 包括了广播、影视和报刊等传媒手段的文化（以电视为核心）；2. 以视觉符号为主体，对音像符号的重视远大于文字符号；3. 具有工业化、大规模生产和大众消费的形式，目标是资本积累和盈利；4. 是信息时代的高科技产物，是全球化经济中最为活跃的部门。传媒文化为我们提供了生活价值观、意识形态、身份认同、政治观点以及日常生活方式和休闲娱乐方式等，是新的全球化文化形式。"[①] 在凯尔纳看来，传媒文化就是指以视觉图像传播为主导的，以大规模工业生产和大众消费为主要形式的一种文化，它深刻地影响了我们的社会文化和个人价值观。

---

① ［美］道格拉斯·凯尔纳：《媒体文化——介于现代与后现代之间的文化研究、认同性与政治》，丁宁译，商务印书馆2004年版，第9—11页。

此后，很多学者都对传媒文化进行了界定，概括起来可以将传媒文化的定义概括为广义、中义、狭义三种。广义的传媒文化是指通过“传媒”① 所传播的文化。其实，广义的传媒文化和文化是一个意思，因为一切文化都必须通过传媒才能传播，这里的传媒可以是早期的声音、语言、文字，也可以是现在的大众传媒；中义的传媒文化是指通过大众传媒所传播的文化，大众传媒既可以传播消费文化、大众文化、娱乐文化、视觉文化，也可以传播审美文化、高雅文化、批判文化、书写文化；狭义的传媒文化就是指消费文化、大众文化、娱乐文化、视觉文化。因此，当我们研究当代传媒文化特征的时候，往往就将传媒文化等同于消费文化和大众文化。

我们可以从以下四个方面来进一步深入理解传媒文化。

首先，传媒文化属于亚文化的范畴，是以大众传媒影响人为主要方式的一种社会亚文化。亚文化是与主流文化相对的一个概念，主流文化是指在一个社会中被大多数人所认可的占支配地位的文化，往往具有保守性和稳定性。而亚文化是指在一个社会中被弱势群体所认可的占边缘地位的文化，倾向于与社会权力机构作斗争和对抗，往往具有批判性和激进性。笔者在前面也提到了当代传媒文化就是指消费文化和大众文化，消费文化和大众文化都是由大众传媒的出现而产生的，而大众传媒又是属于社会普通大众的传媒，属于弱势群体的传媒，因此，传媒文化也是社会弱势群体所认可的一种文化，是亚文化中的一种。

其次，传媒文化概念的提出，强调了传媒与文化是一枚硬币的两面，密切相关。一切文化都需要传媒来传播，而一切传媒也要受到文化的影响。具体表现为：“一方面，社会文化在借助传媒这一中介进行大众传播时，对大众媒体特性进行妥协、依赖和附庸，表现出深刻的传媒印记；另一方面，文化影响传媒，有什么样的文化就有什么样的传媒，传媒受文化的浸润影响，反映文化，代表文化，成为一定文化的喉舌。”②

再次，传播媒介是一个动态的发展过程，不同的传播媒介决定了不同的文化表现方式。麦克卢汉将人类的发展史看成是媒介的发展史，媒介的变革引起了社会的变革，同样，媒介的变革也引起了文化的变革。比如，

---

① 这里的传媒是泛传媒概念。

② 蒋晓丽、石磊：《传媒与文化：文化视角下的传媒研究》，华夏出版社 2008 年版，第 49 页。

电视图像传播催生了消费文化、大众文化、娱乐文化、视觉文化，而文字印刷传播催生了理性文化、书写文化、高雅文化、审美文化。

最后，市场化、全球化、技术化、娱乐化、权力化等是当代传媒文化的主要特征。我们只有在市场化、全球化、技术化、娱乐化、权力化的大背景下才可能对当代传媒文化有一个全面深入的了解。

综上所述，传媒文化“构造了我们的日常生活和意识形态，塑造了我们关于自己和他者的观念；它制约着我们的价值观、情感和对世界的理解；它不断地利用高新技术，诉求于市场原则和普遍的非个人化的受众……总而言之，媒介文化把传播和文化凝聚成一个动力学过程，将每一个人裹挟其中。于是，媒介文化变成我们当代日常生活的仪式和场景”。①

二　文化的传媒化

通过以上对传媒文化的分析，我们可以看出文化的传媒化是当今社会的一个发展趋势，也是一个全球性的文化现象。从人类文化诞生的那一刻起，文化的传播就离不开传媒。从古至今，文化的传播媒介经历了口头媒介、文字媒介、印刷媒介、电子媒介和网络媒介，不过人们在讨论文化的时候往往都没有考虑到媒介对文化的影响，都只是把媒介看成传播文化的工具。但是，自从麦克卢汉提出了“媒介即讯息”这个命题之后，人们在关注文化的时候将不得不考虑传媒对文化的影响，也就是说，传媒的功能不仅仅是可以传播文化，更重要的是它还可以改变文化、塑造文化。“媒介作为一种文化的技术逻辑和力量，无情地塑造着大众的文化习性，在不断加剧的媒体化过程中，我们似乎看到了一些征兆：不是媒介来适应主题，而是相反，是主题不断地适应媒体；从互动的面对面的交流，转向单向的面对媒介的交流。”②

笔者在前面提到了我们现在生存的时代是一个传媒化生存的时代。人们的生存无时无刻能离开传媒，因此，人类的文化也对传媒具有很强的依赖性。在传统社会，人们对社会文化的认知主要是通过人与人之间面对面的口耳相传，传播者和接受者都必须同时在场。而在现代社会，大众传媒为我们构筑了一个“拟态环境”，人们对社会文化的认知不再是通过面对

① 周宪、许钧主编：《文化与传媒译丛总序》，商务印书馆 2001 年版，第 3 页。

② 周宪：《中国当代审美文化研究》，北京大学出版社 1997 年版，第 265 页。

面的直接经验，而是通过“拟态环境”这种间接经验。大众传媒所构筑的“拟态环境”打破了面对面在场交流的局限性，能够把不在场的东西呈现给受众。因此，人们通过大众传媒可以了解到世界各地的奇风异俗和各种各样的知识，文化信息的总量大幅度增加，我们的生活变得更加丰富多彩，文化变得更加繁荣昌盛，有利于社会的民主化进程。尤其是在互联网时代，人与人之间有了一种“天涯若比邻”的感觉，时空距离被压缩了，地球真的成了一个“地球村”。

由于人与人之间缺乏面对面的直接交流，人们都是通过大众传媒来了解社会文化，因此，文化对传媒的依赖性就越来越强。大众传媒成了文化的“风向标”，适合大众传媒传播的文化就会流行开来，而不适合大众传媒传播的文化就会被淘汰。我们的审美观和价值观都不同程度地受到大众传媒的控制和调节，什么样的明星能够走红，什么样的电影能够热映，什么样的书能够畅销，都是大众传媒在背后操控。当大众传媒成为当今文化的主宰力量时，它的问题也就暴露无遗。“现代媒介传播文化的功能主宰了人们已知的世界，即提供并选择性地建构了社会的影像。它追求商业价值，忽视人文价值，商品性掩盖了应有的文化理性。它注重娱乐性，缺乏对生活底蕴的理性把握，冲淡了对人生意义的思考。它突出流行性，失去了创作个性和示范性，各领风骚只几天。总而言之，文化呈现出低质化的趋向。”① 文化的神圣性、高雅性、精英性、批判性丧失殆尽。

此外，大众传媒对文化的操控也造成了它的接受者——人的伤害。当今，报纸、广播、电视、网络等大众传媒传递出大量的文化信息，“信息爆炸”是我们这个时代的主要特征。人们在面对这些铺天盖地的文化信息的时候失去了主动性，丧失了独立思考的能力，患上了“媒介依赖症”。这个症状表现为“过度沉溺于媒介接触而不能自拔、价值和行为选择一切必须从媒介中寻找根据、满足于与媒介中的虚拟社会互动而回避现实的社会互动、孤独和自闭的社会性格等”。② 日本学者林雄二郎和中野牧分别提出的“电视人”和“容器人”都是这种媒介依赖症的体现。“电视人”是指在电视图像传播的环境下长大的一代，他们注重的是跟着感觉走，失去了理性、客观、逻辑、深刻的思维能力；同样，“容器人”是指在大众

---

① 蒋晓丽、石磊：《传媒与文化：文化视角下的传媒研究》，华夏出版社 2008 年版，第 66 页。

② 同上书，第 184 页。

传媒的环境下培养出来的孤独人群，他们将自己关在大众传媒这个“容器”之中，反感现实当中的人际交往，他们中的大多数人都以自我为中心，性格内向、孤僻。

三　传媒的文化化

人文社会科学研究在20世纪先后经历了“解释学转向”“语言学转向”“图像转向”等一系列转向之后。在20世纪八九十年代又经历了一个重要的转向，即“文化转向”。“文化转向”就是指整个人文社会科学将自己的研究范围纳入大文化的背景之下，文化研究在当下成了一门“显学”。

何谓文化研究？广义的文化研究就是指研究文化，或者说从文化的视角来研究人文社会科学。文化研究内部的学派包括法兰克福学派、文化研究学派、政治经济学派、后结构主义与后现代主义，等等。文化研究兴起于20世纪五六十年代，以英国伯明翰大学当代文化研究中心的创立为标志，该中心的研究思潮后来也被称为“英国文化研究学派”或“伯明翰学派”，该学派的代表人物有雷蒙德·威廉斯、理查德·霍加特、斯图亚特·霍尔等。后来该学派的研究思想扩展到了美国、澳大利亚等其他国家，“文化研究热”由此在世界范围内掀起。狭义的文化研究就是指“英国文化研究学派”或“伯明翰学派”，该学派的思想与法兰克福学派不同，它充分肯定了大众文化的价值，提倡将文化世俗化，拒绝将文化神圣化。文化研究作为一种社会思潮和方法论，并不局限于某一学科内部，它打破了学科与学科之间的界限，从而使学术研究更具活力和创造力。由此可见，与传统学科不同，文化研究很难有一个明确的研究范围，也很难成为一门真正意义上的学科。正如英国传媒学者柯林·斯巴克斯所指出的那样：“在任何精确的程度上界定文化研究都是极其困难的。给文化研究画一条清晰的线索或说我们从一个侧面发现文化研究的适当领域是不可能的，指出足以标志文化研究特征的整齐划一的理论或方法也是不可能的。由来自文学批评、社会学、历史、媒介研究等的观念、方法和关切组成的地地道道的大杂烩，都在文化研究的方便的标签下面杂陈在一起。”①

① Colin Sparks, *The Evaluation of Cultural Studies*. John Storey, *What Is Cultural Studies*? A Reader. Arnold, 1996. p. 5.

那么，人文社会科学研究在20世纪中后期为什么会发生文化转向呢？首先是因为时代的变革引起了文化的变革。在当今时代，“随着工业化的发展和媒介技术的进步，大众文化打破了精英文化的统治地位成为当今文化的主流，文化成为人类生活的全部方式，而传统的文化概念定位在艺术和美学方面，高雅和低俗二元分离”。[①] 随着后现代社会的到来，多元文化的出现消解了文化的高雅与低俗的二元对立，同时，各种亚文化的异军突起也对主流文化造成了强烈的冲击。因此，当代社会文化的复杂性必然要求学术研究也作出相应的变革，文化研究的兴起正是“传统学术、传统学科自身内在发展的迫切需要，是学科的‘内爆’涨破原有外壳的必然结果”。[②] 其次是因为文化在当代社会生活中的重要性日益增强。“当20世纪60、70年代的后工业热情让位于90年代和新千年的后现代焦虑时，当经济和政治的乐观主义让位于环境和人文的悲观主义时，对于文化的认识已经开始深化，文化转向悄然发生。以往，文化始终处于边缘，而此时文化已逐渐成为中心。文化，如同经济、政治、技术和宗教，是一种极其强大的力量。”[③] 也就是说，我们已经迎来了一个文化的时代，文化转向和文化研究的兴起也就是顺理成章的事情。

既然人文社会科学已经迎来了“文化转向”，那么传媒的文化化也就必然是大势所趋。“所谓传媒的文化化，是指在当前传媒的各种功能已极大提高和强化的前提下，努力去建构一个以文化为内核、以文化传播为职责的新的传媒格局，试图对全社会实现文化的全覆盖。”[④] 具体说来，传媒的文化化体现在以下两个方面。

一是以文化的视角来研究传媒，为传媒研究提供了一种新的视野和方法。“新闻无学”一直是大家用来批评当前新闻传播学的言论，我认为“新闻无学”最主要的原因并不是新闻天生就“无学”，而是因为我们现在的传媒研究停留在一个特定的、孤立的范围内进行，没有把它放到更大的文化背景下进行考察。如果我们从文化的视角来研究传媒，就可以“用

① 蒋晓丽、石磊：《传媒与文化：文化视角下的传媒研究》，华夏出版社2008年版，第83页。

② 戴锦华：《文化研究的理论与实践》，载《大众文化的神话》，生活·读书·新知三联书店2003年版，第1页。

③ 萧俊明：《文化转向的由来》，社会科学文献出版社2004年版，第2页。

④ 蒋晓丽、冯乐：《文化的传媒化与传媒的文化化——现状、症候与反思》，载《当代文坛》2012年第5期。

各种有效的文化研究方法进行多角度的阐释，把它们看做一种开放性的、与市场经济、工业生产方式密切相关的大众文化现象”。① 这样，传媒研究就可以借鉴很多其他学科的研究方法，使自身突破传统狭隘单一的方法，使传媒研究能够在跨学科的范围内运行。这样，新闻传播学就自然而然的从“无学”变为“有学”了。

二是传媒研究从“工具理性”转向“价值理性”。过去的传媒研究遵循的是美国经验实证主义的研究范式，这种研究范式“主张从经验事实出发，运用经验性方法研究传播和媒介现象，用可观察、可测定、可量化的经验材料对传播现象和传播行为进行实证考察，关注的主要是传播的科学性问题，即‘如何’传播，我们可以把这称为‘工具理性’”。② 而传媒研究的文化转向反对实证主义的研究方法，提倡的是思辨的、批判的研究态度。它关注的是“为何”传播，思考的是传播的价值问题，我们将其称为“价值理性”。价值理性强调的是社会责任，彰显的是人文关怀。

综上所述，传媒文化的出现是传媒本体论延伸的结果，也就是说，传媒文化是传媒作为一个本体的存在作用于文化而形成的，即文化的传媒化；同样，文化也会反作用于传媒，影响传媒研究的方向，即传媒的文化化。因此，传媒与文化是一枚硬币的两面，密不可分，文化的传媒化与传媒的文化化共同构成了当今的传媒文化。

第二节　各个传播学派对“传媒文化”的态度：以法兰克福学派与英国文化研究学派为例

一　法兰克福学派与传媒文化

1923 年，德国法兰克福大学成立了一个社会研究所，德国哲学家霍克海默为第一任所长。此后，他又挖来了像阿多诺、马尔库塞、本雅明等一批学识渊博、志同道合的人才，法兰克福学派从此成立。1937 年，霍克海默在研究所的专刊《社会研究杂志》上发表了一篇论文，名为《传统理论与批判理论》。霍克海默在这篇文章中奠定了法兰克福学派的思想

① 蒋晓丽、石磊：《传媒与文化：文化视角下的传媒研究》，华夏出版社 2008 年版，第 84 页。

② 同上书，第 86 页。

根基——批判理论。传统理论是把自己放在既定秩序之中，维护既定秩序；而批判理论是站在既定秩序之外，批判既定秩序。法兰克福学派是西方马克思主义的一个重要分支，继承了马克思主义的很多思想，因此，他们的主要批判对象也是资本主义制度。

法兰克福学派的学者虽然没有传媒文化的专著，但是传媒文化始终是法兰克福学派的一个重要批判领域，因为他们认为资本主义统治阶级正是通过控制大众传媒来进行意识形态的操控，他们也就借批判大众传媒来批判资本主义制度。在他们看来，资本主义社会的大众传媒表面上看进行的是产业化的运作，但是其本质却是为资本主义统治阶级服务的意识形态国家机器。正如霍克海默和阿多诺在《启蒙辩证法》一书中所指出的那样，“广播系统是一种私人的企业，但是它已经代表了整个国家权力……切斯特农场不过是国家烟草供给地，而无线电广播电台则是国家的话筒”。[①]马尔库塞也认为：“大众传播手段以及娱乐和信息工业不可抵抗的输出，都带有了规定的态度和习惯，这种价值标准和被规定的意志、人格、态度和愿望，便是统治阶级的意识形态，……在发达的晚期资本主义社会，政治的制造者和他们的大众信息供应商系统地助长了单向度的思索。”[②]

具体说来，阿多诺对流行音乐的批判是法兰克福学派对传媒文化批判的开始，他认为流行音乐在“音乐形式的所有方面——整体结构、旋律的音域、歌曲类型以及和音的行进——都依赖于已经存在的公式和标准，这些公式和标准实质上作为法则而起作用，它们为听众所熟悉并因而是完全可以预知的”。[③] 也就是说，阿多诺认为资本主义的工业化和商业化已经使流行音乐变得标准化、同质化、低俗化。

法兰克福学派的另一位学者本雅明在《机械复制时代的艺术品》一书中对电影这一当时在欧洲非常流行的大众传媒进行了批判。他认为，与古典时期的艺术不同，机械复制技术使电影艺术没有了古典艺术的灵韵，这里的灵韵是指艺术作品的原真性和膜拜价值。而电影这种机械复制技术消解了艺术品的独一无二性，强调的是艺术的展示价值。艺术因此也就变成了仅仅是大众日常交流的手段而已，丧失了灵韵。

---

① ［德］霍克海默、阿多诺：《启蒙辩证法》，渠敬东、曹卫东译，重庆出版社 1990 年版，第 150 页。

② 陈龙：《传媒文化研究》，中国人民大学出版社 2009 年版，第 45 页。

③ R. Middleton, *Studying Popular Music*, *Milton Keynes*, Open Univerdity Press, 1990, p. 45.

法兰克福学派的学者将报刊、广播、电影、电视等大众传媒创造的文化称为“文化工业”，文化工业就是指用工业化的生产方式来生产文化。法兰克福学派对于文化工业的批判是它整个批判理论中最重要、影响力最大的部分。法兰克福学派对于传媒文化的批判也继承了它对文化工业批判的思想。霍克海默认为：“作为文化工业的大众文化是商品生产原则普遍化的产物，也是社会信仰和价值中心历史性解体的结果。”① 阿多诺进一步批判：“文化工业一方面极力掩盖严重重复化的异化社会中主客体间的尖锐矛盾，一方面大批量生产千篇一律的文化产品，来将情感纳入统一的形式，纳入一种巧加包装的意识形态，最终是将个性无条件交出，淹没在平面化的生活方式、时尚化的消费行为以及肤浅化的审美情趣之中。”② 文化工业背后隐藏的是垄断资本主义的生产方式，所有的大众文化产品都是按照一个固定的模板结构生产出来的。受众在面对这些同质化的文化产品的时候没有了主观能动性，文化主体的主动性和多样性被剥夺了，取而代之的是不断重复的机械动作。

文化工业正是通过生产出媚俗化、同质化的文化产品来麻醉人们的心灵，进而维护现存的资本主义秩序。统治阶级的意识形态通过文化工业产品消解了大众的意识，大众在这种渗透着权力结构的文化工业面前丧失了主体性，沦为了统治阶级的奴隶。正如阿多诺所指出的那样：“个人或家庭的命运并不是以个人意志为转移的，个人只有向宰制的社会屈服，并在社会活动中不断调适自己，这种服从社会、屈服于命运的社会大众心理趋向，符合资本主义的意识形态的需要，大众文化表明了资本主义的统一力量。就是说不用公开镇压，大众文化即把广大居民的意识与政治状况的命令连接起来。”③

法兰克福学派对于传媒文化的批判无疑是非常深刻的，但是深刻的东西往往意味着片面，法兰克福学派思想的局限也是非常明显的。首先，法兰克福学派的学者都是从意识和精神层面对文化工业和传媒文化进行批判。这种批判往往都是形而上的、思辨的、宏观的，对于具体的文化文本和传媒文本缺乏经验主义的实证分析，这样得出来的结论往往带有先验的主观偏见，缺乏客观的说服力。比如，马尔库塞对于真实需要和虚假需要

---

① 朱立言：《哲学与当代文化》，中国人民大学出版社 1998 年版，第 50 页。

② 陆扬、王毅：《大众文化与传媒》，上海三联书店 2000 年版，第 50 页。

③ 陈龙：《传媒文化研究》，中国人民大学出版社 2009 年版，第 45 页。

的区别就非常的主观武断，难道人们对于娱乐、消费、狂欢、感性的需要就不是人类真正的需要吗？真正的需要如何界定？真正的需要和虚假的需要又如何区分？

其次，法兰克福学派的批判理论都是站在精英主义立场上，他们没有看到文化的世俗化和传媒化的积极意义。文化工业和传媒文化的出现使文化产品不是仅仅在少数知识精英内部流通，而是能够大规模地传播，能够飞入寻常百姓家。这样，文化的等级性和差异性就被消解了，文化产品走向了公众化和民主化，进而也推动了公民社会的建立。

最后，法兰克福学派批判理论的成立是建立在“魔弹论”或“皮下注射论”的传播效果理论之上。整个人类的传播效果理论经历了三个发展阶段：从“魔弹论”到“有限效果论”，再到“使用与满足”。整个发展趋势是从“传者中心主义”到“受者中心主义”。法兰克福学派的学者在批判大众传媒将我们变成“单向度的人”或“沙发土豆”的时候，没有认识到受众在接受大众传媒和大众文化的时候有反思的能力，有部分接受和拒绝接受的能力。英国著名传媒学家斯图尔特·霍尔将受众对大众传媒内容的解读分为三种方式：“一是同向解读或‘优先式解读’，即按照媒介赋予的意义来理解讯息；二是妥协式解读，即部分基于媒介提示的意义、部分基于自己的社会背景来理解讯息；三是反向解读或‘对抗式解读’，即对媒介提示的讯息意义作出完全相反的理解。”① 由此可见，受众在接受大众传媒所传递出的意识形态的时候，是完全可以作出“对抗式解读”的，完全可以基于自己的知识背景作出相反的解读，而不会沦为统治阶级的奴隶。

二　英国文化研究学派与传媒文化

英国文化研究学派起源于20世纪50年代英国伯明翰的一批具有平民精神的知识分子的研究运动。这批知识分子对第二次世界大战后英国社会的文化政治层面进行全面性反思和介入。这种反思和介入很快就形成了一股学术潮流，并迅速走向学院化。1964年，英国学者霍加特在英国伯明翰大学创立了当代文化研究中心（CCCS），英国文化研究学派或伯明翰学

① 蒋晓丽、石磊：《传媒与文化：文化视角下的传媒研究》，华夏出版社2008年版，第118页。

派就此成立。此后，该学派的思想迅速在英国、欧洲乃至全世界扩散，形成了一股股文化研究的热潮。文化研究学派由于是由一批平民知识分子创立的，因此他们没有站在精英主义的立场之上，而是将普通人的日常生活经验及其文化产品作为自己的主要研究对象。

英国文化研究学派学者斯图亚特·霍尔在《文化研究：两种范式》一文中将该派的研究思潮分为两个范式：文化主义范式和结构主义范式。文化主义范式在理论和方法上运用人类学、社会学理论以及芝加哥学派的民族志方法论来研究日常生活经验，代表人物有霍加特、威廉斯、汤普森等；结构主义范式运用语言学、符号学、文学批评的理论和方法来研究文化的结构和意识形态，代表人物有巴尔特、斯特劳斯、阿尔都塞等。

文化主义范式是英国文化研究学派早期的研究范式，该范式站在普通日常大众的立场上为传媒文化和大众文化争取话语权。当代文化研究首任中心霍加特在《文化的用途》一书中指出："工人阶级的文化是一种极具韧性的文化，它不但能够抵制商业性大众文化的媚俗风气，而且能够改变大众文化。"① 此后，威廉斯对文化进行了双重界定："我们是以以下两种意识使用文化的：一是指整个生活方式——诸种普遍意义；二是指艺术和学习——发现事务和创造性活动的特殊过程。"② 因此，文化不是精英的，而是大众的；文化不是少数人占有的，而是多数人享有的。也就是说，"威廉斯将文化从传统的思想、艺术经典或者人类精神成果的文献式记录中带到一种文化研究特有的文化定义之上。他认为文化是一种整体的生活方式，文化的意义和价值不仅在艺术和知识过程中得到表述，同时也体现在机构和日常行为中"。③

威廉斯在《文化与社会》一书中提出了"文化唯物主义"的观点。"文化唯物主义"反对三种有关文化的定义：一种是站在唯心主义立场上将文化等同于精神观念；另一种是站在精英主义立场上将文化等同于精英文化；还有一种是站在马克思主义立场上将文化归入上层建筑的范畴。他认为，文化不是物质现实层面的反映和升华，它本身就应该包含物质的一

① 蒋晓丽、石磊：《传媒与文化：文化视角下的传媒研究》，华夏出版社 2008 年版，第 111 页。

② ［英］尼克·史蒂文森：《认识媒介文化》，王文斌译，商务印书馆 2001 年版，第 24 页。

③ 蒋晓丽、石磊：《传媒与文化：文化视角下的传媒研究》，华夏出版社 2008 年版，第 112 页。

面，文化应该是社会全部物质实践过程的一部分，具有物质性、社会性、实践性。

文化主义范式否定了经济决定论和阶级决定论的文化观，认为文化不是由经济或者政治决定的，确立了文化的本体论地位。“文化不再是经济或者政治的‘副现象’，文化作为一种具有物质性的基本人类实践活动以及文化在建构社会现实与人性结构中的不可替代的重要作用被密切关注。”① 由于文化研究学派对文化的重新界定，他们将研究的目光转向了与人们的日常生活密切相关的传媒文化和大众文化领域。与法兰克福学派不同，他们没有对传媒文化和大众文化持批判态度，而是积极地为它们正名。英国文化研究学派认为，传媒文化和大众文化都不会被意识形态和技术所操控，因为大众传媒和大众文化是一个公共领域，各种不同的声音都可以在其中进行对话和交锋。人们在接受传媒文化和大众文化的时候也不会丧失主观能动性，不会成为“单向度的人”，因为传媒文化和大众文化的创造者是大众，接受者也是大众，大众是传媒文化和大众文化的主人。

总之，文化主义范式中的“经验拔高以及对于创造性与历史能动性的强调，建构了其立场中的人文主义的两个关键因素（即文化与经验）。每个都赋予‘经验’在文化研究中的权威性地位。在经验中所有的实践相互交叉，在文化中不同的实践相互作用”。②

结构主义范式是英国文化研究学派中的另一大思想潮流。与文化主义范式的经验主义视角不同，结构主义范式采用“文本研究”的视角，从对具体媒介文本和文化文本的研究中读出意识形态的意义。这种文本研究的传统起源于20世纪五六十年代欧洲大陆的结构主义思潮。

结构主义的创始人是瑞士语言学家索绪尔，他提出的结构主义语言学颠覆了人们对于世界与语言关系的传统看法。传统形而上学将实体构成的世界视为本体，语言是用来表达和反映世界的，也就是说，是先有世界，然后才有语言。而索绪尔却赋予了语言以本体论的地位，他认为是先有语言，然后才有世界。我们对于世界的反思应该是从反思语言开始的，世界是语言的世界，世界的意义是由语言符号与符号之间的结构性关系所决定

① 蒋晓丽、石磊：《传媒与文化：文化视角下的传媒研究》，华夏出版社2008年版，第113页。

② ［美］斯图亚特·霍尔：《文化研究：两种范式》，载《文化研究》第1辑，天津社会科学出版社，2000年，第47—48页。

的。同样，符号的意义也不是由能指与所指之间的对应性关系所决定的，而是由符号在结构中的位置所决定。由此可见，世界是由语言文本构成的，我们对于世界的研究必须以对于文本的研究为前提。此后，索绪尔的结构主义语言学经由列维-斯特劳斯和罗兰·巴尔特的相关阐释，从语言学领域延伸到了人类学和文化学领域，人们对于大众传媒的研究自然而然地也要受到结构主义的影响，“意识形态”成为结构主义范式研究的重点。

阿尔都塞是结构主义范式的代表人物，他关于意识形态国家机器的论述对于传媒文化的研究有重大影响。在阿尔都塞看来，“一个国家要维持其统治秩序，必须要有维持、形成和创造社会‘合意’的机制或‘装置’。过去，这种装置主要是由学校、家庭和教会来充任的，在现代社会其重心则移向了大众传媒”。① 也就是说，大众传媒是现代社会产生“合意”的主要手段。“大众传媒通过新闻和信息的选择、加工、结构化等活动，每日每时都在为社会事物赋予这样那样的‘意义’，但‘赋予意义’活动并不是客观中立的，其背后有着利益和意识形态的驱动。资本主义媒介的一种突出倾向，就是把传统阶级的特殊利益作为似乎得到广泛社会‘合意’的普遍利益加以提示。”② 即传播学家拉扎斯菲尔德和默顿提出的大众传媒“赋予意义”的功能。

另外，“文本研究”在结构主义范式中具有本体论的地位，因此，他们就将传媒世界看成是一个由文化文本所构成的世界。我们从文本研究入手，就可以读出大众传媒的内在规律和象征意义。首先，从对媒介文本的生产过程的分析，我们可以看出大众传媒“符号化”，即赋予意义的过程；其次，从对媒介文本的消费过程的分析，我们可以看出受众解读媒介文本的过程。“大众传媒的符号化活动，在本质上来说是按照支配阶级的价值体系为事物‘赋予意义’的。尽管如此，受众的符号解读过程却不是完全被动的，由于符号的多义性和受众社会背景的多样性，受众可以对文本讯息作出多种多样的理解。”③

---

① 蒋晓丽、石磊：《传媒与文化：文化视角下的传媒研究》，华夏出版社 2008 年版，第 114 页。

② 郭庆光：《传播学教程》，中国人民大学出版社 1999 年版，第 273—274 页。

③ 蒋晓丽、石磊：《传媒与文化：文化视角下的传媒研究》，华夏出版社 2008 年版，第 118 页。

从以上我们对英国文化研究学派中的两种范式的分析可以看出，文化主义范式和结构主义范式的观点是相互冲突的。文化主义范式认为传媒文化代表的是被统治阶级的利益，能够赋予社会大众更多的主观能动性；结构主义范式认为传媒文化代表的是统治阶级的利益，受众在意识形态国家机器面前没有主观能动性。正是在这种冲突的困境下，“葛兰西转向”得以发生，也就是说，“葛兰西转向”将英国文化研究学派带出了文化主义范式与结构主义范式之间冲突的理论困境。

葛兰西是意大利马克思主义文艺理论的奠基人，他提出的“霸权理论”使整个文化研究发生了“葛兰西转向”。葛兰西的“霸权理论”把社会看成“是一个各种权力争霸的系统，权力在其中互相争斗、妥协，资本主义社会霸权的争夺并不是简单地显现为赤裸裸的压迫和反抗，统治阶级与被统治阶级在霸权的争夺之中存在某种协商、谈判和妥协，统治阶级必须腾出一定的空间考虑被统治阶级的意见”。[①] 换言之，在葛兰西看来，文化不再代表某个阶级的利益，而是代表了多个社会阶级的利益，大众传媒就是各种不同社会阶级之间进行文化霸权争夺的阵地。由此可见，葛兰西的“霸权理论”提倡的是一种“中庸之道”，强调了统治阶级与被统治阶级之间的协商和妥协，同时也就消解了英国文化研究学派中文化主义范式与结构主义范式的二元对立。

综上所述，传媒文化一直都是英国文化研究学派关注的中心，它们通过“探讨传媒与流行文化在反专制斗争中的角色与功能，它一开始就代表了一种清新、开放、积极的研究态度。虽然英国文化研究学派也看到了媒介在整个‘社会权力场’中的地位和作用，虽然也看到了意识形态对传媒文化的压制，但是他们的理论兴趣更加关注受众对媒介文本的能动解读”。[②] 因此，英国文化研究学派使“‘贵族式’的文化乌托邦坍塌了，边缘群体和普通民众的尊严正在形成。……如果说法兰克福学派是发达资本主义时代精英文化的一首挽歌，那么，文化研究学派则拉开了现时代大众文化和大众传媒研究开场的序幕”。[③]

---

① 蒋晓丽、石磊：《传媒与文化：文化视角下的传媒研究》，华夏出版社2008年版，第115页。

② 陈龙：《传媒文化研究》，中国人民大学出版社2009年版，第49页。

③ 潘知常、袁力力：《文化研究：传媒作为文本世界——西方传媒批判理论研究札记之一》，载《现代传播》2003年第2期。

第三节　信息社会：信息本体论的建立

大众传媒传播的内容是信息，因此，我们在研究传媒的时候必然就要涉及信息，我们在研究传媒文化的时候也必然要涉及信息社会。也就是说，信息社会也是传媒本体论延伸的结果。

一　“信息社会”概念的提出

“信息社会”这一概念是由日本学者梅棹忠夫在20世纪60年代率先提出，由于日语中没有“信息”这个词，我们所称的“信息社会”在日本被称为“情报社会”。1964年1月，梅棹忠夫在《放送朝日》上发表论文《情报社会的社会学》，在这篇论文中，他第一次提出了“信息社会”这个概念。1966年，日本新成立的咨询机构——科学技术与经济研究组首次使用了“信息化”这个词。“信息化”指的是社会系统的动态过程，“社会的信息化”就是指：“从有形的物质产品创造价值的社会向无形的信息创造价值的社会阶段转变过程”。[①] 这里的有形的物质产品创造价值的社会是指工业社会，而无形的信息创造价值的社会就是指信息社会。

“信息社会”这个概念虽然起源于日本，但是真正对“信息社会”进行详尽阐述的却是美国社会学家丹尼尔·贝尔。只是他没有使用“信息社会”这个词，而是使用了“后工业社会”。在《后工业社会的来临》一书中，丹尼尔·贝尔从五个方面概括了后工业社会的特征：“1. 经济方面：从产品生产经济转变为服务性经济；2. 职业分布：专业与技术人员处于主导地位；3. 中轴原理：理论知识处于中心地位，它是社会革新与制定政策的源泉；4. 未来方向：控制技术发展，对技术进行鉴定；5. 制定政策：创造新的‘智能技术’。”[②] 在丹尼尔·贝尔看来，后工业社会是工业社会之后的一个新社会，这个新社会是围绕着信息建立起来的。换言之，信息在后工业社会中处于中心地位，人们必须获得足够多的信息才能满足日益增长的物质文化需要。

美国当代社会学家阿尔温·托夫勒在《第三次浪潮》一书中指出，

---

① 崔保国：《信息社会的理论与模式》，高等教育出版社1999年版，第47页。

② ［美］丹尼尔·贝尔：《后工业社会的来临：对社会预测的一项探索》，高铦等译，新华出版社1997年版，第23页。

当今社会正在发生“第三次浪潮”，这次浪潮以新兴技术和新兴材料的出现为标志，整个社会的政治、经济、文化等方面都将经历一次深刻的大变革，人类也将从工业社会走向信息社会。此后，美国另一名社会学家约翰·奈斯比特真正对信息社会做了一个定性的概括。他将信息社会的特点概括为以下三点：“第一，在信息社会起决定作用的不是资本而是信息知识，知识已成为生产力、竞争力和经济成就的关键；第二，时间观念的变化，人们注意和关心的是将来；第三，人们生活目标的变化，人与人之间关系的变化。农业社会人的生活目标是与大自然竞争，工业社会人的生活目标是与人造大自然竞争，在信息社会里，生活的目标则是人与人之间的竞争。”①

综上所述，信息社会是与农业社会、工业社会相对的一种新的社会形态。这个新的社会形态是以现代信息技术为基础，以信息化和知识化的社会组织方式为主要特征，并且“信息成为与物质和能源同等重要，甚至更重要的资源，整个社会的政治、经济和文化以信息为核心价值而得到发展的社会”。②

二　信息社会的本质：信息本体论

信息社会的本质就在于信息的本体论地位，即将世界的本源和基石从过去的物质或精神置换为信息，信息是世间万事万物的本源，宇宙和生命的起源、演化和本质都以信息为终极原因。美国物理学家约翰·惠勒就提出了“万物源于比特”的命题，这个命题就是指世间万事万物皆来源于以比特为基本构成单位的信息。并且信息是可以不依赖任何物质载体而独立存在的东西，是世界的原初存在形式。也就是说，世界上先有信息，后有物质，信息决定物质，物质成了信息的派生物。信息是一种比物质更具有实在性的实在，是一种先于任何实体（物质实体或精神实体）的最为基本的实在。“我们不可能在实在与信息之间作出任何有意义的区别，也就是说信息与实在是相同的：如果我们探究了信息的基本单元，也就自动地探究了实在世界的基本单元。”③ 这种“信息本体论”也就消解了传统哲学关于唯心主义与唯物主义的二元对立，物质和

① 崔保国：《信息社会的理论与模式》，高等教育出版社 1999 年版，第 61 页。

② 《朝日现代用语》，朝日新闻社 1992 年版，第 245 页。

③ 郦全民：《计算与实在——当代计算主义思潮剖析》，载《哲学研究》2006 年第 3 期。

精神都被统一于信息这个最基本的实在，其他一切实在都是由信息所建构起来的。

如果我们将信息视为世界的本源，那么我们理解和解释世界的方式也日益“信息化”，信息成了我们解释世界的本体论基础和方法。这种信息化的解释世界的方式被称为“信息思维”。“信息思维”与“实体思维”相对，后者强调对世界的实体化解释，强调世界的本源是物质或者精神。如果按照亚里士多德对于事物存在和发展变化的“四因说”的划分，那么，实体思维就是“质料因”，信息思维就是“形式因”“目的因”“动力因”的结合。信息思维强调信息是物质和精神的“形式因”“目的因”“动力因”。物质和精神都是以信息为终极目的和终极动力而存在于世的，它们仅仅是构成信息的无关紧要的质料而已。因此，从终极意义上讲，信息成为物质的载体，物质仅仅是信息实现自身目的的工具和手段。换言之，信息思维就是透过信息这扇窗户来看世界，透过不同的窗户看世界就会形成不同的世界观。信息这扇窗户“使我们‘看’到世界与先前必然有所不同，信息成为我们认识一切的基点，成为解释一切的根据。物质的一切变化的本质都是信息的‘展开’，物质本身不起什么实质作用。于是生命的本质是信息展开的过程，宇宙的本质也是火球中信息的展开过程，天体的形成与演化过程也是一个信息过程或信息支配的过程”。①

总之，信息社会的本质就是“信息本体论”，即信息是世界的“阿基米德点”，信息是解释世间一切的终极原因和方法，这也是信息社会与农业社会、工业社会的本质区别之所在。

三　信息社会的基本特征

信息社会的本质决定了信息社会的基本特征，这些基本特征也是信息社会与农业社会、工业社会在表现形态上的区别之所在。我们可以将信息社会的基本特征归纳为以下几点。

（一）现代高新技术的全面渗透

信息社会是现代高新技术的产物，是以微电子、通信、网络、自动化、人工智能等信息技术全面渗透于社会各个领域的产物。也就是说，信息社会的产生和发展是与信息网络技术的高速发展密切相关的，信息网络

---

① 肖峰：《信息主义及其哲学探析》，中国社会科学出版社2011年版，第87页。

技术是信息社会的技术基础，也是信息社会的巨大推动力。正如美国传播学家曼纽尔·卡斯特所指出的那样，“事实上，社会能否掌握技术，特别是每个历史时期里具有策略决定性的技术，相当程度地塑造了社会的命运。我们可以说，虽然技术就其本身而言，并未决定历史演变与社会变迁，技术（或缺少技术）却体现了社会自我转化的能力，以及社会在总是充满冲突的过程里决定运用其技术潜能的方式”。①

既然信息社会是信息技术的产物，那么信息技术必然向人类社会的政治、经济、文化、军事等方面全面渗透，全面推动政府信息化、企业信息化、教育信息化、部队信息化的进程，使信息技术与社会各个领域紧密地联系为一个整体。在政治领域，人们利用信息网络技术可以建设一个超巨型的管理信息系统。例如，我们可以建一个国民信息系统将我国所有人口的基本信息通过网络连接起来，通过这个网络系统，我们可以查阅到每个公民的基本资料；在经济领域，信息技术和网络技术的迅猛发展改变了传统商业贸易的基础，改变了人们的消费方式，虚拟货币、网上购物成为人们主要的贸易方式和消费方式；在文化教育领域，全球公开课和远程教育成为可能，并且拥有计算机、通信、电子、无线电等信息技术专业学位的学生毕业之后都容易找到工作，年薪都很高。

（二）信息化、智能化的经济社会资源

在信息社会，信息、知识等无形资产取代土地、机器、厂房等有形资产成为经济和社会发展的主要资源，信息和知识成为经济增长的主要源泉，成为主要的生产方式。正如现代管理学之父彼得·德鲁克所指出的那样，“知识是今天唯一意义深远的资源。传统的生产要素——土地（即自然资源）、劳动和资本没有消失，但是它们已经变成第二位的。假如有知识，能够容易地得到传统的生产要素。在这个新的意义上，知识是作为实用的知识，是作为获得社会和经济成果的工具”。② 丹尼尔·贝尔也认为：“如果工业社会以机器技术为基础，后工业社会是由知识技术形成的。如果资本与劳动是工业社会的主要结构特征，那么信息和知识则是后工业社

---

① ［美］曼纽尔·卡斯特：《网络社会的崛起》，夏铸九、王志弘译，社会科学文献出版社 2003 年版，第 8 页。

② ［美］彼得·德鲁克：《从资本主义到知识社会》，载达尔·尼夫主编《知识经济》，樊春良、冷民等译，珠海出版社 1998 年版，第 57 页。

会的主要结构特征。"①

信息技术的飞速发展造成了产业结构的重大调整，形成了新的产业结构样式：信息产业在全民生产总值中的比重迅速上升，成为支柱性产业。衡量一个国家的经济发展水平和综合国力的重要标准就是信息产业的发展水平。传统产业的生产、流通、销售过程也要受到信息化的全面改造，信息和知识的生产者和传播者取代土地的耕种者和机械的操作者，脑力劳动者取代体力劳动者。总之，信息社会是一个对信息、对知识、对科学技术、对人才都高度依赖的社会。

（三）虚拟性和超时空性的生存方式

正如尼葛洛庞帝所指出的那样："信息 DNA 正在取代原子成为人们生存的基本单位。"也就是说，在信息社会，计算机、通信、网络等信息技术创造了一个虚拟空间，与现实的物理空间不同，虚拟空间是一个非物质性的信息空间，它正在将人类带入数字化、虚拟化生存的时代。"人们已经或正在感受到，许多过去人类不可能或尚无条件亲自进行实践活动的领域，现在正渐次对人类打开大门；而许多过去受到时空、物质手段以及社会经济等因素制约的活动范围，由于虚拟实在的出现而不再构成限制。在各种虚拟实践活动中，人们的能动性、自由度较以前大大提高，人类认识和实践活动的深度、广度得到前所未有的拓展，人类的生活实践获得了新的活动空间和表现形式……人类正面临有史以来最诡异的一场生存变异和活动革命。"②

另外，信息技术还消解了时空距离，地球被缩小成了"地球村"，人们可以在一个超时空的虚拟空间中生产和生活。

（四）个性化与民主化的生产组织方式

在工业社会，人们从事的是标准化、大规模的生产，生产出来的产品的规格和模式也是相同的。而在信息社会，信息技术越发达，人们的思维也就越活跃，市场需求也就越多元化，多元化的需求也就需要个性化的生产方式才能满足。

此外，信息技术极大地促进了知识和文化在普通民众中的普及程度，

---

① ［美］丹尼尔·贝尔：《后工业社会的来临：对社会预测的一项探索》，高铦等译，新华出版社 1997 年版，第 9 页。

② 孙伟平：《信息社会及其基本特征》，载《哲学动态》2010 年第 9 期。

唤醒了民众的民主意识，动摇了传统的金字塔形组织管理结构。普通大众在日常事务的管理和决策中有了更多的自主性，社会组织方式也更加民主化。

四 信息社会与人类未来的命运

在信息社会，信息量以几何倍数的速度急剧增加，出现了“信息爆炸”的现象。“信息爆炸”的直接结果与人类的命运息息相关，人生活在信息的海洋里，信息量的大小决定了人类未来的命运。

在传统社会，信息的流量往往低于社会的需求，信息量的不足给国家、社会、个人的各个方面都会造成很多危害：在政治方面，清朝末期，由于我们实行的是闭关锁国的政策，所以在与帝国主义列强的战争中不得不节节败退，割地赔款；在经济方面，如果信息匮乏，就无法得到世界各地最新的经济信息，经济发展就会停滞不前；在文化教育方面，如果信息枯竭，就会造成教育水平下降，科学技术落后，民众的文化素质降低。

在信息社会，情况恰好相反，不是信息不足，而是信息过量、信息爆炸。如果一个社会中的信息的流量超过了社会需求也会造成很多不良的后果。美国学者罗斯扎克曾指出：“信息过多实际上会排挤观念，使人在空间和零散的事实面前六神无主，迷失在无形的信息泛滥之中。”① 过量的信息会使人丧失主观能动性和创造性，导致人记忆力减退，精神高度紧张，焦躁不安。而且过大的信息量会占据人们的思想空间，使人们在信息的海洋面前丧失了判断力，丧失了接受和处理信息的能力。

其次，人们如果接受了过多、过杂、过滥的信息，就会丧失理性思考能力，造成思想的平面化、肤浅化；标准化、模板化的信息生产方式也会剥夺人们的个性追求，使人们成为“单向度的人”和“单面人”。正如美国学者迈克尔·海姆所指出的那样，“信息狂侵蚀了我们对于意义的容纳能力。把思维的弦绷在信息上之后，我们注意力的音符便短促起来。我们收集的是支离破碎的断简残篇。我们逐渐习惯于抱住知识的碎片而丧失了对知识后面的智慧的感悟。在这个信息时代，……所获得的信息越多，可

---

① ［美］西奥多·罗斯扎克：《信息崇拜：计算机神话与真正的思维艺术》，苗华健、陈体仁译，中国对外翻译出版公司1994年版，第80页。

能有的意义便越少，这就是所谓的受益递减律”。[①] 也就是说，“信息爆炸”的时代是一个思想贫困、观念缺失的时代。

再次，信息的转瞬即逝会使人们在心理上有一种易逝感和不稳定感，造成群体无意识。群体无意识就是指：“群体毫无踌躇地接受相互排斥的思想并将它们结合在一起……群体对矛盾原则如此漠视，以致它能够一夜之间改变主意，有朝一日相信起与前一天所相信的完全对立的东西，而对此却全然不知，即使真的注意到了，也并没有想方设法去纠正它。”[②] 这种“群体无意识”会造成消费主义心理盛行，消费主义心理消解了历史意识，强调“活在当下”。“遵循享乐主义、追逐眼前的快感、培养自我表现的生活方式、发展自恋和自私的人格类型，这一切都是消费文化所强调的内容。”[③]

总而言之，信息社会的到来虽然会给人类未来的命运带来很多积极的因素[④]，但是过量的信息也很可能会使人沦为信息的奴隶，因为“信息越多，我们越是沉溺于其中，也就越来越可能丧失沉思默想、沉潜把玩的能力，容纳、截获或提炼意义的能力，结果，不知不觉中，我们成为了信息的俘虏”。[⑤] 因此，我们需要根据社会和个人的实际需要来调节信息的流量，使人类真正成为“信息的主人”，而非“信息的奴隶”。

第四节　大数据时代：通向人工智能的智慧城市

信息社会的本体是“信息”，那么，信息的本质又是什么？信息社会之后又是一个什么样的社会或时代？信息来源于数据，数据是通过测量、记录、计算而得来的数字，本身并没有意义，而信息则是指把数据放到一定的背景下，赋予其意义。比如，“30”是个数据，“今天气温 30 度”就是信息。由此可见，信息的本质就是数据。随着信息技术的飞速发展，信

---

① 宋新军：《信息的占有与观念的缺失：人在信息社会中的一个悖论》，载《当代传播》2010 年第 4 期。

② ［法］塞奇·莫斯科维奇：《群氓的时代》，许列民、薛丹云、李继红译，江苏人民出版社 2006 年版，第 131 页。

③ 蒋晓丽、石磊：《传媒与文化：文化视角下的传媒研究》，华夏出版社 2008 年版，第 241 页。

④ 本节第二部分“信息社会的基本特征”就是信息社会给人类带来的积极因素。

⑤ 赵勇：《信息崇拜与通胀写作》，载《学术月刊》2008 年第 12 期。

息量的不断增加，人类正在超越信息社会进入一个新的社会，即“后信息社会”。后信息社会区别于信息社会的本质特征在于：（1）信息的高度个人化；（2）计算的普适化；（3）社会的智能化。而这些特征都是以数据的高速增长为前提的，当数据增长到一定程度的时候也就形成了“大数据”，人类也就进入了“大数据时代”。

一 大数据的定义及其特征

（一）大数据的定义与产生

什么是大数据？大数据到底有多“大”？这个问题一直以来都没有一个统一的定义和明确的衡量标准。正如麦肯锡全球研究所报告所指出的那样：“大数据指的是所涉及的数据集规模已经超过了传统数据库软件获取、存储、管理和分析的能力。这是一个被故意设计成主观性的定义，并且是一个关于多大的数据集才能被认为是大数据的可变定义，即并不定义大于一个特定数字的TB才叫大数据。因为随着技术的不断发展，符合大数据标准的数据集容量也会增长；并且定义随不同的行业也有变化，这依赖于在一个特定行业通常使用何种软件和数据集有多大。因此，大数据在今天不同行业中的范围可以从几十TB到几PB。”① 既然大数据的“大”是一个相对的概念，那么大数据的真正价值不仅指数据的海量，更是指数据的多维，即时间维度上的与人类社会所有活动相关信息的持续呈现；空间维度上的与人类社会所有活动相关信息的多角度、多层次呈现。也就是说，前大数据时代可能也有海量的数据，但是其维度相对单一，不可能对人类社会的有机活动进行多角度、多层次、可持续的呈现和分析。简而言之，大数据就等于海量数据+多维数据。

那么，大数据是如何产生的呢？大数据时代出现的原因是什么呢？大数据之所以产生首先源于著名的摩尔定律，即“同一面积集成电路上可容纳的晶体管数目，一到两年将增加一倍”。② 也就是说，计算机硬件的处理速度和存储能力，一到两年将提升一倍。虽然计算机硬件性能不断提高，但是价格却不断下降。1955年，IBM推出第一款商用硬盘储存器的时候，一兆字节的储存量需要6000多美元。此后，其价格不断下降，到

① 郭晓科主编：《大数据》，清华大学出版社2013年版，第5页。

② 涂子沛：《大数据》，广西师范大学出版社2013年版，第39页。

了2010年，每兆价格只需要0.005美分。半个多世纪，储存器的价格下降了1亿多倍。预计到了2020年，1太硬盘的价格将下降到3美元。也就是说，到了2020年，只需要花一杯咖啡的钱就可以把一个图书馆的全部信息拷进一个小小的硬盘。计算机硬件的价格之所以不断下降主要是因为晶体管越来越小，导致其成本不断下降。今天，一根头发尖大小的地方就能放上万个晶体管。正是因为计算机硬件的性能不断提高，价格不断下降，体积越来越小，人类才可以储存海量的数据。因此，摩尔定律为大数据时代的到来奠定了物质基础。

其次，摩尔定律使各种智能设备变得越来越小，人们可以将其布置在日常生活环境中的各个地方，随时随地收集和处理数据。同时，随着智能手机和可佩带设备的出现，人们的行为、位置、身体和心理的每一点变化都可以变成可被记录和分析的数据。有了这些数据，人们就可以记录、分析和描述物理世界和精神世界的各种状态。此外，微博、微信、推特等社交媒体的出现与普及，为全世界提供了一个公共话语平台，每个人都可以记录和发表自己的思想和行为，这也是在制造数据，并且这种数据更为复杂，没有完整的结构，被称为非结构化数据。

最后，人类使用和处理数据能力的增强也是大数据产生的重要原因。这种能力的增强主要体现在数据挖掘和展现能力的提高。数据挖掘是指通过一定的算法对海量的数据进行分析和处理，从而揭示出这些数据背后所隐藏的趋势和规律。然而，传统的计算机算法无法分析和处理海量而无规则的数据。当云计算出现以后，“以云计算为基础的信息储存、分享和挖掘手段，可以便宜、有效地将这些大量、高速、多变化的终端数据存储下来，并随时进行分析与计算”,[①] 进而挖掘出数据背后的规律和价值。云计算是指把计算能力作为一种资源放在互联网上集中起来，再通过网络配送给需要的用户。也就是说，云计算将数据的分析和处理变成了一种网络服务，供每一个成员方便使用。同时，数据的可视化技术可以增强数据的展现能力。数据的可视化是指以图形、图像、地图、动画等更为生动、易于理解的方式来展现数据的大小，阐释数据之间的关系和发展趋势，以期更好地理解、使用数据分析的结果。并且这种可视化的图像还能激发人们

① ［英］维克托·迈尔-舍恩伯格、肯尼思·库克耶：《大数据时代》，盛杨燕、周涛译，浙江人民出版社2013年版，第3页。

的形象思维和空间想象力，使人们能够更加清楚、直观、形象、快捷地洞察数据之间的关系与规律。

（二）大数据的特征

大数据的特征，也是大数据区别于传统小数据的地方，主要体现在以下几点。

1. 数据量巨大

在大数据时代，有关数据量的对话已经从TB级别转向PB级别（1PB相当于全美图书馆50%的藏书量），并且正在走向ZB级别。数据量的增长之所以如此迅速，主要原因在于大数据都是源于自然发生、客观记录、无意识参与的数据。今天，各种传感装置和可穿戴设备的出现，使任何人在任何时间做的任何事情都可以记录下来转换成数据。同时，各种社交媒体的普及使全世界的网民都成为数据生产者，这也引发了全世界的数据爆炸。

小数据时代的数据都是根据一定的人为设定的框架和类别采集而成，这种主观的、有意识的采集数据的方式所得到的数据量肯定还是有限的，并且也不可能全面、真实、深入地展示和描述人类社会的各个方面。

2. 数据种类繁多

大数据的“大”不仅体现在数据量的巨大，更体现在数据种类的全。小数据时代所收集的数据都是根据一定框架和规则收集的，因此，基本上都是“结构性数据”①，数据种类相对单一。然而，在大数据时代，无论是人们通过微博、微信、推特等社交媒体发布的文字、图像、视频等数据，还是通过无处不在的传感器收集到的数据，它们的结构都完全不一样，没有统一完整的结构，因此被称为“非结构性数据”②。从结构性数据到非结构数据的转变，代表着数据种类的大幅增加，标志着大数据时代的到来。

3. 数据处理速度极快

大数据时代要处理海量的数据，尤其是非结构性数据，必然需要极快的处理速度，因为只有这样才能挖掘出大数据背后的价值，处理速度越

---

① 结构性数据是指存储在数据库当中、有统一结构和格式的数据，这种数据比较容易分析和处理。

② 非结构性数据是指无法用数字或统一的结构来表示的信息，包括各种文档、图像、音频和视频等，这种数据没有统一的大小和格式。

快，挖掘出的价值就越大。以谷歌搜索为例，当你此时输入一个关键词显示的搜索结果，与一个小时之后输入同一个关键词显示的结果已经不一样了，因为在这一个小时内，谷歌把这个关键词的点击率重新计算了一遍之后将最新、最优的结果反馈给用户。

二　大数据的应用

大数据的大，不仅仅在于它的大容量，更在于它的大价值。而大数据的大价值就体现在它在各个领域的应用之中。

（一）大数据在政治中的应用

在美国，流行着这么一句话："我们信靠上帝。除了上帝，任何人都必须用数据说话。"从这句话可以看出美国人对于数据的无限崇拜。"得数据者得天下"这种基于数据的竞争，在美国的政治选举中体现得淋漓尽致。

2012 年的美国总统大选奥巴马在总统选举中得到过半票数，成功击败了共和党派的罗姆尼，连任美国总统。是什么原因导致奥巴马在民意调查和电视辩论中一度处于劣势的情况下后来居上的呢？

奥巴马在 2008 年的总统竞选中能够胜出的主要原因是很好地利用了互联网为自己拉票，他因此也被称为"网络总统"。如果说 2008 年竞争的重点是"用不用网络"的问题，那么，2012 年竞争的重点已经是"如何用网络，用得好不好"的问题。因为两党的竞争者都在大规模地使用网络了。然而，要想在总统竞选中用好网络，将它的功能发挥到极致的关键和重点就是"数据"。

在奥巴马宣布再次竞选总统之后，奥巴马的数据科学团队就第一时间搭建了一套统一的数据平台，将散布在各个数据库内关于民调专家、选民、筹款人、选战员工和媒体人的数据整合在一起。数据整合使"各个团队可以同步共享统一的人员名单并保持实时更新，确保了每个团队能最有效率地开展各自的工作，并兼顾或借鉴其他团队的工作成果"。[①] 比如，负责自己筹集的部门在给目标客户打电话前，已经收到一份由动员投票团队提供的详尽名单，上面不仅列出对方的名字与号码，还有他们可能被说

---

① 周宝曜、刘伟、范承工主编：《大数据：战略·技术·实践》，电子工业出版社 2013 年版，第 23 页。

服的内容，并按照竞选团队最重要的优先诉求来排序。

数据整合完成之后就是建造数据模型。数据科学团队利用收集到的各种数据对未来的数据建构预测和推荐的模型，借此可以通过数据模型预测不同选民的不同需要和行为模式，最终把个性化的信息通过各种渠道推送给特定的群体，这样发送出来的信息更有的放矢，起到更好的效果。比如，在竞选开始之后，奥巴马就更新了他的个人网站。选民只要一登录，就被要求提供其社交网站的账号，并询问是否能够读取其在社交网站上的档案信息，甚至索要在用户社交网页上发布信息的授权。这些举措为奥巴马及其团队收集到了更多、更完善的选民数据。数据科学团队利用计算机对这些选民数据进行模拟竞选，有时候一个晚上要运算 66000 次模拟各种情况下的选情结果。竞选团队每天早上都会第一时间得到这样一份报告，提供指导性意见，从而应对变化，调配资源。

由此可见，奥巴马及其团队在竞选中取胜所仰仗的武器正是“数据”，所依靠的力量正是强大的数据收集、分析和处理能力。

（二）大数据在商业中的应用

大数据在商业领域中是运用得最早，也是最好的。在大数据时代，企业之间竞争不再是劳动生产率的竞争，而是知识生产率的竞争。而知识的基础和来源是数据，因此，知识的竞争说到底就是数据的竞争，数据的收集、分析和挖掘能力就是企业的核心竞争力。这种收集、分析和发布数据的信息技术，在商业领域被称为“商务智能”，正是这种商务智能提高了企业运营的效率，帮助企业实现个性化营销，并改善了企业的预测未来的能力。

近年来，大数据在企业中的应用不断推陈出新，有很多成功的案例。例如，美国的电子零售巨头亚马逊根据客户个人以前的购物喜好，为其推荐具体的商品。它追踪了成千上亿网购用户在亚马逊网站上的浏览、搜索和购买记录，收集了大量的、多样的用户数据，再用强大的推荐算法来分析、处理这些数据，针对不同用户的不同需求，为他们推荐合适的商品，这就是亚马逊的核心竞争力所在。此外，亚马逊还推出了一项新的专利：“预判发货”，即在顾客下单之前就将包裹寄出。它们发货的依据还是顾客以前的浏览记录、消费记录、搜索记录。亚马逊根据这些数据来判断某位顾客对某一件商品是否有购买意愿。如果有，就直接将商品寄给他，或者将该商品发送到离他最近的仓库，顾客一旦下单，收货时间就不再以

“天”计算，而是以“小时”计算，这样也就缩短了物流时间，极大地改善了用户的体验。

又比如，全球最大的零售商沃尔玛是最早运用数据挖掘技术的企业之一，发生过很多“点数成金”的故事。其中，以“尿布与啤酒”的故事最为经典。沃尔玛将尿布与啤酒这对听起来风马牛不相及的东西，捆绑起来销售，取得了很好的效果，销量双双增加。因为它们的研究人员通过数据收集、分析和挖掘发现：一些年轻爸爸经常要到超市去购买婴儿尿布，有30%—40%的新爸爸会顺便买点啤酒犒劳自己。

大数据在商业领域中成功应用的例子还有很多，这里就不一一列举了。总而言之，在大数据时代，企业必须“大量使用数据分析来优化企业的各个运营环节，通过基于数据的优化和对接，把业务流程和决策过程中存在的每一分潜在价值都挤出来”①，从而节约成本、提高效率、战胜对手。

（三）大数据在新闻传播中的应用

大数据在新闻传播领域中的运用产生了一种新的新闻形态：大数据新闻。大数据新闻是建立在大数据思维之上的新闻报道。在新闻采集、新闻定制和新闻展现方面，大数据新闻都能将新闻报道提升到前所未有的新高度，促进新闻职业理念的创新。

在新闻采集方面，大数据新闻所采集的数据量远远不只是几个数据库或若干个图表那么简单，而是基于社交网络和移动互联网终端的海量信息。这些信息不仅海量，而且具有混杂性和非结构性特征。大数据新闻对各种类别、各种来源的民间数据的采集和聚合的过程，使新闻生产者从过去的职业新闻人扩展到了民间，每个人都可以成为新闻生产者。这种新闻生产方式生产出来的新闻被称为众包新闻和众筹新闻。

众包新闻是基于用户生成内容的新闻生产，是利用集体的智慧和力量来搜集、选择和报道信息。众筹新闻是指个人或机构从公众中募集资金，以期共同完成一个特定的新闻报道计划。无论是众包新闻还是众筹新闻，都将新闻生产变成了一种信息集成的过程，赋予了新闻采集新的社会意义，推进了新闻生产的民主化。

在新闻定制方面，大数据新闻通过对各个应用终端和社交网站收集到

---

① 涂子沛：《大数据》，广西师范大学出版社2013年版，第304页。

的数据进行分析，挖掘出用户的内容偏好和潜在需求，进而通过信息聚合，自动生成符合其需求和偏好的信息，从而实现个性化的信息推荐和新闻定制。这种个性化的推荐不同于通过搜索引擎进行信息查询的地方在于，它是“通过分析用户的注册信息、历史浏览记录和上网行为以及社会关系等，在对用户的喜好和潜在需求进行挖掘的基础上进行的内容推荐”,[①] 真正实现让读者拥有“自己的新闻”。

在新闻展现方面，大数据新闻摆脱了传统新闻以文字为主，数据、图表和图片为辅的展现方式，而是以数据和可视化图表为新闻的主要呈现方式，通过对数据的过滤和可视化展现来讲故事，可以更加生动、形象、清楚、直观地将新闻的内容和价值展现出来，给受众带来愉悦的审美体验。比如，2014 年的“据说春运”“据说两会”就是在新闻内容上做到了数据化的表达，在新闻形式上做到了可视化的突破。

除了以上提到的几个领域之外，大数据在医疗、卫生、教育、交通、游戏等几乎人类社会的每个领域都有应用。大数据必将给人类社会创造一个美好的未来，同时，也会给人类带来新的危机。

三　大数据时代的未来：智慧城市

随着大数据在人类社会各个领域的普遍应用，大数据将给人类社会带来革命性的影响，那么，这种影响将把人类引向何方？

大数据应用的巅峰是人类可以从海量数据中获得智能，促进政治、经济、社会和文化的智能化发展，引导人类进入智能时代。在这个时代，人工智能将出现在人类工作和生活的方方面面，这些方面最后将组成一个人类生活的新载体，即“智能城市”。

一部人类的文明史，一定程度上就是一部城市的进化史。人类对城市的探索和研究，代表了人类对未来生活的美好想象。2008 年 11 月 6 日，IBM 总裁兼首席执行官彭明盛在美国纽约召开的外交委员会的演讲中，首次提出了智慧城市的理念。他们认为，“人类的信息技术发展已经进入了新阶段，通过‘全面感知、充分整合、激励创新、协同运作’，城市管理可以迈向智慧的新时代，实现高效、智能的发展”。[②]“智慧城市”理念的

---

① 喻国明：《新闻传播的大数据时代》，中国人民大学出版社 2014 年版，第 68 页。

② 涂子沛：《数据之巅》，中信出版社 2014 年版，第 304 页。

提出标志着人类已经进入了智能时代。这个时代也被称为“Web 3.0”时代。

Web 3.0 的形成与两个因素密切相关。一个因素是“语义网”。所谓语义，是指遵循一个统一的标准，给每一个信息赋予一个计算机都能理解的意义，这个标准的意义被称为“元数据”[①]。在语义网上，数据成为组织资源的基本单位，各种数据通过“元数据”相互连接，计算机可以根据“元数据”自动为我们搜寻和检索网上的信息。这样，信息与信息之间不再是孤立的，不再需要搜索引擎和超链接这种人工强加的连接，信息与信息之间、信息与人之间将会智能相连。

另一个因素是“物联网”。物联网是指“通过射频识别、红外感应器、全球定位系统、激光扫描器等信息传感设备，按约定的协议，把任何物品与互联网连接，进行信息交换和通信，以实现对物品的智能化识别、定位、跟踪、监控和管理的一种网络”。[②] 由此可见，物联网将改变整个互联网的终端性质，实现物与物的相连。这种“物物相连”将造就一个泛终端的时代。这个时代中的一切物体（包括人）都有可能成为终端，这些终端将共同造就一个全面互通互连的、全面感知的、全面智能化的智慧城市。

通过语义网、物联网等信息技术，各种智能终端隐藏在人类生存环境的各个方面，这些智能终端能够在任何时间、任何地点，不知不觉地发送和搜集数据。通过对这些海量数据的整合和挖掘，发现知识。知识是智能的基础，当各种终端设备能够利用知识进行自动判别并采取行动为人类服务的时候，机器智能就产生了。机器智能能够自动完成种种曾经必须由人类亲自完成的工作，推动人类向全面智能化迈进。

2012 年 8 月，谷歌推出了其自发研制的无人驾驶汽车并完成了 50 多万公里的安全行车测试。这种无人驾驶汽车完全自动行驶，不需要人的干预。其全身上下都装备了激光雷达、摄像头、红外相机、GPS 等一系列传感器，正是通过这些感应设备，无人驾驶汽车可以不断收集路面情况、汽车位置、前后车距、车流速度、道路两旁的交通标识以及交通信号等数据。然后将这些收集来的数据与系统已有的数据进行每秒钟上百万次的对

---

① 元数据是指描述、解释数据属性的数据，是为支持一致性的数据描述所定义的统一准则。

② 周宝曜、刘伟、范承工主编：《大数据：战略·技术·实践》，电子工业出版社 2013 年版，第 253 页。

比分析。根据这些分析结果，无人驾驶汽车可以在极短时间内判断出是应该增速还是减速，拐弯还是换道。

无人驾驶汽车是由大数据驱动的智能化的典型例子，除此之外，还有很多类似的例子。比如，智能空调使手机用户能够利用微信或专门的APP，实现对空调的远程控制；智能冰箱使人们可以通过远程遥控管理冰箱内食物的采购；人们可以不动手，只要心中一念闪过，就能够完成拨打电话、设定约会、安排行程等一系列事情。

综上所述，大数据所带来的大智能，确实给人类带来了很多便利和享受。智慧城市确实也实现了城市系统的优化升级，城市中的各个系统也更完善、更发达、更智能。但是，以大数据驱动为基础的智慧城市也给人类带来了“现代全景监狱”之忧，也给人类带来了空前的挑战。

大数据和无处不在的传感设备在为我们记录着生活中的一切的时候，也像“全景监狱”一样监视着我们的一切。正如《大数据时代》这本书所指出的那样，“我们时刻都暴露在‘第三只眼’之下：亚马逊监视着我们的购物习惯，谷歌监视着我们的网页浏览习惯，而微博似乎什么都知道，不仅窃听到了我们心中的‘TA’，还有我们的社交关系网”。[①] 人类在大数据时代将不再有隐私可言，人类的一切行为都将暴露在无处不在的监控之下。隐私保护法规定：“数据收集者必须告知个人，他们收集了哪些数据、作何用途，也必须在收集工作开始之前征得个人的同意。”[②] 但是，大数据时代所得到的数据都是在个人无意识的情况下搜集到的，没有征得个人的同意，更没有告知个人数据的用途。因此，大数据对人类的隐私是一种极大的威胁。

此外，用大数据预测来判断和惩罚人类的潜在行为，虽然可以为我们打造一个更安全、更高效的社会，但是却是对公平正义和自由意志的亵渎。公平正义的原则是人只有做了某事才承担责任，想做而未做是不需要承担责任的。同时，人都是具有道德选择能力的，就算我们确实很想做一件事情，在做之前也可以通过自己的自由意志作出改变。因此，我们将个人罪责的判定建立在尚未实施的未来行为之上是不合理的。

---

① ［英］维克托·迈尔－舍恩伯格、肯尼思·库克耶：《大数据时代》，盛杨燕、周涛译，浙江人民出版社2013年版，第218页。

② 同上。

下　篇
“传媒本体论”如何可能

小　引

新媒体与后现代主义

笔者在下篇中将详尽论述“传媒本体论如何可能”，也就是探讨“传媒本体论”在现实中是如何实现的。笔者在导论中已经指出：在新媒体时代，传媒已经发生了一次“哥白尼式”的转向，即从工具到本体。换言之，新媒体不仅仅是一种比传统媒体更先进、更迅捷、更强大的工具，而是事物存在和自我发展、自我揭示的本体。在前新媒体时代，虽然传媒也具有一定的本体地位（例如，麦克卢汉就将人类社会的发展史看成是传媒的发展史，传媒形态的发展变化决定了人类社会的发展变化。由此可见，传媒在人类社会发展中的本体地位），但是，“传媒本体论”只是在逻辑上是成立的，在现实中并不能充分实现，因为前新媒体时代决定人类社会发展变化的因素有很多，传媒形态的发展变化只是其中一个因素而已。因此，麦克卢汉的学说虽然有道理，但是非常片面。然而，新媒体出现和普及之后情况就完全不同了，因为新媒体时代是一个传媒化生存的时代，人们的生活时时刻刻都离不开传媒。人类社会的各个方面都被传媒所决定，都要遵循新媒体的逻辑才能生存和发展。因此，在新媒体时代，“传媒本体论”在现实中是可以实现的，实现的方式主要体现在新媒体对后现代主义思潮的决定作用。

新媒体相对于传统媒体而言到底“新”在哪儿？新媒体应该如何界定？一般说来，报纸、广播、电视被称为三大传媒媒体，而电视之后出现的媒体都被通称为新媒体。新媒体的主要类型有：互联网新媒体、手机新媒体、电视新媒体等。总体上，我们可以将新媒体界定为“这是一些数字媒介：它们使互动媒介，含双向传播，涉及计算，与没有计算的电话、广播、电视等旧媒介相对”[①]。由此可见，新媒体的“新”主要体现在以下两点：一是“点对点”的交互技术；二是“虚拟性”的数字技术。正是新媒体区别于传统媒体的这两种新技术所派生出来的一系列特征决定了后现代主义思潮的产生与发展。

同样，“后现代主义”又该如何界定？“后现代主义”相对于“现代主义”又“后”在哪儿？后现代主义是20世纪60年代兴起于西方的一种社会思潮，它的主旨便是消解“逻各斯中心主义”，也就是消解一切绝对的本质、本源和真理。“后现代主义”相对于“现代主义”的“后”具体表现为以下三点：一是消解理性。后现代主义思潮认为正是理性的泛滥造成了人类今天的困境，所以我们应该抛弃理性，推崇感性；二是消解主体性。在人与自然的关系上，后现代主义思潮反对以人为主体，强调人与自然的和谐共处。在人与人的关系上，反对以自我为主体，强调主体间性；三是消解确定性、真理和深度。强调多元论、差异性、碎片化。

后现代主义思潮出现的原因肯定是多方面的，但是新媒体的出现和普及是决定性因素，因为新媒体不仅仅是一种媒体，它已经成了重新建构世界的结构性力量，对后现代主义思潮的各个方面都有决定性作用。后现代主义哲学、后现代主义文化、后现代主义文艺形态都与新媒体的各种特征具有一致性，甚至可以说，新媒体时代就是后现代。

综上所述，“传媒本体论”只有在新媒体时代才能实现，因为新媒体时代的传媒从工具上升为本体，它决定了后现代主义思潮的产生与发展。

① ［加］罗伯特·洛根：《理解新媒介——延伸麦克卢汉》，何道宽译，复旦大学出版社2012年版，第4页。

第四章

新媒体与后现代主义哲学

第一节　新媒体与中心的消解

一　中心的消解

“中心的消解”是后现代主义哲学的主要内容之一。后现代主义哲学家们试图摧毁传统形而上学中形形色色的“中心”，传统形而上学正是围绕着一个“中心”概念（如人、理性、上帝）建立起来的。不仅如此，当今的非中心化浪潮不只局限在哲学领域内，已经蔓延到了西方政治、经济、思想、文化、艺术、文学等各个领域。

“中心的消解”的理论基础是非中心论。西方学者保罗·韦波纳将“非中心论”界定为：“就是对这样一种观念的批判，即社会现实的任一要素或部分可以被规定为本质的、基本的、决定性的因素。”① 非中心论有两种形式：温和的和极端的。温和的非中心论主张消解各式各样的“中心”，并且强调无论是哲学、历史还是文学艺术都不能作为人生的指导原则；极端的非中心论则直接消解了“中心”这个概念本身，彻底断送了人们追求中心的念想，并且认为词语在现实中不存在指称的对象，也就是说，客观的实体是不存在的。

---

① ［美］保罗·韦波纳：《马克思、福柯与当代社会变化问题》，载英国《实践国际》1989年4—7月号。

（一）温和的非中心论：对“人的主体性”的消解

温和的非中心论主要的消解对象就是“人的主体性”。从苏格拉底伊始，西方哲学就一直将“人”视为哲学的中心。到了近代，笛卡尔的“我思故我在”的提出更是将人的主体性视为中心，将人的主体性确立为传统哲学与社会科学的中心。但是，自 20 世纪中叶以来，福柯、拉康、巴尔特等后现代主义哲学家开始质疑人的主体性，他们认为：“在言语的结构中，主体消失了，主体自身分解了，主体失去了它自己的结构，也失去了世界的结构，而言语的结构代替了这两者。”① 在这股消解人的主体性的浪潮中，福柯提出的“人已经死亡”的命题拉开了“人的非中心化”的序幕。

在《事实的秩序》一书中，福柯指出：“不存在什么完整的人类，人类已不符合最初的单一的含义而分化成为一个语言的存在，一个经济的存在，一个生物的存在等等。”② 也就是说，在福柯看来，不存在所谓的共同的人性和人的固定不变的本质，人的肉体和灵魂都是后天建构、生产、创造出来的，都像水一样是流动变化的。与福柯对人和人的主体性的消解相联系的是他对传统作者观的批判，传统作者观将作者的地位视为至高无上的，作者创造文本的意义；作者使文本内部以及文本与文本之间有了统一性和连贯性；作者使文本与现实的人生经验和历史事实联系起来。福柯却认为作者并非永恒的、超验的东西，而是由复杂多变的话语建构出来的。换言之，作者并没有先验的创造能力，也是时代的产物。

与福柯的“话语理论”密切相关的是索绪尔的结构主义语言学，结构主义语言学正是通过对语言的内在结构的分析来消解人的主体性。传统语言学认为，人是语言的中心，人能够控制和掌握自己所说的语言。而结构主义语言学认为，语言是一个“无主体”“无对象”“无词项”的独立的系统。人并不能控制和掌握语言，人成了语言的产物，成了语言系统中的一部分。也就是说，现在是“语言说人”，而不是“人说语言”。既然人成了语言的产物，成了语言系统中的一部分，那么在传统哲学中占据中心和本质地位的人的主体性就被消解和放逐了。结构主义语言学认为世间

① ［法］约瑟夫·祁雅理：《二十世纪法国思潮》，吴永泉等译，商务印书馆 1987 年版，第 180 页。

② 王治河：《后现代哲学思潮研究》，北京大学出版社 2006 年版，第 58 页。

只存在独立自足的语言系统，人这个原来的主体本身的意义也得由这个语言系统来确定。

此外，拉康的精神分析学从心理学的角度推进了人的非中心化的思潮。与精神分析的鼻祖弗洛伊德将人的心灵视为本我、自我、超我的统一的整体不同，拉康认为人的心灵根本不是一个统一的整体，而是一个各种要素发生冲突的场所，本来就是破碎的，它的主体——人也就不可能是中心的。正如拉康所指出的那样："我们的全部经验都反对把'自我'作为在按现实原则组建的'知觉—意识'系统中居于中心地位的东西来研究，科学主义的偏见是在这一原则的基础上形成的。"① 也就是说，在拉康看来，主体是一种"能指"，这种"能指可以成为日常的人的存在的决定因素。他把能指看作意识言语，而把所指看作无意识过程，他断言，无意识操纵着主体的言语表现，而且是绕过'我思'功能来操纵的"。② 因此，拉康认为，人是无意识的主体，而非独立的说语言的统一主体。

（二）极端的非中心论：对"中心概念本身"的消解

在极端的非中心论者看来，温和的非中心论虽然进行的是非中心化的工作，但是他们的非中心化工程是不彻底的，因为他们的工作只是消解了某个具体的中心（人），并没有消解中心概念本身。德里达的解构主义哲学就是直接向中心概念本身发难，试图彻底消解中心概念本身。在德里达看来，结构主义语言学的非中心化进程必然会陷入"二律背反"的境地，因此它对中心的消解是不彻底的。德里达正是从批判结构主义的"二律背反"入手来消解中心概念本身。

结构主义语言学认为："通过对系统的一致性的调整和组织，结构的中心便容许它的诸要素在其总体结构中进行活动。也就是说，正是'中心'构成了某种结构中的'本质性的东西'。它在支配结构的同时摆脱了结构性。"③ 由此可见，中心既在结构之中，因为结构主义认为任何意义都是在结构系统内部产生的；中心又在结构之外，因为中心必须站在结构之外才能对这个结构的组织原则进行支配、调整和平衡。在德里达看来，我们只有将这个中心概念彻底清除之后，才能摆脱这种"二律背反"的

---

① ［法］波伏娃：《法国的后弗洛伊德主义》，李亚卿译，东方出版社 1988 年版，第 146 页。

② 王治河：《后现代哲学思潮研究》，北京大学出版社 2006 年版，第 64 页。

③ 同上书，第 69 页。

困境。

因此，在结构主义之后产生了解构主义或后结构主义。解构主义的解构对象是“逻各斯中心主义”，“逻各斯中心主义”是传统形而上学的指导思想，我们可以将整个传统形而上学的历史看成是寻找中心、追逐中心、替代中心的历史，也就是说，传统形而上学就是围绕着一个中心建立起来的，虽然这个中心不断地被替换为上帝、人、理性、感性、意识、生命等等。解构主义的主要任务就是去解构这个中心。

从这个思路出发，德里达认为根本就不存在一个固定不变、先验永恒的中心，就算有个中心的话，这个中心也只是“一种功能，一种使无数符号替换物的活动成为可能的无定点”。[①] 实际上，这个所谓的中心已经不是传统形而上学意义上的中心了，这只是德里达为了彻底根除传统形而上学的中心概念本身，提出的“游戏”“分延”“增补”等新概念来填补中心失去后留下的空白。“游戏”这个概念在德里达的哲学里具有开放性和随意性，是一种不完全的、永远需要增补的活动。德里达指出：“在缺乏或没有中心或本源的情况下，游戏就是一种增补性的运动。由于取代、增补中心的符号占据着中心缺席的位置，这个符号便作为一种剩余物和补充物而被附加于总体。因而人们就不能确定中心和穷尽总体。”[②] 在德里达看来，“游戏”这个概念告诉我们总体永远是不完全的，永远处于运动之中，永远需要增补，因此，自然而然也就不存在一个恒定的中心。

二 新媒体对中心的消解

在美军工作的科学家组建互联网的初衷就是为了防止美国的通信系统在遭到俄国人核攻击时全军覆没。基于这一设计理念，最早的互联网就没有一个中心交换系统和中央管制权威，只是一个分布式的网络，网络上的每台计算机都能传递信息。由此可见，互联网从它诞生之日起就是反中心的，以后派生出来的很多特征也就进一步消解了中心。

（一）“网络书写”对“人的主体性”的消解

网络书写区别于传统书写的一大特征就在于其写作过程的非物质性。

① ［法］德里达：《书写与差异》，张宁译，生活·读书·新知三联书店2001年版，第280页。

② 同上书，第292页。

传统的书写过程是用笔在纸上写文字或者用打字机键盘敲出油墨，这种写作过程会留下物质性的痕迹。这种物质性的痕迹就说明人们的书写从思想到文字有一个转化过程，这个过程就表明在传统书写方式中主体与客体之间存在着明显的界限，也就是说，作者具有独立于文本之外的主体性。而在网络书写过程中，敲击键盘与显现字符之间是转瞬即逝的，甚至是同步的。这种同步性也就没有了从思想到文字的转化过程，写作过程跟说话过程感觉差不多，从而导致作者与文本、主体与客体之间界限的消失，进而使作者与文本、主体与客体在写作过程中具有同一性。

此外，网络书写过程中的字符只是一些磷光像素，不具有物质性的痕迹，容易修改和涂抹，这就使调整文章结构和修改文字变得非常容易，文章也就永远处于一种可修改、可续写的状态，从而也就消解了传统书写活动中作者独立的主体性。传统书写过程中的“作者是一个个体，一个在书写中确认其独特性的独特存在，他/她通过其作者身份确立自己的个性，从这个程度上讲，电脑可能会搅乱他/她的整体化主体性的感觉。电脑监视器与手写的痕迹不一样，它使文本非个人化，消除了书写中的一切个人痕迹，使图形记号失去个人性”。[①] 也就是说，在网络书写过程中，书写主体不再具有完整性和稳定性，始终处于飘浮的、流动的、多元的状态。你无法通过笔迹来确认作者的身份，甚至一篇文章是由多个作者共同完成的，并且随时可能有新的作者加入。

综上所述，网络书写消解了人的主体性，消解了主客体之间的二元对立，建构出了碎片化的、不确定的、多元化的主体。“某人一旦进入互联网，就意味着他被消散于整个世界，而一旦他被消散于互联网的社会性空间，就无异于说他不可能继续葆有其中心性的、理性的、自主的和傍依着确定自我的主体性。”[②] 人在面对网络空间的时候被分解为两个主体：物理主体和虚拟主体，而在网络书写过程中的主体属于虚拟主体。虚拟主体由于是数字化信息的产物，是一种可以自主界定的主体。虚拟主体可以根据自己的需要不断地改变自己的身份和角色，因而是多元的、流动的、可变的；而传统具有主体性的主体是唯一的、确定的、稳定的。后现代主义

① ［美］波斯特：《信息方式：后结构主义与社会语境》，范静哗译，商务印书馆 2014 年版，第 153 页。

② ［美］马克·波斯特、金惠敏：《无物之词：关于后结构主义与电子媒介通讯的访谈——对话》，载《思想文综》，中国社会科学出版社 2000 年版，第 272—273 页。

哲学家德勒兹和瓜塔里曾这样描述人们在后现代的生活方式：“我们正在从扎根于时空的‘树居型’生物变成‘根居型’游牧民，每日随意漫游地球，因为有了通信卫星，我们连身体都无须移动一下，漫游范围便可超越地球。”① 人们在网络空间中的生活方式就很像德勒兹和瓜塔里所说的游牧民，没有固定的位置和身份，没有地理的限制和传统的束缚，没有清晰的边界和明确的中心。

总而言之，“网络书写是最典范的后现代的语言活动。由于网络书写在非线性的时空中分散了主体，由于其非物质性以及它对稳定身份的颠覆，网络书写便为后现代时代的主体性建立了一座工厂，为构建非同一性的主体制造了一部机器，为西方文化的一个他者撰写了一篇铭文而载入其最宝贵的宣言中”。② 换言之，人们在网络书写过程中不断地消解自我，又不断地重构自我，自我永远处于一种漂浮不定的状态。传统哲学中具有中心地位的人的主体性以及主体与客体之间的二元对立都在网络时代或新媒体时代被解构了。

（二）“交互性”对“中心概念本身”的消解

交互性是新媒体非常重要的特征之一，与传统媒体“点对面”的单向线性传播方式不同，新媒体是“点对点”的双向互动传播。在新媒体时代，信息传播不再是固定的某一方单向、线性的发出，受众只能被动地接受；而是受众不仅能够接受信息，还能够积极主动地创造和发布信息。每个人既是信息的传播者，又是信息的接受者。在传统媒体时代，传者和受者是严格区分的；而在新媒体时代，没有信息传播的控制者，只有信息传播的参与者；没有受众，只有网众。

新媒体的这种交互性特征所带来的结果就是消解了传统传播方式中起控制作用的信息权力中心，建构起了去中心化的、分散的信息生态结构。正如保罗·莱文森所指出的那样：“信息权力已经分散到了数以百计的电脑中。其中很大一批电脑不仅接受信息，而且生产信息，比如网页、网址。总之它们成了分散的中心，不仅是阅读、收听和收看的中心，而且是

---

① ［美］凯尔纳、贝斯特：《后现代理论：批判性的质疑》，张志斌译，中央编译出版社2001年版，第134页。

② ［美］波斯特：《信息方式：后结构主义与社会语境》，范静哗译，商务印书馆2014年版，第173页。

生产和广播的中心。”① 传统的信息权力掌握在国家、政府或知识精英手中，而新媒体时代的信息传播方式改变了这种生态格局，每个人都能够享有平等的信息接收、创制、发布的权力。在网络世界中，没有控制信息发布的中心，没有传统意识形态的控制，没有绝对的权威，每个人都是主体，各主体之间进行去中心化的双向互动，即交互主体性。

交互主体性是胡塞尔现象学中的一个重要概念，具体指：“多个先验自我或多个世间自我之间所具有的交互形式，它意味着一种对多个主体而言的共同有效性和共同存在，这种主体间的共同性使一个‘客观’的世界先验地成为可能。”② 在互联网上，人与人之间就组成了一个交互的无限开放的共同体。在这一共同体中，人与人之间的关系是交互在一起的，自我中包含着他人，他人中包含着自我；在这一共同体中，人与人之间的关系也是无限开放的，自我所交往的他人是复数的他人，而不是单数的他人。

因此，在网络世界中，人与人之间不再是主体与客体的二元对立的认知结构，而是“主体间性”的关系模式。主体间性是指人们在互联网所构筑的赛博空间中，“主体唯有通过一种对另外某人的体验，把我们自身投射入异己的文化的共同体和文化里，即主体间进行交互才获得彼此分享。主体之间的交互需要交流者共同的合作，它代表的是对话式的人际交互，而对话则是双方互为听者和说者的双向交流”。③ 由此可见，在这种主体间性的网上交互过程中，没有了“中心—边缘”的结构模式，每个人都是中心，处处是中心也就没有了中心。“正如尼葛洛庞帝所说，我们正处于一个‘沙皇退位，个人抬头’‘消解中心主义’的时代。”④

---

① ［美］保罗·莱文森：《数字麦克卢汉》，何道宽译，社会科学文献出版社 2001 年版，第 125 页。

② 曾国屏等：《赛博空间的哲学探索》，清华大学出版社 2002 年版，第 42 页。

③ 刘丹鹤：《赛博空间与网际互动：从网络技术到人的生活世界》，湖南人民出版社 2007 年版，第 120 页。

④ 秦志希等：《网络传播的‘后现代’特性》，载《武汉大学学报》（人文科学版）2002 年第 6 期。

第二节 新媒体与结构的颠覆

一 结构的颠覆

结构的颠覆是后现代主义哲学的一个重要标志，其中解构主义哲学的目的就是要将传统哲学、文学等中存在的一切结构都一劳永逸地“解决”掉，并为之创立了一套相反的、特色鲜明的理论。德里达是解构主义哲学的创始人，他正是以结构主义为解构对象，“进而对一切建立在二元对立逻辑之上的固定的等级结构实施颠覆，对以等级结构论和结构中心论为特征的‘在场形而上学’实施彻底解构”。① 德里达这里所指称的结构包括各种各样的类型：“逻各斯中心主义”“语音中心主义”，等等。由此可见，德里达的最终目的绝不仅仅是解构结构主义中的结构，而是要解构统治西方传统形而上学长达几千年之久的“逻各斯中心主义”。

（一）解构“逻各斯中心主义”

德里达将“逻各斯中心主义”看成一种在场的形而上学，这种在场的传统形而上学一直都设立了一个中心作为绝对参照物，整个世界都是围绕着这个中心建立起来的。“逻各斯”就是古希腊哲学中的一个中心概念，具体指理性、语言、智慧、灵魂等等。总之，逻各斯就是指我们所经验到的所有思想、语言、理性等现象背后的本质，而传统哲学的任务就是去追求这个本质。此后，逻各斯又表现为各种各样的形式：从中世纪哲学的“上帝”、笛卡尔的“我思”、莱布尼茨的“单子”、康德的“先验理性”、黑格尔的“绝对精神”到胡塞尔的“先验自我”、海德格尔的“此在”、分析哲学的“语言”，等等。德里达的任务就是摧毁这个庞大的逻各斯中心主义帝国。在他看来，世界上根本就不存在绝对的本质、普遍的规律、绝对的精神、稳定的结构，他将这种追求现象背后的本质、经验背后的先验、偶然背后的普遍的思想体系统称为“在场形而上学”。逻各斯中心主义就是一种在场形而上学，这里的“在场”就是指一个先验自明的中心，而解构逻各斯中心主义就是解构在场形而上学。

德里达认为，在场形而上学一直是以二元对立的等级结构为合理性基

① 王治河：《后现代哲学思潮研究》，北京大学出版社 2006 年版，第 144 页。

础的。二元对立的等级结构就是指哲学一定是围绕着一系列的对立项建构起来的，这些对立项包括：物质与精神、本质与现象、主体与客体、先验与经验、原本与摹本等等。并且其中的一项总是先于或支配着另一项。“从柏拉图到卢梭，从笛卡尔到胡塞尔，所有的形而上学家都认定善先于恶，肯定先于否定，纯先于不纯，简单先于复杂，本质先于偶然，原要先于摹本。这并非形而上学众多特征中的一个，而是形而上学的迫切要求，是形而上学的最恒常的、最深刻的、最潜在的程序。”① 在场形而上学的任务就是要透过受支配的一项去寻找、追求占支配地位的一项。而德里达的任务就是要去解构这种建立在二元对立基础上的等级结构。

（二）解构“语音中心主义”

在场形而上学的一种典型表达形式就是“语音中心主义”，德里达正是通过对它的解构进而解构了整座“在场形而上学”的大厦。西方传统哲学一直都是语音中心主义的，一直都将口说的言语视为中心的、在场的、本源的，而将书写视为边缘的、不在场的、派生的。

西方哲学传统一直遵循的是“思→言→写”的思维模式。具体说来就是我们首先有了对客观世界的认识，然后认识的内容必须要通过口说的言语才能表达出来，最后口说的言语必须要通过书写才能记录下来。在传统哲学家看来，语音比书写更为重要，更能真实地表达说话者的意图。因为“从讲话者发出的词语是他当下思想的自发的、几近透明的符号，这也正是聆听者希望把握的。相反，写作是由物理的标志组成的，这些标志是与可以产生它们的思想相分离的。其特征就是说话者的不在场，甚至可以是匿名的，它割断了与讲话者和作者的联系”。② 因此，言语被看作是直接的、同一的；而书写则是间接的、差异的，是对言语的扭曲。

由此可见，德里达不仅指出了言语与书写的二元对立，而且指出口语统治、压迫着书面语。他对“语音中心主义”的解构就是想推翻这种等级制。与索绪尔将语言符号的意义由这个符号在符号体系中的固定位置所决定不同，德里达认为：“每个符号都没有一个固定的位置，都是由无限延续的符号的差异构成的，这样便剥夺了符号的中心地位。……这样一来，意义便不能在任何固定的符号中被完整地发现，她散播在一连串的能

① ［美］卡勒：《论解构》，陆扬译，中国社会科学出版社 1998 年版，第 93 页。

② 王治河：《后现代哲学思潮研究》，北京大学出版社 2006 年版，第 146 页。

指中。”[①] 因此，在德里达看来，无论是口头语还是书面语都没有一个固定的、终极的意义。任何符号的本质都是差异性的、游移不定的。

德里达对符号固定意义的消解，其实也就是对言语统治书写的等级结构的消解。德里达认为，口头语与书面语的结构实际上是相同的，甚至可以说口头语应该以书面语为标准。在他看来，书写比言语更具有实在性，言语的语音转瞬即逝，无法长期保存，人们想了解言语的性质以及言语之间的关系特征也必须通过书写，因为只有书写才能长期保存下来。因此，我们可以将言语理解为书写的一种形式，这里的书写是指广义意义上的书写，既指口头语又指书面语。换言之，如果书面语与表达者所要表达的意思之间有距离、有误解，那么口头语也同样拥有这些特征，所以，口头语不应该高于书面语。如此一来，传统哲学与结构主义语言学所认为的言语高于书写的等级结构就被彻底颠覆，“语音中心主义”的思想也被彻底解构。

（三）“新概念”对“传统形而上学”的根除

德里达解构的最终目的是要将传统形而上学的二元对立的等级结构彻底铲除。但是，德里达也清楚地意识到：在根除传统形而上学的过程中，必须避免重新建立一种二元对立的等级结构。那么，怎么才能做到这一点呢？德里达为此创造了一种新工具——新概念，这些新概念永远不会被包含在以前的哲学范畴中，所以能彻底铲除旧概念。德里达所谓的新概念主要有三个：分延、痕迹、增补。他正是运用这三个新概念对整座传统形而上学大厦实施了彻底的摧毁。

分延是三个新概念中最重要的一个，它的含义极其复杂和不确定，极难对它下一个明确定义。德里达有意这样使之不会将中心、本质、根源等概念引入分延之中，从而避免重建传统形而上学。概括来说，分延大致包含以下三层含义：一是区别、区分。这是指空间上的差异，即文本只有在与其他文本的差异性比较中才能产生意义；二是拖延、推迟。这是指时间上的差异，即一个文本只有在其所指称的对象不在场的情况下才能显示出意义；三是撒播。文本的意义像“播撒”出去的种子，不是朝一个固定的方向生长，而是自由多样地生长。由此可见，分延的三层含义都强调差异、多元、不确定，都拒斥中心、结构、本质。正如德里达所指出的那

---

① 王治河：《后现代哲学思潮研究》，北京大学出版社2006年版，第148页。

样，意义和概念的产生都是“分延的结果”。

痕迹是指某种写下来又被抹掉的半隐半现的东西，用来表示事物的在场与不在场永远无法确定。根据分延的差异性原则，一个文本只有在与其他文本的差异性比较中才能显出意义，因此，在场的文本都带有不在场文本的痕迹。在德里达看来，正因为在场之中有着不在场的痕迹，我们才能够认识到在场的对象。也就是说，在场被不在场所规定、说明和代替。而且德里达认为：“痕迹并不意味着本源的消失……按照我们的思路，痕迹意味着本源根本没有消失，意味着它从未被构成，除非它是由相反的非本源即痕迹所构成的，然后，痕迹变成了本源的本源。”① 由此可见，痕迹不仅代替了传统关于本源的概念，而且还破坏了传统的文本概念。文本不再有一个固定不变的中心，不再有一个封闭僵死的结构，不再有一个终极的意义。相反，文本只是一系列痕迹，为我们提供多种意义的可能性。

增补是指一切无论在场还是不在场的事物都需要补充，它不是可有可无的，而是以被补充之物的存在为前提，也就是说，世界上并没有传统形而上学所指称的完满的事物。换言之，在德里达看来，“在场并不是原始的、本源的，而是被建构的。在场不是绝对的，不存在形而上学所追求的纯粹的在场”。② 此外，增补不仅是一个概念，还是一种逻辑——增补逻辑。与非此即彼的二元逻辑不同，增补逻辑坚持亦此亦彼。与二元逻辑遵循同一律和矛盾律不同，增补逻辑遵循的是差异率，展示差别的原则。

综上所述，德里达通过提出分延、痕迹、增补三个新概念，彻底颠覆了传统形而上学二元对立的等级结构。

二 新媒体对结构的颠覆

在新媒体的所有特征里面，碎片化最能体现对结构的颠覆。所谓碎片化是指将完整系统的结构破坏成许多零散的小块，也就是说，碎片化是与结构相对的一个概念。而在新媒体传播中，碎片化的特征主要体现在以下几个方面。

（一）传播内容的碎片化

传统媒体的传播内容都是线性的、完整的，而新媒体的传播内容是非

① 王治河：《后现代哲学思潮研究》，北京大学出版社2006年版，第154页。

② ［法］德里达：《书写与差异》（上册），张宁译，生活·读书·新知三联书店2001年版，第156页。

线性的、零散的。较之传统媒体，互联网的一个显著功能就是超文本。超文本是以结点为基本单位，一个结点就相当于一个“信息块”，信息块里的信息可以是字符、图像、图形、声音、动画，等等。信息与信息之间通过网状结构组织起来，而结点与结点之间通过超链接连接起来。“这种动态链接的超文本的传播，是一种碎片化文本残片之间的随意链接，网民能够快速、频繁地切换页面，语意是断裂的，表现是零碎的，相互之间的联系也是松散的，整体分解为碎片，在视听的重新组合中呈现日常生活碎片形态，使现代社会生活片段化与零散化，这在传统意义上文本的丰富性、深刻性、条理性已不复存在，是后现代的典型表现形式。”①

以微博为例，微博最能体现传播内容的碎片化特征。由于微博将传播的内容限制在 140 字符以内，传播者在传送信息的时候无须深思熟虑就能随时随地发表自己即兴的思想和看法。因此，传播者就只能将最主要的观点表达出来，并且要注重传播内容的简练，重视传播的速度，这就使微博的传播内容不再具有全面性，而是零散的、碎片化的、非线性的。这也使受众能够更方便地获取信息，所获得的信息也更加丰富多彩，能够满足受众对于信息的基本需求，提高受众工作和学习时的效率。

（二）传播时空的碎片化

传统媒体的传播时空必须围绕着一个中心展开。在时间上，传统媒体在进行传播活动的时候都有一个确定的时间段，什么时候播出什么节目通常都是固定的，这就是传播的时间中心；在空间上，传统媒体的传播者都是报社、广播电台、电视台这些职业新闻机构以及这些机构里面的职业新闻人，普通大众通常没有话语权，只能被动地接受，这就是传播的空间中心。与传统媒体不同，新媒体以其独特的移动性和便捷性，摆脱了时间和空间的限制。在新媒体里面，手机媒体是最能体现移动性和便捷性的，绝大多数手机用户都是在碎片化和零散的时间和空间使用手机。尤其是手机媒体与移动网络结合起来之后，使用者更没有了时间中心和空间中心的限制，可以随时随地手机上网聊天、阅读手机报、上网发送信息、观看手机电视等等。时空碎片化的新媒体更是消解了传统媒体的传播者对话语权的垄断，信息传播活动更为自由。

以微博为例，微博的前身 Twitter 的诞生就是专门针对手机用户的。后

① 张品良：《网络传播的后现代性解析》，载《当代传播》2004 年第 5 期。

来有了移动网络之后才将手机和网络结合了起来。笔者前面也提到了手机的最大优点就是移动性和便携性，因此，当手机和网络结合起来之后，只要在有网络覆盖的地方，人们就可以随时利用空余时间来发布微博。同时，人们发布微博也不需要一个固定的空间，可以上网的地方就可以发布微博。“这样的传播方式既满足了传者随时随地的表达欲望，也满足了受众可以抓住空闲时间即时方便地接受信息的信息需求，这样就使得传播环境的时空进一步碎片化。”①

（三）传播主体和受众的碎片化

在传统媒体时代，大众传媒通常掌握在统治阶级和垄断集团手中，成了他们实施统治和垄断的工具，普通大众没有话语权，只能被动地接受，也就是说，传统媒体的传播主体和受众通常都是确定的、固定的。然而，在新媒体时代，话语权不再仅仅被统治阶级和垄断集团所控制，每个人都有了话语权，换言之，在新媒体这个公共话语平台之上，人人都是传播者，人人都是记者，传播主体和受众就不再是确定的和唯一的，而是碎片化和零散的。每个人都可以在新媒体上找到自己感兴趣的信息。传统的话语权威不复存在，代之以草根势力的崛起；大众传媒时代也将终结，代之以分众传播时代的到来。

以微博为例，与一般的网络传播活动相比，微博的最大特征就是设置了关注和粉丝的功能。关注功能就是指你可以根据自己的需要来选择性地关注你感兴趣的微博用户；而粉丝功能就是指其他微博用户对你感兴趣而选择关注你。因此，在你的微博首页上就只会出现你所关注的用户的信息，而你在微博上发布的信息也只会出现在你的粉丝的首页上。这样一来，微博传播活动就是一种典型的分众传播活动，受众可以根据自己个性化的需求来选择自己想要的信息。“受众的分化形成了许许多多受传者群落的‘碎片’，传播致效的一个基本前提，就是必须开始特别重视每一细分的个性化族群的特征，以及每一位单一消费者的个性和心理需求。”②这些根据自己的需要而自发聚集起来的受众群体实现了受众以及传播主体的碎片化。

---

① 刘剑敏、李润权：《论网络的碎片化特征》，载《新闻爱好者》2011年第9期。

② 喻国明：《解读新媒体的几个关键词》，载《媒介方法》2006年第5期。

（四）注意力的碎片化

与传统媒体具有出版和播出周期不同，新媒体的传播速度非常快，因此信息更新的速度也必然很快。由于没有制作周期和截稿时间的限制，新闻信息可以即时发送，信息内容在不断地滚动更新，受众通过新媒体可以第一时间看到事件每秒钟的发展状况。快速更新的信息必然导致受众的注意力难以维持。一条信息刚能引起我们的注意就马上被一条新的信息所取代，而这条新的信息又马上会被另一条更能引起我们注意的信息所淹没。因此，在新媒体上，我们的注意力总是转瞬即逝的、碎片化的。

以微博为例，由于微博的“裂变式传播”① 使信息的传播速度和更新速度都呈几何级的倍增，微博上就很难有持续关注的话题，受众的注意力也更加难以维持，更加容易被转移。有个有趣的段子就正好体现了人们在微博时代注意力的转瞬即逝：“贪污案被强拆迁转移了视线，不了了之；强拆迁被高房价转移了视线，不了了之；高房价被地沟油转移了视线，不了了之；地沟油被假疫苗转移了视线，不了了之；假疫苗被旱灾转移了视线，不了了之；旱灾被矿难转移了视线，不了了之。看吧，地震马上就被世博转移了视线。”② 由此可见，微博传播的迅捷性和海量性使我们的注意力进一步地碎片化。

第三节　新媒体与基础的坍塌

一　基础的坍塌

“反基础”是后现代主义哲学的一个重要任务，而“反基础”的主要对象就是“基础主义”。美国哲学家 R. 伯恩斯坦将基础主义界定为：“存在着或必须存在着某种我们在确定理性、知识、真理、实在、善和正义的性质时能够诉诸的永恒的、非历史的基础或框架。”③ 也就是说，在基础主义者看来，任何知识都存在着一个永恒不变的基础，哲学的任务就是去

① 裂变式传播是指微博的信息传播是通过两条路径展开的：一条是“发散路径”，信息一旦发布，所有的关注者的页面都能在第一时间自动显示该条信息；一条是“转发路径”，一旦有一位关注者转发或者评论某条信息，他的所有关注者也同样可以实时接收该信息。

② 张跣：《微博与公共领域》，载《文艺研究》2010 年第 12 期。

③ 王治河：《后现代哲学思潮研究》，北京大学出版社 2006 年版，第 79 页。

寻找和论证这个基础的合法性。

从古希腊哲学开始到后现代主义哲学之前，一部西方哲学史就是“基础”的表现形式不断交替变更的历史。正如美国当代哲学家罗蒂所指出的那样：“自希腊时代以来，西方思想家们一直在寻求一套统一的观念，这种想法似乎是合情合理的，这套观念可被用于证明或批评个人行为和生活以及社会习俗和制度，还可为人们提供一个进行个人道德思考和社会政治思考的框架。‘哲学’（‘爱智’）就是希腊人赋予这样一套映现现实的结构的观念的名称。”①

反基础主义者认为，被基础主义者奉为知识的永恒不变的“基础”是不存在的，仅仅是人们主观虚构出来的。反基础主义者的任务就是要摧毁这个虚构的“基础”，将人们从基础主义的束缚中解放出来。具体说来，反基础主义者主要是从以下三个方面来消解基础主义的。

（一）消解本质

在反基础主义者看来，基础主义者是本质主义者，因为他们认为：任何事物都有一个固定不变的普遍本质，哲学家的任务就是要透过变幻无常的现象去寻找和追求那个普遍的和共同的本质。然而，反基础主义者也是反本质主义者，他们认为：本质主义者追逐和寻找普遍本质的行为是一个不可能实现的梦想，因为在不断变化的具体的各种现象背后根本就不存在一个固定不变的普遍本质。反本质主义者的任务就是去消解这个本质。

在反本质主义哲学家中，维特根斯坦是率先向本质主义发难的人物。后期维特根斯坦消解本质的策略是提出了“语言游戏”这个概念。在维特根斯坦看来，语言是一种游戏活动，语词、句子的意义并不来自于语词、句子本身，而是来自于它们的使用方式，而它们的使用方式又是由生活习俗决定的。因此，语言游戏是生活习俗的产物，有多少种生活习俗，就有多少种语言游戏。并且每个语言游戏都有属于自己独特的玩法，都有自身存在的价值，地位是平等的，没有哪个游戏具有特殊的地位。由此可见，各种语言游戏以及各种事物之间都不具有同一性，都不存在所谓的共同的本质，充其量只有“家族相似”。“家族相似”也是维特根斯坦消解本质的一个重要概念，它是指：“世界上各种事物之间并不存在普遍的共

---

① ［法］罗蒂：《哲学和自然之镜》，李幼蒸译，生活·读书·新知三联书店 1987 年版，第 11 页。

同本质，而是如同一个家族的各个成员之间那样显示出重叠交叉的相似性。”①

此后，美国哲学家罗蒂站在实用主义的立场上对事物的本质进行了消解。他在《哲学和自然之镜》一书中指出：“我们应当摒弃西方特有的那种将万物万事归结为第一原理或在人类活动中寻求一种自然等级秩序的诱惑。……那种认为人无论如何能够将发生于道德和政治思考中的以及在这类思考与艺术实践的相互作用中的一切问题置于‘第一原理’之下的整个想法，开始变得荒诞不经了。”② 罗蒂认为，认识事物的过程与使用事物的过程是相同的，“一个信念之真，是其使持此信念的人能够应付环境的功用问题，而不是其摹写实在本身的存在方式的问题”。③ 也就是说，人们在认识事物本质的时候不是去认识某种先验设定的本质，因为任何事物都没有自身存在的固定不变的本质，事物的本质是与人类的实际功用和目的联系在一起的。

此外，海德格尔、伽达默尔、福柯等哲学家都在消解本质的路上留下了浓墨重彩的一笔。海德格尔在批判传统形而上学时指出：“形而上学从在场出发去表象在其在场状态中的在场者，并因此从其根据而来把它展示为有根据的在场者。”④ 换言之，在海德格尔看来，形而上学作为一种本质主义，犯了将有限的存在视为无限的存在者的错误；伽达默尔的哲学解释学也是反本质主义的，他认为人类的解释活动是无限循环的，永远无法获得一个终极的意义和答案，因为人总是处在一定的社会历史之中，解释活动永远无法克服历史的局限性；福柯对本质的消解主要体现在对人的本质的否定上，本质主义者都认为人之所以为人，是因为人都有一个永恒不变的本质，如理性、感性、灵魂、肉体等。但是，在福柯看来，这些被称为本质的东西都是历史的产物，都是社会建构出来的。

（二）消解二元对立的等级结构

基础主义者一直都将整个世界看成是一个二元对立的等级结构，强调其中的一元高于另一元，离基础越近就越高级、越真实，比如，本质高于

---

① 赵光武主编：《后现代主义哲学述评》，西苑出版社 2000 年版，第 137 页。

② ［法］罗蒂：《哲学和自然之镜》，李幼蒸译，生活·读书·新知三联书店 1987 年版，第 14 页。

③ ［法］罗蒂：《后哲学文化》，黄勇译，上海译文出版社 2009 年版，第 1 页。

④ ［德］海德格尔：《哲学的终结和思想的任务》，载《哲学译丛》1992 年第 5 期。

现象，原型高于模仿，主体高于客体，理性高于感性，简单高于复杂，等等。

在反基础主义者看来，基础主义者所强调的二元对立的等级结构是必须加以拒斥的。在德里达看来，在基础主义的二元对立的等级结构之中，“并没有对立双方的和平共处，而只有一种暴力的等级制度。其中，一方（在价值上、逻辑上，等等）统治着另一方，占据着支配地位”。[①] 德里达的解构主义就试图消解这种暴力的等级制，消解本质与现象、基础与非基础、主体与客体、理性与感性、声音与书写等一系列二元对立的等级结构，使后者从前者的暴力统治中解放出来。英国学者巴什勒也提出了“本体论上的平等”这个概念，这一概念要求我们抛弃一切歧视和偏见，接受一切差异，强调所有东西都是平等的，没有什么东西比别的东西更高一级。

反基础主义者认为，二元对立的等级结构实际上就是传统形而上学一直强调的深度模式。所谓深度模式，就是指表层现象的背后一定存在着深层的本质、基础和意义。美国思想家杰姆逊在《后现代主义与文化理论》一书中概括出了从古至今一共四种深度模式。第一种是黑格尔或马克思的辩证法所强调的现象与本质的二元对立，其中本质高于现象；第二种是弗洛伊德所强调的明显与隐含的二元对立，其中明显高于隐含；第三种是存在主义所强调的确实性与非确实性的二元对立，其中确实性高于非确实性；第四种是符号学所强调能指与所指的二元对立，其中所指高于能指。随后，杰姆逊用“文本游戏”这个概念消解了这四种深度模式，在他看来，“一切都升到了表层，旧式的哲学相信意义，相信所指，认为存在着‘真理’，而当代的理论不再相信什么真理，而是不断地进行抨击批评，抨击的不再是思想，而是表述。……当代理论论争的主要焦点不再是关于任何思想，而是关于语言的论争，关于语言的表述，关于文本的论争”。[②] 简言之，反基础主义者认为，事物的表层现象和现实背后根本就不存在深层的本质和核心。

（三）消解反映论

反映论是建立在基础主义之上的一种认识理论，它强调客观实在是认

① 赵光武主编：《后现代主义哲学述评》，西苑出版社2000年版，第140页。

② ［美］杰姆逊：《后现代主义与文化理论》，唐小兵译，陕西师范大学出版社1986年版，第183页。

识的基础，人类的认识过程就是人的意识与客观实在相接触进而形成认识的过程，认识是客观实在的反映和摹本，真理就是认识与客观实在相符合。

然而，在反基础主义者看来，反映论完全无视人们在认识活动中的主动性。他们认为：“由于认知者总是处于一定的政治、经济、文化和语言背景中，总是以当事人而非旁观者的身份从自己以及自己所属的社会集团的价值观念和实际利益出发去观察对象的。”[①] 因此，反基础主义者认为完全客观、中立的认识是不可能的，政治、文化、历史等因素总是要对认知者产生影响；客观实在也不能作为认识的基础，因为认识对象并不是先于认识活动而独立存在的，而是认识活动的结果。因此，罗蒂指出：“只有语句能够是真的，人类通过在其中表达了语句的语言来构造真理，真理是由人类构造的。”[②] 也就是说，真理是人类发明的，而不是人类发现的。

在反映论中，语言被视为一种具有所指意义并能帮助人们反映客观实在的工具。然而，这一语言观也受到了反基础主义者的批判。德里达认为，语言的意义绝不像基础主义者所认为的那样是通过对外在于语言的客观实在的认识而获得的。在他看来，语言的能指与所指之间并不是一一对应的关系，也没有明确的界限。语言的意义也是不确定的，多种多样的，并且只有在既没有起点也没有终点的语言游戏中，只有在上下文关系中才能显示出来。因此，我们不可能借助语言而寻找到与客观实在相符合的真理，所谓的真理也仅仅是我们用语言对世界所做的一种描述，有多少种描述世界的语言，就有多少种真理，并且各种描述世界的语言之间是平等的，并不能根据客观实在本身决定其优劣。

二 新媒体对基础的解构

赛博空间是一种由新媒体技术所建构起来的虚拟空间，构成这个空间的基本要素是数字或比特。而正是这个数字化的虚拟空间解构了过去作为基础的自然实在，而建构出与自然实在具有同样本体论地位的虚拟实在。

（一）赛博空间的兴起：数字化时代的到来

“赛博空间”（Cyberspace）这个词最早是由加拿大科幻小说家威廉·

① 赵光武主编：《后现代主义哲学述评》，西苑出版社2000年版，第149页。

② ［法］罗蒂：《偶然性、反讽和确定性》，剑桥大学出版社1989年英文版，第9页。

吉布森在《神经漫游者》这本小说中提出的。他将赛博空间定义为一种社会生活和交往的虚拟空间，在这个新型空间中，计算机网络将人、机器、信息源合为一体。此后，国外很多学者都从不同的角度对赛博空间下了定义。在 *Cyberspace*：*First Steps* 一书中，Michael Benedik 将 "Cyberspace" 定义为："一个由计算机支持、连接和生成的多维全球网络，或'虚拟'实在。在这一实在中，每个计算机都是一个窗口，由此所见所闻的对象既非实在的物体，也不一定是实在物体的形象。在形式上，其所涉及的符号或操作，都是由数据和纯粹的信息构成。这些信息一部分源于与自然和物质世界相关的运作，而更多的则来自维系人类的科学、艺术、商业和文化活动的巨大信息流。"[①] 从这个定义我们可以看出，Michael Benedik 只是从人通过计算机界面的操纵与现实世界相联系的角度来界定赛博空间，没有涉及赛博空间中人的活动。

在《从界面到网络空间：虚拟实在的形而上学》一书中，迈克尔·海姆将赛博空间定义为："一种由计算机生成的维度，在这里我们把信息移来移去，我们围绕数据寻找出路。网络空间（赛博空间）表示一种再现的或人工的世界，一个由我们的系统所产生的信息和我们反馈到系统中的信息所构成的世界。"[②] 从这个定义我们可以看出，迈克尔·海姆认识到了人在赛博空间中的活动，并且指出了赛博空间是物理空间之外的一个虚拟空间。美国社会学家莱恩格尔德将赛博空间界定为："人们通过使用计算机媒介通信技术，文字、人际关系、数据、财富和权利都能在其中得到显现的概念性空间。"[③] 莱恩格尔德的这个定义就将赛博空间从一个幻想的空间转到了现实的空间。

综合以上学者从不同角度对赛博空间的界定，我们最后可以从以下几个方面来定义赛博空间：首先，赛博空间是由计算机技术和现代通信技术支持的空间；其次，赛博空间是以数字化信息流动和存储为主要内容，以人类交往互动为活动基础的空间；最后，赛博空间是一个现实存在的空间，在空间中活动的人都是现实中的人，在空间中发生的事情都有现实的

---

① 段伟文：《网络空间的伦理反思》，江苏人民出版社 2002 年版，第 16 页。

② ［德］迈克尔·海姆：《从界面到网络空间：虚拟实在的形而上学》，金吾伦、刘钢译，上海科技教育出版社 2000 年版，第 79 页。

③ James M. Beniger, *Who Shall Control Cyberspace? Communication and Cyberspace: Social Interaction Environment*, Hampton Press, Inc., p. 50.

后果。

赛博空间的基本构成单位是比特，尼葛洛庞帝指出：“比特没有颜色、尺寸和重量，能以光速传播。它好比人体内的 DNA 一样，是信息的最小单位”，[①] 表现形式为数字“0”和“1”。赛博空间的本质是以数字化的形式展现出来的，人们在赛博空间里的活动也是以数字信息为基本活动单位的。因此，我们在赛博空间里面的生存方式可以称为数字化生存或比特化生存，并且现在这种数字化生存的方式已经成为人们日常生活的常态，正在重构我们的日常生活空间，所以，我们可以说我们现在所生存的时代就是一个数字化或者比特化的时代。

数字化时代或比特化时代就是指一个社会的基本构成要素为数字或比特的时代。数字化时代之前的社会的基本构成要素是原子，原子是有重量、有体积、有成本、有消耗的。在数字化时代，人类实现了“从原子到比特的飞跃”。数字或比特没有重量和体积，也没有成本和消耗，它专指以二进制代码“0 和 1”，以计算机为工具的人类传播方式。通过这种数字化的转变，人类社会的政治、经济、文化、日常生活等所有方面都能够被数字化，都可以通过特殊的处理而被简化为由 0 和 1 所构成的不同的数字化形式。这也就必然导致以数字或比特为基本单位的数字化时代的到来，导致人类社会的基本结构发生根本性的变化，“人类正在用数字之砖石建构一个米切尔所谓的崭新的‘比特之城’，重新设置时空关系，从而改变自身的生活”。[②]

数字化时代给人类带来了一种全新的生存方式，即数字化生存。“数字化生存”这个概念最早是由尼葛洛庞帝提出来的，他在《数字化生存》一书中指出：“他们才代表了落选者沙龙，但他们聚会的地方不是巴黎的咖啡厅，也不是位于坎布里奇的贝聿铭建筑。他们的沙龙是在‘网’上的某个地方。这就是数字化生存。”[③] 这里的“他们”就是指数字族或比特族，数字族的活动范围没有固定的物理空间，而是无处不在。此外，美国学者米切尔在对“数字化生存”下定义时指出：“数字化时代新兴的城市结构和空间组合将会深刻地影响我们享受经济机会和公共服务的权力、

① ［美］尼葛洛庞帝：《数字化生存》，胡泳、范海燕译，海南出版社 1997 年版，第 24 页。

② 欧阳友权主编：《网络传播与社会文化》，高等教育出版社 2005 年版，第 2 页。

③ ［美］尼葛洛庞帝：《数字化生存》，胡泳、范海燕译，海南出版社 1997 年版，第 264—265 页。

公共对话的性质和内容、文化活动的形式、权力的实施以及由表及里的日常生活体验。”① 也就是说，在米切尔看来，数字化生存就是指数字技术向当代社会各个层面渗透的结果。综上所述，数字化生存就是指人类生存状态建立在数字化技术之上，并且以数字为基本构成单位的一种存在方式。

总而言之，赛博空间的兴起改变了现实中人们的生活状态，人类已经进入了一个以数字或比特为基本构成单位的数字化生存的时代。

（二）虚拟实在与本体重建

既然赛博空间的基本构成要素是数字或比特，而数字又是与原子相对的一种虚拟符号，那么赛博空间就是与物理空间相对的一种虚拟实在。何谓虚拟实在？其中“虚拟”是指事实上或名义上不存在，但是，在意义上或效果上存在的东西；“实在”是指客观存在的事实或实体。如果我们把“虚拟”和“实在”两个词分开来理解，就会发现它们是自相矛盾的。但是，如果我们把它们并在一起就正是虚拟实在的真实内涵，即在意义上是存在的，但是，在事实上却不存在的事实或实体。从虚拟实在的内涵我们可以看出，传递意义是虚拟实在的一个重要功能，而意义又是人类所独有的。因此，虚拟实在一定与人的参与密切相关。所谓传递意义就是指“人们可以进入计算机生成的三维图像和立体声所展现的能够与人互动的计算机仿真场景；互动就意味着我们不再是场景的观察者，并且可以是参与者”。② 关于虚拟实在，迈克尔·海姆在《从界面到网络空间：虚拟实在的形而上学》一书中从“模拟性、交互作用、人工性、沉浸性、遥在、全身沉浸、网络通信”③ 七个方面概括总结出了虚拟实在的本质特征。

综上所述，虚拟实在就是指通过人与数字化技术的交互作用，参与者可以全身沉浸在这个由人与数字技术所共同构建的虚拟世界里做现实世界里可以实现甚至不能实现的事情，并且它是在意义上存在，而不是在事实上存在的事实或实体。

---

① ［美］米切尔：《比特之城》，范海燕、胡泳译，生活·读书·新知三联书店 1999 年版，第 2 页。

② 刘丹鹤：《赛博空间与网际互动：从网络技术到人的生活世界》，湖南人民出版社 2007 年版，第 31 页。

③ ［德］迈克尔·海姆：《从界面到网络空间：虚拟实在的形而上学》，金吾伦、刘钢译，上海科技教育出版社 2000 年版，第 111—119 页。

虚拟实在是人们通过数字化的虚拟实在技术创造出来的，但是当我们全身沉浸于其中并在其中进行建构和创造的时候，就会发现虚拟实在与自然实在、人工经验与自然经验之间的界限将变得模糊起来。也就是说，虚拟实在与自然实在之间在本体论上是平行对等的，虚拟实在不需要以自然实在为原型，甚至可以超越自然实在创造出自然实在中没有的诸多可能性。由此可见，虚拟实在与自然实在之间可以进行本体论意义上的转换，甚至可以取代自然实在成为人们生存于其中的新的本体。

但是，为什么虚拟实在与自然实在之间能够并行不悖，能够进行本体论的转换？原因就在于虚拟实在虽然是虚拟的，但是所传递的意义以及给人的体验却是实实在在的。而意义的体验比事实的体验对于人来说更为重要，更为根本。因为如果一个东西虽然事实上存在，但是对于我们来说没有意义，我也不必关心它，比如距离我们几百万光年之外的一颗小行星。但如果一个东西虽然事实上不存在，但是对于我们来说有意义，我们也仍要对它给予关怀，比如上帝。正如海德格尔所指出的那样，我们对于世界的认知是来源于我们对意义的关切。如果我们以海德格尔的视角来理解虚拟空间就会发现，虚拟空间与海德格尔的空间概念之间具有内在的一致性。海德格尔认为，人们对于空间的感知不是以物理空间的实际存在为基础的，而是以人的关切为必要条件的。“在此一脉络下，所谓的远近也不再只是从科学的角度可以被客观地度量的距离，相反的距离是关注焦点与关切的函数。因而我们在某个时刻最关心的就是离我们最近的。”① 因此，世界上的任何空间都不是先天的客观存在，而是人们后天建构出来的，空间与空间之间具有对等性。

此外，虚拟实在与自然实在之间能够进行本体论替换的另一个原因是它们都同等地依赖于我们的可替换的感知框架。也就是说，虚拟实在与自然实在的差别仅仅是人们选择了不同的感知框架，而“所有支撑着感知的一定程度连贯性和稳定性的可选感知框架对于组织我们的经验具有同等的本体论地位”。② 并且不同的感知框架对于组织我们的经验具有同等合法性的原因又在于我们人格的同一性。换言之，当我们从一种感知框架换到另一种感知框架的时候并不会改变我们人格的完整性。自然实在也仅仅是我们偶然持有

① 刘丹鹤：《赛博空间与网际互动：从网络技术到人的生活世界》，湖南人民出版社 2007 年版，第 26 页。

② 翟振明：《有无之间：虚拟实在的哲学探险》，北京大学出版社 2007 年版，第 2 页。

的一种感知框架所感知到的经验而已，只不过我们往往倾向于把这种自然实在的经验视为客观存在的。然而，当我们沉浸入赛博空间或虚拟空间之后才逐渐意识到还有其他感知框架存在的可能性，并且这些感知框架与以前的感知框架具有同等的作用，甚至还有其他很多很大的作用。

第四节　新媒体与理性的陨落

一　理性的陨落

反理性或非理性主义是后现代主义哲学的另一个鲜明特征，几乎所有的后现代主义哲学家都对传统的理性主义深恶痛绝。他们认为理性是万恶之源、强权之母，它将自身视为不可否定的权威，对现代社会造成了巨大的威胁和挑战。反理性主义者主要是从以下两个方面来批判理性的。

（一）对理性权威的批判

传统的理性主义者一直赋予理性以至高无上的权威，对非理性一直持批判、压制、贬低的态度。他们认为人与动物的根本区别就在于人有理性，理性是人的本质特征。在古希腊，柏拉图就宣称人的灵魂中最高贵、最不朽的部分就是理性。到了近代，哲学家更是把理性推到了前所未有的高度，英国哲学家洛克在《人类理解论》一书中指出："理性应是我们最高的法官，应当指导所有事物。"德国哲学家费希特认为："人类尘世生活的目的即是用依照理性的自由、去把所有人类关系都安排得井井有条。"① 斯宾诺莎也认为人类只有用理性战胜了非理性之后才能达到自由的境界。

然而，在非理性主义者看来，人类的本质并不是理性，因此，理性的权威地位并不合法。正如海德格尔指出的那样："什么是理性？理性之为理性，是在什么地方，通过谁人决定的？理性已经自称哲学之王了吗？"② 弗洛伊德的精神分析学也证明人的行动并不受理性的支配。弗洛伊德将人的心理结构分为本我、自我、超我三个层次，他认为本我即无意识是人们行动的根本动力，也就是说，人的行为受非理性的东西支配。在将理性的

---

① ［德］霍克海默：《批判理论》，李小兵译，重庆出版社 1989 年版，第 73 页。

② ［德］海德格尔：《什么是哲学?》，译文载《现代外国哲学》第 7 辑。

权威推翻之后，非理性主义哲学家又用各种各样的非理性的东西取代理性而成为新的权威。如尼采的权力意志、叔本华的生命意志、海德格尔的此在、拉康的欲望、德里达的文本，等等。

非理性主义者除了从认识论的角度对理性的权威进行批判之外，还从政治的角度揭示出理性与权力相结合，进而展现出它的极权与暴力。自从启蒙运动开始宣扬理性以来，理性便是与权力紧密结合在一起的，并继而成为一种压迫性的极权，成了帝国主义与种族主义的鼻祖。后现代主义哲学家正是对这种理性与权力相联系的状况进行了彻底的批判。

法国当代哲学家利奥塔指出：“理性与权力是一个东西，是同一的。你可以用预知或辩证法来装扮前者，但你将仍有另一道（未触动的）菜端上来；监狱、禁止、选择程序、公共利益。”[①] 在他看来，作为传统理性主义代表的黑格尔哲学与“理性的极权主义”可以画等号。

法兰克福学派的霍克海默和阿多诺也对这个问题进行了深刻的批判。在《启蒙辩证法》一书中，他们指出：“那个高扬理性，旨在征服自然，将人类从邪恶势力、恶魔、妖怪、听天由命的迷信中解放出来的启蒙运动，由于其自身内在的逻辑而转向了它的反面。”[②] 也就是说，霍克海默和阿多诺通过对后工业社会的全面考察，发现理性这个概念本身就包含了致命的缺陷。这个缺陷就是理性这个话语的核心包含了极权和暴力的因素，个别人可以借捍卫理性之名来实施专制和奴役。而正是理性自身所包含的毒瘤使理性从使人类进步的动力变成了奴役人的力量，同时，科学和语言在这一过程中也成了理性的帮凶，因为科学和语言都是理性实施极权统治的重要工具。

福柯则从西方几百年来对待疯子和精神病人的态度来揭示出理性的野蛮与残暴。在福柯看来，一部理性主义的发展史就是一部假借理性的名义对理性的对立面疯狂和精神病患者进行残酷镇压、监禁和驱逐的历史。从17世纪中叶以来，一大批理性主义哲学家都大肆宣扬理性，将理性推到了前所未有的高度，也正是在这个以理性为王的时代对非理性的镇压也是最为疯狂和残暴的。“1656年在巴黎建立的‘总医院’拉开了对癫狂病人实行大禁闭的序幕。‘总医院’将疯癫病人、理智失常者，贫民等不分青

---

① 转引自R. 罗德里克：《政治地解读德里达》，载英国《实践国际》1987年1月号。

② 王治河：《后现代哲学思潮研究》，北京大学出版社2006年版，第104页。

红皂白地关押在一起，因为从‘理性’的角度来看，这些人都是‘非理性’的。”[①] 福柯认为，理性主义者正是用这种“大禁闭”的残暴手段将非理性驱逐出去，从而确立了理性在西方近代社会中的权威地位。当然，福柯在《癫狂与文明——理性时代的精神病史》一书也指出，理性权威的确立并不是一劳永逸的，也有一个过程。过去，“理性战胜非理性的过程一度只靠物质力量，并以某种真正的冲突来得到保证。而现在，这种冲突总是事先就定局了，在具体情况下，当癫狂病人和有理性的人相遇时，非理性失败也早已不言而喻”。[②] 也就是说，在这场理性与非理性的斗争当中，理性最终镇压了非理性，并且利益自身的权威成功地掩盖了这种镇压，好像理性就是天生的统治者。

与福柯不同，德里达认为理性并不是镇压了非理性，而是将非理性看成是理性的一种特殊形式而已，换言之，人除了拥有理性之外不能再拥有任何东西了。德里达的解构主义在解构逻各斯中心主义的同时，其实就是在解构理性的权威，从内部破坏了理性—权力的结构组合。

（二）对理性方法的批判

非理性主义者批判理性的另一个方面就是理性的工具性，也就是揭示出理性方法的局限。在非理性主义者看来，理性主义者所犯的错误就在于他们将理性的方法视为唯一的、无限的认识方法，而忽略了其他的认识方法。传统理性主义者都认为：“任何一种认识都必须从一些有固定界限的概念出发，才能用这些概念去把握流动的实在。”[③] 这种方法论是照搬自然科学的认识方法，正如胡塞尔所指出的那样：“所有要求作为一门严肃科学的当代哲学，都认为一切科学，包括哲学，只有一种共同的认识方法，这几乎成为老生常谈。这种信念完全符合 17 世纪哲学的伟大传统，这种信念认为，对哲学的所有拯救都依赖于这一点，即：哲学把精密科学作为方法楷模，首先把数学和数学的自然科学作为方法的楷模。”[④] 斯宾诺莎是这方面的典型代表，他一直都认为几何学的方法可以用来处理一切事务，将其视为唯一正确的方法。同样，黑格尔也声称：“哲学的目的即

① 王治河：《后现代哲学思潮研究》，北京大学出版社 2006 年版，第 104 页。

② ［法］福柯：《癫狂与文明——理性时代的精神病史》，孙淑强、金筑云译，浙江人民出版社 1991 年版，第 226—227 页。

③ 洪谦主编：《西方现代资产阶级哲学论著选辑》，商务印书馆 1982 年版，第 147 页。

④ ［德］胡塞尔：《现象学的观念》，倪梁康译，上海译文出版社 1986 年版，第 25 页。

在用思维和概念去把握真理。”他的这句话也将自己的理性方法视为唯一的正确方法，而排除了其他非理性的方法。

后现代主义哲学家针对理性的盲目自信毫不客气地发起了攻击，他们认为，除了传统的理性方法之外，还存在情感、直觉等非理性的方法。与黑格尔同时代的哲学家叔本华就率先向理性的方法发起了挑战：“如我们已经看到的，人类虽有好多地方只有借助于理性和方法上的深思熟虑才能完成，但也有好些事情，不应用理性反而可以完成得更好些。”[①] 此后，丹麦哲学家克尔凯郭尔就给情感赋予方法论的意义，在他看来，人类只有通过情感体验才能正确把握自身的存在意义，才能准确认识和理解自我与对象。海德格尔也指出，人是靠情绪和感情，而不是靠概念和理性来感知世界和认识自身的，因此，他认为“诗意的栖居”才是此在的存在方式。

法国哲学家柏格森则用直觉和体悟的方法来取代理性的方法，他认为，所谓直觉，就是指人们并不是站在对象之外来认识对象，而是置身于对象之内来体验对象。在柏格森看来，只有这种置身于对象之内的直觉体验才能揭示出事物最深层的本质，才能把握住变动不居的实在。因为直觉是用我们生命最深处的本能在体验对象，排除了生命之外的一切概念和思想上的成见，使我们回到了生命的本真状态。这一点与胡塞尔的强调本质直观的现象学是一脉相承的。本质直观是胡塞尔现象学中的一个核心概念，它是以感性直观为起点的。感性直观是指人们通过与事物的直接接触而获得的感性认识，本质直观就超越了感性直观的感性领域而获得了本质性的知识。胡塞尔进一步指出，如果我们想获得这种本质直观的认识方法就必须通过现象学还原的方法。现象学还原就是指“回到事物本身”，回到事物本身又是指我们要回到我们最原始的直观体验，将经验主义与自然主义的思维方式所带来的种种成见都“悬置”存而不论。在胡塞尔看来，“每一种原初给予的直观都是认识的合法源泉，在直观中原初地……给予我们的东西，只应按如其被给予的那样，而且也只在它在此被给予的限度之内被理解”。[②] 不过，这只是他现象学还原的第一步，第二步是还原到先验的意识结构，这才是还原的终点和目的，也是一切事物存在的前提和基础。

---

① ［德］叔本华：《作为意志与表象的世界》，石冲白译，商务印书馆1982年版，第100页。

② ［德］胡塞尔：《纯粹现象学通论》，李幼蒸译，商务印书馆1995年版，第84页。

二　新媒体对理性的消解

（一）新媒体的叙事方式对理性的消解

新媒体时代的到来使人类社会经历了一系列重大的转变：从基本构成单位为原子的实体世界走向了基本构成单位为比特的虚拟世界，从以文字为主要叙事方式的读写时代走向了以形象为主要叙事方式的视听时代。这一系列的转变所造成的结果就是理性的消解和感性的复苏。针对这个问题，迈克尔·海姆曾指出："虚拟实在为转移西方参与的哲学提供了机会。从毕达哥拉斯到亚里士多德，从贝克莱到罗素，有关哲学的参与感有赖于视觉，从而把我们置于旁观者的位置。要想触动我们，就需要引入更多的感官知觉。虚拟实在可以开发出一种反馈，其中参与包括整个身体的开放性和敏感性。"①

新媒体为人类提供了一个集图像、声音、文字为一体的多媒体信息平台。这个平台为了充分调动和开发人们的感觉和知觉，为了给人们以更多的现场感和切身感，它们都是采用形象叙事、景观叙事、情境叙事等能够充分调动人们感官反应的叙事手段。这些叙事手段所采用的符号系统更加贴近生活世界，更加贴近原始自然，并不能有效地表达理性思维。人们长期受到这种肤浅而原始的信息轰炸，始终停留在形象思维和情境思维阶段，始终无法进入以追求人生终极价值和阐释世界普遍规律为宗旨的理性主义的殿堂。当人们沉浸于这些斑斓夺目、变幻莫测的形象、景观、情节中的时候，自然会厌恶书面文化所带给我们的深刻、有序的理性思维逻辑，人们的理性思维能力和理性觉悟水平都会大大降低。

同时，网络的碎片化的叙事方式也很难容得下形而上的高度理性化的内容，因此，网络文化也主要关注形而下的感性世界，放弃甚至鄙视形而上的理性世界。网络文化与理性思维的这种难以通约性，使沉浸于网络文化中的人往往是离理性思维最远的群体。网络文化的生产者在以提高点击率的基本方针的指导下，增强网络产品的可接受性和高参与性，使网络产品更加面向普通大众，面向世俗生活。它们用娱乐、新奇、怪异、惊悚的叙事方式、情节设置、背景烘托、形象渲染、人物对白，营造出轰动震撼

---

① ［德］迈克尔·海姆：《从界面到网络空间：虚拟实在的形而上学》，金吾伦、刘钢译，上海科技教育出版社2000年版，第132页。

的视听效果。而所有这些视听效果所造成的感官刺激和情感体验，必然使人们丧失理性思考的能力。正如一名网络痴迷者所指出的那样：“全世界数十亿双眼睛盯着一件事起劲，而那些焦点人物是天才演员，他们教会我们对某一弱智发现万般惊讶，要我们深信某一令人掩鼻的活动具有划时代的意义。他们一次次地以商人的水准，靠现代科技加工着世人的趣味，然后把那些所谓的产品像棉絮一样充塞你的大脑，代替你的思维，把你塑造成信息的奴隶。”①

这也就是马尔库塞所指出的“单向度的人”。“单向度的人”就是指丧失了理性批判能力的人。人们在关注网络产品的时候，往往都是与网络文化融为一体。主体在精神上没有了自我独立的意识，没有了精神上的独立，也就没有了反思性的思维，没有了怀疑和批判的理性精神，因为反思性的理性思维必须是以主体与客体之间有一定的物理和心理距离为前提的。而当人们忘情地投入到网络世界中的时候，是不可能进行理性的追问和反思的。

（二）新媒体的认知结构对理性的消解

迈克尔·海姆认为：“从布局结构来看，网络蔓延开的架构间接表明没有任何绝对的哲学或宗教。”② 他之所以得出这个结论的理由有二：一是网络无中心、无规则的布局结构，使任何绝对价值和绝对精神都很难在网络上生存；二是网络上铺天盖地的信息爆炸以及垃圾信息和虚假信息的大肆泛滥，使人们的辨别能力和理性精神都大大降低，转瞬即逝的快感体验取代了深入持久的理性执着。的确，网络技术去中心、去稳定、去必然的运作方式与理性主义的运作范式是背道而驰的。网络的信息传播方式容易造成主体理性能力的下降。网络上传播的内容非常多，而且更新非常快，留给受众作深度阅读和阐释的机会非常少，这就使人们很难对事物作深层次的理性分析，很难揭示出事物的深层本质，很难进行高层次的哲学反思。这主要体现在以下几点：

首先，网络技术对理性主义的消解体现在其时空价值取向上。网络传播对空间价值的追求大大超乎对时间价值的追求。“急剧地产生，迅速地

---

① 胡潇：《媒介认识论》，人民出版社 2012 年版，第 479 页。

② ［德］迈克尔·海姆：《从界面到网络空间：虚拟实在的形而上学》，金吾伦、刘钢译，上海科技教育出版社 2000 年版，第 106 页。

流播，瞬间地引爆，片刻地转换，倏忽地淘汰，匆猝地湮灭，以其数量、速度、空间上的幅度价值填充其质量、稳定、时间上的持久之价值不足。这使网络文化中变换的速度与遗忘的速度彼此竞赛，有形式上时新的东西还未长成它就已经陈旧。”[①] 网络的这种空间绝对和时间相对的文化价值取向，使人们在面对汹涌而至的信息洪流的时候总是处在走马观花的认知状态之下，认知视点颠倒错乱、极不稳定，不可能获得黑格尔所说的那种“精神停顿”。在黑格尔看来，这种“精神停顿”是人们进行理性思维所必需的，让人们有一定的时间和空间来进行深刻的理性思考。

其次，网络上各种各样的感性刺激元素将潜伏在人性结构深处的“本我”激发了出来，人类的各种感觉欲望都被激活和增强，以至于造成了理性的陨落。由于网络上监管的不健全和把关人的缺失，网络主体不再遵守现实生活中的各种道德和法律的规定和限制，可以在网上肆意妄为，放浪不羁，进行疯狂的自我宣泄。这使网络空间中布满了非理性的言论和行为，人们丧失了思辨理性和思想深度，走向了游戏人生的生活态度。并且人们在由网络所构筑的虚拟世界中通过无障碍、无界限的角色置换，可以做到很多现实生活中无法想象、无法实现的事情。人们可以借助网络技术的支持进行角色扮演和偷窥探视等活动来满足现实生活中很难满足的各种欲望。

最后，理性主义哲学是建立在现实精神的基础之上的，是对事物作确定性的解释，而不是进行无时空坐标、无现实秩序的幻想。但网络技术自身的特点却造成了时空的解构和现实的变构。网络主体在网络上生存的时候感觉到时间概念不复存在：没有过去和未来，只有当下；没有过程和停顿，只有瞬间；历史也成了由无数个瞬间之点集合而成的。同时，空间概念也不复存在：信息的大爆炸使人们的思维空间被压缩和侵蚀，主体不再拥有独立思考和理性认知的空间。时空概念的消失使人们开始怀疑现实生活，开始脱离现实、脱离实践，生活在幻想之中。思维主体“没有高雅、深邃、致思、探究、建树，消失了理性的敬畏与敬畏的理性，思想—认识—言说停留在一般的感性知觉水平、经验水平、日常自然思维水平上，创造、进取、批判不足”。[②]

---

① 胡潇：《媒介认识论》，人民出版社 2012 年版，第 482 页。

② 同上书，第 488 页。

第五章

新媒体与后现代主义文化

第一节　新媒体与日常生活审美化

一　“日常生活审美化”概述

“日常生活审美化”是一种非常重要、非常典型的后现代主义文化景观，它已经成为我们现实生活的重要组成部分，对我们的思想、文化、生活都有重大影响。接下来，笔者将分别从“日常生活”“审美”“日常生活与审美”三个方面对“日常生活审美化”这一概念进行分析，进而深入、全面地把握它。

（一）对“日常生活”的界定

“日常生活”这一概念最早是由法国哲学家列斐伏尔提出，他认为“日常生活”是人类本能与感性欲望的居所，是人类一切活动得以进行的前提和基础。然而，他进一步指出“日常生活”正遭到以工具理性为主要特征的现代资本主义生活方式的异化，人类迷失了自我，丧失了主体性。如果人类要摆脱这种异化，就需要对日常生活进行总体性的革命，使日常生活与艺术结合起来，回归到一个“完整的人”。此后，匈牙利哲学家阿格妮丝·赫勒在《日常生活》一书中对“日常生活”作了明确的界定：“我们可以把日常生活界定为那些同时使社会再生产和成为可能的个体再生产要素的集合。”① 也就是说，日常生活反映的是个体生存状况，

---

① ［匈］阿格妮丝·赫勒：《日常生活》，衣俊卿译，重庆出版社 1990 年版，第 3 页。

这个生存状况由三个部分组成："第一是人造物、工具和产品的世界；第二是习惯的世界；第三是语言。"① 在赫勒的影响下，我国学者衣俊卿先生进一步指出："日常生活是以个人的家庭、天然共同体等直接环境为基本寓所，旨在维持个体生存和再生产的日常消费活动、日常交往活动和日常观念活动的总称，它是一个以重复性思维和重复性实践为基本存在方式，凭借传统、习惯、经验以及血缘和天然情感等文化因素而加以维系的自在的类本质对象化领域。"② 从这个较为详细的定义我们可以看出，日常生活一定是与个体的生存状况直接相关的，凡是与个体生存状况无直接关联的领域，诸如政治、经济等有组织、有规模的社会活动或者哲学、文学、艺术等人类精神活动，都不属于日常生活的范畴。

此外，胡塞尔、海德格尔、哈贝马斯等哲学家都从各自不同的角度对"日常生活"进行了阐述，提出了自己对于"日常生活"的见解。首先，胡塞尔提出了"回归生活世界"的主张。在他看来，生活世界乃是我们原始的、普遍给予的纯粹先验意识的复合体，它是一切科学和哲学的基础。并且胡塞尔将现代社会的文化危机归因于人们长期沉浸入科学世界的实证主义的思维之中而遗忘了作为科学世界之基础的生活世界，从而导致了生活意义的丧失。因此，他主张我们应该回归到那个没有被科学世界所侵蚀的生活世界，在其中重建我们的意义和精神的家园；其次，海德格尔将人们的日常生活实践视为存在论的基本出发点，视为人们原始经验中最基本的成分。他认为传统形而上学最大的弊病就在于对存在的遗忘，对存在的遗忘也就是对日常生活的遗忘，日常生活才应该是哲学的基础；最后，哈贝马斯的"交往行为理论"将生活世界视为人们交往行为的合理化基础，互动参与者在生活世界中达成共识。在他看来，"生活世界事关文化、社会和人格的再生产，生活世界的失败就导致意义的丧失和无所适从，失范和没有社会团结，以及种种心理病症"。③

（二）对"审美"的界定

在人类历史上，鲍姆嘉通首先创立了"美学"这门学科，他将美学定义为感性认识的科学，将审美看成是一种感性认识的能力。也就是说，

---

① ［匈］阿格妮丝·赫勒：《日常生活》，衣俊卿译，重庆出版社1990年版，第132页。
② 衣俊卿：《现代化与日常生活批判》，人民出版社2005年版，第31页。
③ 张汝伦：《现代西方哲学十五讲》，北京大学出版社2003年版，第352页。

人类只有通过感性活动才能理解和创造美，美学也是一门研究感觉与情感的学问。此后，康德第一次将美学划入了哲学的范畴，使美学真正从众多学科中独立出来成为一门新的科学。他提出了“审美自身合目的性”的著名命题。在康德看来，审美活动应该以自身为目的，不应该有任何外在的功利目的，人们在审美过程中体会到的是一种非强制性的、自由的愉快感。这样，康德就把审美活动提高到了超越于日常生活之上的先验层面，并为后来“为艺术而艺术”的观念的提出奠定了基础。

康德之后，席勒在《审美教育书简》一书中指出了审美教育对于理性化社会中的人的拯救作用。“在那里无限众多但没有生命的部分拼凑在一起从而构成了一个机械生活的整体。现在，国家与教会，法律与道德习俗都分裂开来了；享受与劳动，手段与目的，努力与报酬都彼此脱节。人永远被束缚在整体的一个孤零零的小碎片上，人自己也只好把自己造就成一个碎片。他耳朵里听到的永远只是他推动的那个齿轮发出的单调乏味的嘈杂声，他永远不能发展他本质的和谐。他不是把人性印在他的天性上，而是仅仅变成他的职业和他的专门知识的标志。”① 在这种情况之下，审美就能够拯救人的这一被物化的过程，重新赋予人性以整体性，重塑理性与感性的有机统一，进而使人从审美的自由王国走入政治的自由王国。

到了现代，尼采发出“上帝已死”的呐喊之后，宗教失去了自身的意义，道德也就失去了自身的根基。尼采认为，人们只有通过审美才能重新建立起道德的根基，“我们的最高尊严就在作为艺术作品的价值之中——因为只有作为审美现象，生存和世界才是永远有充分理由的”。② 也就是说，在他看来，审美和艺术将人们从虚无主义的泥潭中拯救出来，人们在审美过程中体验着永恒、崇高、不朽、绝对。德国思想家马克斯·韦伯也对被理性主义和官僚体制所支配的日常生活持强烈的批判态度。他认为，现代资本主义制度制约着人们的日常生活，人们的生活和行为日益受到工具理性的异化和统治。在韦伯看来，艺术在这种情况下就起到了救赎的作用：“生活的理智化和理性化的发展改变了这一情境。因为在这些状况下，艺术变成了一个越来越自觉把握到的有独立价值的世界，这些价值本身就是存在的。不论怎么来解释，艺术都承担了一种世俗救赎功能。

① ［德］席勒：《审美教育书简》，冯至、范大灿译，北京大学出版社 1985 年版，第 30 页。

② ［德］尼采：《悲剧的诞生》，周国平译，生活·读书·新知三联书店 1986 年版，第 21 页。

它提供了一种从日常生活的千篇一律中解脱出来的救赎，尤其是从理论的和实践的理性主义那不断增长的压力中解脱出来的救赎。”① 也就是说，审美的独特功能就在于能够使人们从资本主义工具理性的束缚当中走出来，重新获得自由和主体性。

（三）日常生活与审美的融合

从以上我们对“日常生活”和“审美”两个范畴的分析可以看出，“日常生活”和“审美”完全是两个不同层面的概念。“日常生活”在经验层面，“审美”在超验层面，也就是说，“审美”是对“日常生活”的否定和超越。而到了后现代，“日常生活”与“审美”这两个不同层面的概念融合到了一起，形成了一个新的概念，即“日常生活审美化”。

所谓“日常生活审美化”就是指将形而上的“审美”概念直接引进人们的日常生活，审美活动贯穿于人们的日常生活之中。过去，审美活动仅仅属于知识分子和艺术家，与普通老百姓无关。现在，随着人们生活水平的日渐提高，日常的物质生活已经不再能够满足人们的需求，人们更多地追求精神上的享受，日常生活审美化正是在这种基础之上建立起来的。“当代人生活在无所不在的审美文化之中已是一目了然的事实，我们出门讲究衣着体态，我们偏爱现代风格的写字楼或者着迷于古代风格的办公楼，我们更换不同款式的手机，……审美文化已然渗透在我们的日常生活和精神生活中，它构造着我们的生活世界，也塑造着我们的身体与灵魂。”② 美学也不再是一门高于生活的乌托邦式的学科，而是越来越关注人们的日常生活。正如德国美学家韦尔施在《重构美学》一书中所指出的那样：“毫无疑问，当前我们正经历着一场美学的勃兴。它从个人风格、都市规划和经济一直延伸到理论。现实中，越来越多的要素正在披上美学的外衣，现实作为一个整体，也愈益被我们视为一种美学的建构。”③ 也就是说，日常生活已经成为当代美学的主要研究对象，也是当代审美文化的主要关注对象。这种新型审美文化正日益重构着我们的生活世界，重塑着我们的思想和灵魂。

此外，艺术与非艺术之间的界限也从此消失，艺术逐渐走向了日常生

① 周宪：《审美现代性批判》，商务印书馆2005年版，第157页。

② 余虹：《审美文化导论》，高等教育出版社2006年版，第2页。

③ ［德］韦尔施：《重构美学》，陆扬、张岩冰译，上海译文出版社2002年版，第4页。

活。过去，艺术创作仅仅是艺术家的专利，普通人创作出来的作品都不能叫艺术品。艺术品也只能陈列在博物馆、展览馆、音乐厅、画廊里面，日常生活中是没有艺术品的。然而，“日常生活审美化”消解了艺术与生活的界限，使艺术可以出现在日常生活的任何地方。这种达达主义艺术思潮最早在法国艺术家杜尚那里出现，他将一个名为《喷泉》的男用小便池送到美国独立艺术家展览馆作为艺术品展出，这是人类历史上第一次将一个日常生活用品当作艺术品来对待。此后，20 世纪 50 年代在英国和美国又出现了波普艺术。波普艺术，又称为流行艺术，最早由英国的一群自称“独立团体”的艺术家创立，他们以现代都市的大众文化为主题，以大众的日常消费品为创作对象。这种新型艺术消解了高雅艺术与低俗艺术之间的界限，使艺术与日常生活融为一体。比如，美国波普艺术运动的发起人安迪·沃霍尔创作的《玛丽莲·梦露》就是波普艺术的典型作品，他将一个个五颜六色、深浅不一的玛丽莲·梦露的头像排列在一起，表达的主题是现代人在商业社会中的空虚和寂寞。

二 新媒体建构日常生活审美化

“日常生活审美化”这一文化现象的形成有多方面的原因，但是，大众传媒尤其是以网络为代表的新媒体的迅猛发展是其中非常重要的原因。因为现在人们的生活已经无时无刻不与传媒联系，“传媒化生存”的事实已经使传媒对日常生活有重大影响，日常生活与传媒已经融为一体。正如韦尔施所指出的那样：“日常现实在传媒现实内部发生，传媒现实进而影响日常现实这一事实，令事情变得更加复杂起来，由此观之，便不再可能在日常现实和传媒现实之间划一条清楚界限。”①

（一）网络是日常生活审美化的助推器

网络作为当代最重要的新媒体深刻影响着人们的日常生活，能够满足人们在日常生活中的各种需求，比如，网上购物、网上聊天、网上娱乐、网上办公，等等。因此，人们在网络上的活动成为日常生活的重要组成部分。同时，网络也成了人们审美的主要场所，并为日常生活审美化提供了新的有力平台。网络在日渐改变人们日常生活方式的同时，也在改变人们的审美模式，为日常生活审美化提供了各种新的可能。

① ［德］韦尔施：《重构美学》，陆扬、张岩冰译，上海译文出版社 2002 年版，第 250 页。

一方面，网络扩展了日常生活的审美时空。在网络上，现实中的时空障碍被打破了，人们可以在由网络所构筑的虚拟空间中不受任何时空限制地自由活动。比如，人们足不出户就可以跟世界上任何地方的人聊天，就可以购买世界上任何地方的商品。并且人们在购买商品的时候也不会受到时间的限制，不会担心商家何时关门，随时都可以购买自己想要的商品。

“网络提供给现实一种虚拟空间，这种虚拟是能够带给我们真实的感受，从而打造新的审美空间。其所蕴含的虚与实的哲学意义，将创设人与对象之间的新型审美关系。”① 这种新型审美关系是指审美主体与审美对象并不是二元对立的，而是共同融合于由网络所构筑的虚拟空间之中。这个虚拟空间是对现实空间的超越。“在数字化的虚拟看来，传统的现实性，无非是对一种可能性的选择，而计算机网络中的虚拟空间则展开了其他未被选择的可能性，并在虚拟中使其成为虚拟空间的真实，这便大大开拓了人的选择空间，打破了束缚身心自由的坚冰，为人类实现心灵的自由插上科技的翅膀。”② 由此可见，网络所构筑的虚拟空间大大扩展了日常生活的审美空间，并且还弥补了日常生活中的空白，实现了日常生活中的诸多不可能性。

另一方面，网络丰富了日常生活的审美内容。海量性是网络的一个重要特征，互联网将全世界的所有计算机连接起来，使网络上的信息可以向全世界传播。并且任何人在任何时间、任何地点都可以与任何人进行交流与沟通。正是这种时间和空间的无限性导致了信息的无限性，无论现实生活中有没有的信息都可以在网上找到，都可以在网上传播。“总之，网络承载的无限丰富和无限可能，使审美内容不仅拓宽了边界，而且创生了新类型。审美信息的民族化和审美内容传播的全球化成为资源共享的有机构成，也使日常生活的审美化成为审美日常生活化的网络现实，我们的审美活动不仅成为网络生活的一部分，而且用‘数字化生存’丰富了审美的容量和内涵，还有，网络审美是回归民众的大众审美，它让精英与平民，典雅与通俗，都趋于平面化、平常化。”③ 网络将日常生活中的各种事物都纳入自身的轨道重新整合，建构出日常生活审美化的新内容。人们可以在网络上欣赏到任何时间、任何地点的无限丰富的审美信息。并且网络空

① 欧阳友权：《网络审美资源的技术美学批判》，《文学评论》2008 年第 2 期。
② 欧阳友权：《网络文学论纲》，人民文学出版社 2003 年版，第 151 页。
③ 欧阳友权：《网络审美资源的技术美学批判》，《文学评论》2008 年第 2 期。

间是一个任何人都可以自由出入的空间，每个人在这个空间中都拥有平等的审美权利，没有高低贵贱之分。每个人都可以自由地表达自己的思想，自由地抒发自己的情感，这也从另一个侧面丰富了日常生活的审美内容。

（二）网络消解了艺术与生活之间的界限

传统艺术与生活之间有一条明确的界限，传统艺术作品总是以现实生活为依据，总是对生活中的现实存在物的模仿。鲍德里亚将传统艺术与生活之间的关系形象地比喻为“地图与地域”的关系。艺术作品相当于地图，现实生活相当于地域，地图必须是以对有特定地形地貌的地域的勘测为基础绘制出来的。然而，网络技术改变了传统艺术的存在方式，消解了“原本”与“摹本”之间的界限。也就是说，不再是地域先于地图，而是地图先于地域。“地图与地域关系的颠倒，必然导致现实和非现实之间界限的消失，符号不再受制于现实物的限制，现实的符号取代了现实自身，艺术与生活之间的界限亦便随着这种取代而消失。”[①] 艺术与生活都被置于一个由网络技术所构筑的虚拟空间之中，并且这个虚拟空间可以取代现实空间作为本体而存在。具体说来，网络消解艺术与生活的界限的方式主要体现在以下几点：

第一，网络技术创造了以比特作为基本构成单位的数字化空间，这个空间是一个由虚拟物象所构成的超真实空间。在这个空间中，“模拟的尺度不再是存在和形态的镜像，也不是现实与其观念的镜子式的反射，……它不过是操作性的，是一种技术的逻辑在控制着仿像复制”。[②] 由此，以前作为艺术品模仿的“原本”不再存在，只剩下由“摹本”构成的能指的碎片。并且网络复制与拼贴技术还消解了艺术品的独一无二性，消解了艺术品“原本”与“摹本”之间的界限。正如本雅明在《机械复制时代的艺术品》中所指出的那样：“艺术品的机械复制时代凋谢的东西就是艺术品的光韵……复制技术把所复制的东西从传统领域中解脱了出来。由于它制作了许许多多的复制品，因而它就用众多复制品取代了独一无二的存在；由于它使复制品能为接受者在其自身的环境中去加以欣赏，因而它就赋予了所复制的对象以现实的活力。这两方面的进程导致了传统的大动

① 欧阳友权：《数字化语境中的文艺学》，中国社会科学出版社2005年版，第315页。

② Jean Baudrillard, *Selected Writings*, Stanford University Press, 1988, pp. 146—147.

荡。"① 对于网络而言，复制与拼贴技术更加渐变、多样，并且已经成为网络艺术的主要生成方式。因此，在网络中，艺术与生活之间是没有界限的。

第二，网络技术使艺术品的展示价值取代了膜拜价值，进而导致了艺术的商品化。本雅明曾指出：整个艺术史都是在艺术品的膜拜价值和展示价值这两级之间运动。膜拜价值将艺术视为高于生活的，人们对它只能瞻仰式的膜拜，并且在膜拜的过程中得到的是一种高贵的感受。展示价值认为艺术与生活之间是平行的，艺术品也仅仅是供人们娱乐消遣的对象，成了消费时代的消费品。网络上的艺术品，如数字影视、恶搞图片、flash 动画、网络文学等，都已经被裹挟进了消费文化的大潮之中，成为当代典型的消费主义意识形态语境下的商品。阿多诺在谈到这种"艺术商品化"现象时指出："艺术商品自身的性质正在发生变化，艺术也是商品，这并不新鲜，这一变化新就新在艺术心悦诚服地承认自身就是商品，艺术宣布放弃其自律性，并且以能够在消费品中占有一席之地而骄傲。"② 因此，网络上的艺术品体现的都不是令人奉若神明的膜拜价值，而是与人们的欲望消费密切相关的展示价值。人们在欣赏这些"艺术品"的时候所感受到的不再是艺术家的巧夺天工之作，而仅仅是粗制滥造的艺术消费品。

第二节 新媒体与大众文化

一 "大众文化"概述

（一）大众文化的起源：大众社会的崛起

大众文化兴起的前提是大众社会的崛起。"大众社会"这个概念是随着西方工业化、城市化的现代社会的到来应运而生的。正如英国文化研究学者阿兰·斯威伍德所指出的那样："探寻大众社会这个概念的起源，必须上溯 19 世纪后半叶，西欧资本主义所引发的快速工业化过程；当时，工业化带动了社会、政治与意识形态上的诸般条件，有利于现代

① ［德］本雅明：《机械复制时代的艺术品》，王才勇译，中国城市出版社 2002 年版，第 10 页。

② ［美］马克·波斯特：《第二媒介时代》，范静晔译，南京大学出版社 2002 年版，第 23 页。

阶级社会的形成，其社会基础已经不再是‘人们’，而是‘大众’。”①在西方传统社会，只有民众、群众、公众，没有“大众”这个概念。到了19世纪后期，科学技术的迅猛发展使生产力得到极大的解放，生产关系也发生了相应的变革，进而产生了资本主义。随着资本主义的迅速发展，西方社会逐渐从中世纪的宗教专制中走出来，走上了工业化、世俗化的道路。“在日益工业化、世俗化的社会中，传统的宗教、政治和信仰不断衰落，各种偶像和以血统身份以及君权神授为合法性的世袭权威被普通群众的崛起所消解，精英的力量也逐日消退，而群众则成为社会不可忽视的主要力量，走上了历史的前台。”② 大众也就顺理成章地成为现代社会的中坚力量。

大众社会与传统社会的区别不是人口的多少，而是结构的不同。德弗勒在谈到大众社会时指出：“大众社会的概念不等于就数量而论的大型社会，世界上有许多社会（如印度）有着数目巨大的人口，然而就其组织而言仍然是传统的社会。”③ 因此，大众社会与传统社会最大的区别就在于传统社会是以血缘、家族、地缘为基础聚集起来的，人与人之间的关系相对长久、稳定、亲密；而大众社会是以契约关系维系起来的，契约关系的临时性和松散性也就导致了人与人之间关系的短暂性、松散性与疏远性。对于大众社会的这种契约式关系，麦克唐纳用“原子化大众”这一术语来形容。在麦克唐纳看来，大众社会人与人之间的关系就像原子间的关系那样疏远与松散。并且每个人就像成千上万的原子一样如出一辙，毫无个性可言。西班牙学者加塞特将这种同质性极高的大众称为“平均的人”，他认为：“不能把大众简单地理解为或主要地理解为‘劳动阶级’，大众是平均的人。从这一点来看，纯粹的数量概念——大多数人、群众——就转变为一种质量上的限定；它被用来指一种一般的社会属性，这种人与其他人没有什么两样，但在他身上却再现了一种普通原型。……大多数人、群众的形成往往意味着组成群众的个人欲望、思想观念和生活方式上的一致。”④

---

① ［英］阿兰·斯威伍德：《大众文化的神话》，冯建三译，生活·读书·新知三联书店2003年版，第3页。

② 贾明：《现代性语境中的大众文化》，上海人民出版社2007年版，第25页。

③ 潘知常、林玮：《大众传媒与大众文化》，上海人民出版社2002年版，第253页。

④ ［西］加塞特：《大众的反叛》，刘训练等译，吉林人民出版社2004年版，第6页。

综上所述，所谓大众社会就是一种区别于传统社会的现代性社会，是随着工业化和城市化的步伐逐渐形成的。大众社会的突出特点就是由一个个原子化的个体构成，个体之间的关系是短暂、松散、疏远的，而且每个个体都是相似雷同的，缺乏个性。

（二）大众文化的内涵：mass culture 与 popular culture

关于什么是大众文化，学术界一直都众说纷纭、莫衷一是。英国学者斯道雷分别从六个不同的方面来定义大众文化，我国学者金元浦先生也一共归纳出了关于大众文化的十几种定义。如此多的关于大众文化的定义充分说明了大众文化内涵的丰富性与复杂性。不过，如果我们把所有关于大众文化的定义进行归类，大致可以归为两类：一类是“mass culture”，另一类是“popular culture”。

“mass culture”最早是由法兰克福学派的霍克海默在写给洛文塔尔的一封信中提出的。“mass”在英语中有多数、大量的意思，指人时的意思就是“多数的人”“大量的人”。“mass culture”顾名思义就是指大多数人创造的文化。与中国文化强调集体主义不同，西方文化是强调个人主义的，强调个性、差异和与众不同。因此，“mass”一词在西方文化中带有贬义，是对没有教养的乌合之众的称呼。大众文化也就是指由一群乌合之众所创造的劣等文化。法兰克福学派将这种资本主义条件下的大众文化称为文化工业。文化的批量化、标准化、工业化生产使生产出来的文化产品都是千篇一律的，毫无个性可言。正如阿多诺所指出的那样：“文化工业一方面极力掩盖严重重复化的异化社会中主客体间的尖锐矛盾，一方面大批量生产千篇一律的文化产品，来将情感纳入统一的形式，纳入一种巧加包装的意识形态，最终是将个性无条件交出，淹没在平面化的生活方式、时尚化的消费行为以及肤浅化的审美情趣之中。”①

“popular culture”是以威廉斯为代表的英国伯明翰学派对大众文化的称呼。“popular”在英语中有流行、通俗的意思，“popular culture”就是指流行文化和通俗文化。威廉斯不赞成用“mass”这个带有贬义的词汇来形容大众文化，他主张用“popular culture”来代替“mass culture”，表明了他对大众文化的肯定和赞扬。他认为：“‘大众’与其说是那些从民众中寻求恩惠或权力的观点来看的，不如说是从民众的观点来看的。但这种

① 陆扬、王毅：《大众文化与传媒》，上海三联书店2000年版，第50页。

早期含义并未死灭。大众文化不是由民众而是由其他人来确认的，并且它仍然包含两重旧有含义：下等作品（与不同于通俗文学、通俗出版物的精致出版物相比较）；意在赢得青睐的作品（有别于民主杂志的那些通俗杂志和通俗娱乐节目）；也还有为很多人所喜欢的更现代的含义，当然在许多情况下与较早含义有重叠。大众文化的近期含义，是指民众为他们自己实际地制作的文化，这不同于所有那些含义。它经常被用来代替过去的民间文化，但这也是现代强调的一种重要含义。”① 也就是说，在威廉斯看来，大众文化是民众为自己创造的文化，是一种积极的文化。这个观点后来也成了伯明翰学派的主要观点。

总之，“mass culture”和“popular culture”分别从不同的角度反映了大众文化的内涵，并且两者是可以共存的。因为“mass culture”和“popular culture”说明了大众文化的不同特性，反映了大众文化不同的重要方面。

（三）大众文化的特征：商品化、大众传媒化、娱乐化、流行化

结合以上我们从“mass culture”和“popular culture”两方面对大众文化内涵的阐述，我们可以将大众文化的特征具体概括为以下几个方面。

1. 商品化

商品化是大众文化的一个重要特征。大众文化的生产和传播一般都是以市场运作的方式来进行的，制作出来的文化产品都是供消费者消费的，具有商品属性。法兰克福学派之所以将大众文化称为“文化工业”，就是因为“文化工业”这个词更能体现文化的工业化生产所体现出的商品性。正如詹姆逊所指出的那样：“大众文化产品和消费本身——与全球化和新的信息技术同步——像晚期资本主义的其他生产领域一样具有深刻的经济意义，而且完全与当今普遍的商品体系连成一体。”② 此外，大众文化还是一种文化商品，消费大众文化的过程也就是消费商品的过程。

2. 大众传媒化

大众文化是随着工业文明的兴起、随着大众传媒的发展而出现的一种文化形态。也就是说，大众传媒是大众文化产生的技术基础，大众文化是

---

① Raymond Williams, *Keywords: A Vocabulary of Culture and Society*, London: Fontana, 1976, p. 199.

② ［美］詹姆逊：《文化转向》，胡亚敏等译，中国社会科学出版社 2000 年版，第 140 页。

由大众传媒所传输的文化，大众传媒的特征决定了大众文化的特征。与传统媒体不同，大众传媒的最大特点在于：信息量大和受众数量大。因此，大众文化的主要特征就是："利用现代大众传播媒介（如电影和电视）成批地制作和传输大量信息并作用于大量受众。"①

3. 娱乐化

大众文化总是追求诉诸感官的娱乐效果，满足人们的娱乐休闲的需要、情感的需要、情绪宣泄的需要。大众文化的所有特征都可以在娱乐中体现出来，大众文化的所有内容都以娱乐的形式表现出来。娱乐已经渗透进了我们日常生活的方方面面。

4. 流行化

流行化也是大众文化的显著特征之一。大众文化的流行特征体现在：大众文化热衷于制造轰动效果，追求眼球效应，进而吸引大批粉丝的关注和追捧。当粉丝们的关注点和兴趣点发生转移的时候，人们又制造出新的亮点和热点来吸引受众。正如西美尔所指出的那样："东西不是生产以后才会变得流行的，东西是为了流行才生产的。"②

二　新媒体建构大众文化

虽然大众文化是随着大众传媒的兴起而出现的，但是以网络为代表的新媒体的出现更加促进了大众文化的繁荣。其中，网络的开放性和创新性特征与大众文化的内涵密切相关，它们分别从不同的方面进一步建构了大众文化。

（一）"开放性"建构大众文化：以"网络恶搞"为例

"开放性"是网络的非常重要的特征之一。正如诺顿所指出的那样："开放性是互联网的核心。开放性是互联网最大的力量所在，也是其力量之源泉。它是令人惊奇的复杂系统能够运行得如此之好的原因。"③ 在时间维度上，网络向过去和未来开放，不受时间限制；在空间维度上，网络向全世界每个角落开放，不受空间限制。网络是一个向任何人、任何组织都开放的公共平台。从理论上说，人们可以在这个平台上从事一切信息的

---

① 王一川主编：《大众文化导论》，高等教育出版社 2009 年版，第 10 页。

② ［匈］阿诺德·豪泽尔：《艺术社会学》，居延安译，学林出版社 1987 年版，第 257 页。

③ ［英］诺顿：《互联网：从神话到现实》，朱萍等译，江苏人民出版社 2001 年版，第 271 页。

生产、流通、交换、消费活动。虽然在现实中我们对网络进行了各种监管和控制，但也不能从根本上改变网络的开放性特征。对此，美国学者曼纽尔·卡斯特指出：“网络是开放的结构，能够无限扩展，只要能够在网络中沟通，亦即只要能够分享相同的沟通符码（例如价值或执行的目标），就能整合入新的节点。一个以网络为基础的社会结构是具有高度活力的开放系统，能够创新而不至于威胁其平衡。”①

笔者在前文中指出，所谓大众文化就是指大多数人创造的文化。而网络的开放性特征就正好为大多数人创造文化提供了很好的条件。近几年风靡于网络的“恶搞”现象就是这方面很好的例证。

恶搞现象起源于日本。“恶搞”在日本被称为“KUSO”，“KUSO”在日语里有“粪、烂”的意思，因此，恶搞是一种典型的低俗文化。这种低俗文化的主要任务就是颠覆主流文化和高雅文化。其实，恶搞现象在网络诞生之前就有，比如文学修辞手法中的戏仿和解构。只是在网络时代，网络的开放性给了每个人以恶搞的机会，恶搞也成了一种更为普遍的现象。

所谓网络恶搞就是指草根阶层在网络上以文字、图像、音乐、视频等为手段，以戏谑的、滑稽的、讽刺的表达方式对传统的经典作品和精英话语进行解构和颠覆，从而制造出狂欢式的、娱乐式的大众文化产品。比如，《一个馒头引发的血案》就是对电影《无极》的恶搞，它将《无极》中的主角替换为经理、助手、警察、舞女等，通过恶搞来使人们关注和思考现实生活中存在的一些问题。再比如，《春运帝国》就是通过恶搞来展现春运买票难、“黄牛党”猖獗等社会问题。

由此可见，网络恶搞掀起了一场网民的狂欢盛宴。巴赫金指出：“狂欢节语言所遵循和使用的是独特的逆向、反向和颠倒的逻辑，是上下不断换位的逻辑，是各种形式的戏仿和滑稽改编、戏弄、贬低、亵渎、打诨式的加冕和废黜。”② 既然狂欢是一种颠覆，那么它颠覆的就是精英话语和主流文化的垄断权，每个人都可以通过网络恶搞来表达自己的思想和话语权。网络恶搞也就建构出了大众文化的消费模式：大众不再是文化产品的

---

① ［美］曼纽尔·卡斯特：《网络社会的崛起》，夏铸九等译，社会科学文献出版社 2006 年版，第 570 页。

② 转引自徐震《“网络恶搞”的后现代意蕴》，《重庆邮电大学学报》（社会科学版）2007 年第 5 期。

被动接受者，而成了文化产品的主动建构者。这些文化产品也不再追求终极价值、深度思想、永恒真理，追求的是一种消费至上的商品价值、感官愉悦的娱乐效果、日新月异的流行趋势。

（二）“创新性”建构大众文化：以“网络流行语”为例

创新性是网络的灵魂，如果网络没有创新性，就不可能有任何发展，也就不可能像今天这么普及和受欢迎。网络的创新性主要体现在以下两个方面。一方面，从形式上看，各种新知识和新技术的不断出现构成了网络技术创新的条件。网络技术经过几十年的发展进步，目前已经成为人类最具创新性的技术之一。另一方面，从内容上看，网络的交互性、共享性、开放性等特征使每个人都可以成为创新者，都可以在网络空间中发布自己的创新成果。因而，网络空间的传播内容可谓是瞬息万变、丰富多彩，目前也已经成为创新性最强的空间之一。

网络的创新性特征带来了“网络流行语”的出现。网络流行语就是指：“在一定时期内，在网络聊天平台中被网民们普遍使用的聊天语言。带有很强的媒介性，是一定时期内社会政治、经济、文化、环境及人们心理活动等因素的综合产物，并在网络传媒的推动下盛行的词、短语、句子或特定的句子模式。”① 如 2008 年的“俯卧撑”，2009 年的“贾君鹏，你妈妈喊你回家吃饭”，2010 年的“给力”，2011 年的“伤不起”，2012 年的“元芳，你怎么看”，2013 年的“逆袭”。换言之，网络流行语充分体现了网络的创新性特征，因为网络技术和网络传播内容的创新是网络流行语形成的必要条件。同时，网络流行语是大众文化中的一种，与大众文化的本质特征一脉相承。

1. 技术性

与其他大众文化现象一样，网络流行语也具有技术性特征。现代科学技术是网络流行语产生的技术基础，因为如果没有网络技术，就不可能有网络交流，也就更不可能有网络流行语的产生。此外，网络流行语的发展也必须以现代科学技术为基础，因为网络流行语必须借助网络传播平台才能发展壮大。例如，现代网络技术和计算机技术可以建立更好的网络聊天平台，进而吸引更多的人到网络平台上聊天，这样才能产生更多的网络流

① 杨玲：《从网络流行语看大众文化特征》，硕士学位论文，华中师范大学，2006 年，第 11 页。

行语。

2. 商业性

笔者在前文中提到了商业性是大众文化的特征之一，网络流行语的商业性主要体现在以下两个方面。

一是从网络使用权上看，网络流行语具有商业性。网络流行语的使用离不开网络，而网络又不是每个人都可以使用的，必须要付出金钱。比如我们必须花钱购买电脑，必须交上网的费用，或者花钱去网吧上网，等等。这些金钱都直接或间接地流入了文化从业者的手中。因此，网络流行语是一种大众文化商品，我们必须要花钱才能购买到。

二是从网络流行语的改造上看，网络流行语也具有商业性。随着网络交流的日益普及，网络运营商将大量的金钱都投入到聊天软件的开发和改造之上。从网络聊天室到QQ，再到后来的微博、微信，等等，以及语音聊天、视频聊天这些聊天工具的出现，使“网络聊天更加丰富生动、愉悦、便捷，最重要的是大众文化运营商通过这个途径吸引了更多的产品使用者，使自己获得了利润”①。

3. 娱乐性

网络流行语的新颖、多样、奇特、怪异等特征充分体现了大众文化的娱乐性。在网络诞生以前，人们主要通过规规矩矩的文字进行交流。有了网络聊天平台之后，人们之间又有了数字和图案等多种多样、千奇百怪的表达方式。如520（我爱你）、88（再见）以及各种各样的图画表情。人们使用这些文字和图案并不是为了某个明确的功利目的，而仅仅是为了使聊天更加生动活泼，更加轻松愉快，达到娱人娱己的目的。

4. 世俗性

无论从反映对象还是追求趣味上看，大众文化都是一种世俗性文化。而网络流行语的话题内容和翻译取向都与大众文化的世俗性特征一致。网络是一个不同于现实空间的虚拟空间。人们在这个空间中不是面对面地交流，也就无所顾忌。每个人都可以敞开心扉，将面对面交流中难以启齿的事情放在网络上讲。因此，网络流行语的话题内容也就必然是世俗性的。此外，在翻译取向上，网络流行语也必然向世俗性靠拢，这样才能受到大

① 杨玲：《从网络流行语看大众文化特征》，硕士学位论文，华中师范大学，2006年，第27页。

家的欢迎。比如，“卖骚”是“Microsoft”音译过来的网络流行语。“骚”字在汉语中是非常不雅和俗气的，但是，只有翻译成“卖骚”才更能吸引大家的眼球，才更能体现出网络流行语的世俗性。

总之，网络流行语的技术性、商业性、娱乐性、世俗性特征与大众文化所具有的特征完全相符，也就是说，网络流行语进一步建构了大众文化，促进了大众文化的繁荣。

第三节　新媒体与视觉文化

一　“视觉文化”概述

“视觉文化”这个概念最早由匈牙利电影学家巴拉兹提出，他认为：“电影将在我们的文化领域里开辟一个新的方向。每天晚上有成千上万的人坐在电影院里，不需要看许多文字说明，纯粹通过视觉来体验事件、性格、感情、情绪，甚至思想。因为文字不足以说明画面的精神内容，它只是还不很完美的艺术形式的一种过渡性工具。”① 也就是说，在巴拉兹看来，电影的诞生是视觉文化出现的标志。

视觉文化是一个与印刷文化相对的概念，在这种文化形态中，图像取代文字成为文化的主因，视觉因素在文化中具有主导地位。下面我们从以下三个层面来理解视觉文化的内涵。

（一）文化的视觉化：视觉性成为文化主因

当代文化的各个层面都呈现出视觉化的趋势，视觉性已经成为当代文化生产、传播、接受的主要因素。人们的生活被各种各样的视觉刺激因素，诸如电影、电视、商品包装、书籍插图、服装设计、广告形象等等，所包围和诱惑。现在，我们已经生活在一个以视觉性为文化主因的时代。正如丹尼尔·贝尔所指出的那样：“目前居‘统治’地位的是视觉观念。声音和景象，尤其是后者组织了美学，统率了观众。在一个大众社会里，这几乎是不可避免的。……当代文化正在变成一种视觉文化，而不是一种

① ［匈］巴拉兹：《电影美学》，何力译，中国电影出版社1979年版，第28页。

印刷文化，这是千真万确的事实。”①

文化的视觉化从根本上推翻了许多传统印刷文化的观念，人们的世界观、价值观、审美观都受到各种各样视觉因素的刺激和影响。视觉图像成为当代文化领域里的“霸主”，许多非视觉领域也已经被视觉领域所霸占和殖民。海德格尔将这个以视觉性为主因的时代称为“世界图像时代”：“从本质上看来，世界图像并非意指一幅关于世界的图像，而是指世界被把握为图像了。……世界图像并非从一个以前的中世纪的世界图像演变为一个现代的世界图像；毋宁说，根本上世界成为图像，这样一回事情标志着现代之本质。”②“世界被把握为图像”就是指我们越来越倾向于用视觉化或图像化的方式来理解和解释世界，世界已经成为视觉化和图像化的世界。对此，美国学者米尔佐夫指出：“视觉文化并不依赖于图像本身，而是依赖于将存在加以图像化或视觉化的现代发展趋向。这种视觉化使现时代全然有别于古代和中世纪社会。这样的视觉化在整个现代时期是显而易见的，而它现在几乎已变成强迫性的了。”③

（二）读图时代的到来：图像取代文字

视觉文化时代的一个突出表征就是图像取代文字成了文化的主因，即读图时代的到来。这里的图像取代文字，不是指文字不存在了，而是指文字成了图像的“注脚”。读图时代就是指形象直观的图像取代抽象的文字成为人们阅读的主要领域，并且人们的日常生活也从以文字为主因的时代转向了以图像为主因的时代。

“读图”已经成为当今社会的一种流行趋势。从当前各种印刷物的出版情况来看，图像类读物越来越多。纯文字类读物已经失去对受众的吸引力，已经逐渐被图文并茂的读物所取代。很多传统经典的纯文字类读物在当代再版的时候都加入了很多插图，比如，林白的《一个人的战争》在出版了七版之后，又推出了第八版“新视像读本”。第八版“新视像读本”与前七版最大的不同就在于加入了画面——李津的200多幅名画。而正是这200多幅名画使第八版成为最受欢迎的一版。

---

①［美］丹尼尔·贝尔：《资本主义文化矛盾》，赵一凡等译，生活·读书·新知三联书店1989年版，第154页。

②［德］海德格尔：《世界图像时代》，见孙周兴编《海德格尔选集》，三联书店1996年版，第899页。

③ Nicholas Mirzoeff, *An Introduction to Visual Culture*, London: Routledge, 1999, p.6.

此外，从当前各种大众传媒的生存状况来看，图像传播类大众传媒比文字传播类大众传媒更加受到大家的欢迎，比如电视对报纸和书籍的冲击和压制。现在，绝大多数人了解当天的新闻更愿意通过电视，而非报纸。正如布尔迪厄指出的那样："电视在新闻场的经济实力和象征力上渐渐地占据了统治地位，因此报业面临着新的危机，不少报纸在电视的挤压面前销声匿迹了。"① 同时，很多文学名著被改拍成了电影或电视剧，人们主要也是通过观看影视作品来了解这些文学名著，而非阅读文学文本。因此，现在很多小说家写出来的小说都是为某导演或演员量身定做的"剧本"，都希望通过影视作品来传播自己的文学作品。

从文化政治的角度来看，"图像取代文字"的现象表现为一种"图像拜物教"。拜物教就是指人们对某种具有神奇魔力的物质的崇拜。图像拜物教就是指图像被"魅化"为一种神奇的东西，人们对图像所具有的这种神奇魔力的膜拜。

（三）视觉消费：炫耀性消费

视觉文化的一个重要表现就是视觉消费。所谓视觉消费就是指视觉成为消费者消费的主要方式，各种各样的形象成为消费者消费的主要对象，消费者的消费行为也越来越受到各种商品形象和服务形象的操控。

最早注意到"视觉消费"这一现象的学者是本雅明，他发现 19 世纪波德莱尔笔下的法国巴黎出现了一群"闲逛者"。他们整日在繁华的都市大街闲逛，眼睛不停地打量和欣赏着周围形形色色的商品世界，但并不花钱消费这些商品。看的行为本身就是一种消费，各种商品和服务也只有在被看和被展示的状态下才能成为消费品。消费者的消费行为被切割成了消费者的看与被看的消费品两部分。"如今在许多大都市里，购物者首先是一个'闲逛者'，一个视觉消费者，而且他们对前往的消费场所也有特定的视觉要求，往往是那些装修奢华、功能齐全、购物与休闲一体的大商场或购物中心，成为他们闲逛的场所。换言之，购物的快感不再单纯地来自对商品的拥有，更重要的是它依赖于过程中的种种视觉愉悦和心理满足。"②

视觉消费实际上是通过人们对各种商品形象的注视和观看来生产意义

---

① ［法］布尔迪厄：《关于电视》，许钧译，辽宁教育出版社 2000 年版，第 48 页。

② 周宪：《视觉文化的转向》，北京大学出版社 2008 年版，第 107 页。

和交换意义的过程。消费虽然只是个人行为，但是却具有公开展示的价值。也就是说，视觉消费不仅是消费给自己看，更是消费给别人看，因此，视觉消费也被称为炫耀性消费。炫耀性消费最早由美国社会学家凡勃伦提出，具体指超出了实用目的的消费行为。而且他认为炫耀性消费是有闲阶级的消费行为。凡勃伦将有闲阶级看成是有固定资产、生活休闲的上层阶级，他们的消费方式和生活方式为下层阶级和整个社会都提供了一个参照标准。换言之，"上层阶级设定的名望标准总是很少受到阻滞，它一般总会从上至下波及整个社会结构，对各阶层施加强制影响。这样带来的结果是，社会每一阶层都将上一阶层流行的生活模式当作自己最理想、最体面的生活方式，不遗余力地向它靠拢"。[①] 这种上下级之间的消费模仿等级运动有赖于视觉活动将物质消费转化为视觉消费。

二　新媒体建构视觉文化

（一）新媒体对"图像霸权"的建构

在视觉文化时代，图像能够取代文字夺取霸权的最有力的武器就是新媒体，新媒体是图像传播和图像霸权的最理想的载体和助推器。在新媒体时代，几乎所有的图像符号的生产和传播都离不开新媒体。新媒体利用自己的各种传播特征和技术优势将图像符号传播到我们日常生活的各个领域。新媒体时代的"传媒化生存"制造出"图像化生存"的生存方式，"图像化生存"又促使整个社会发生了图像转向和视觉转向。

新媒体的最重要的叙事特征就是多媒体表达的影像叙事。新媒体技术用"比特"取代"原子"的数字化特征能够使图像、声音、文字方便地相互转换，能够对世界上的各种信息进行重新"编码"和"解码"，利用"其强大的视听图像的造型功能，可以轻而易举地利用视频和音频等图、文、声、影打造图像和音响，直观而逼真地实现影像表意和声音叙事"[②]，进而为受众提供一个能够充分调动各种感官的视听直观的图像世界。互联网、数字电视、手机等新媒体提供给我们的主要不是供人们阅读的文字信息，而是供人们观看的图像信息。并且这些图像信息无处不在，"读图""读屏"取代"读字""读书"成为人们获取信息和审美体验的主要方式，

① 罗钢、王中忱主编：《消费文化读本》，中国社会科学出版社2003年版，第13—14页。
② 欧阳友权：《数字媒介下的文艺转型》，中国社会科学出版社2011年版，第21页。

人们由此进入了“读图时代”。

同时，新媒体的超文本和超链接技术打破了传统媒体的线性传播方式，使图像文本能有更深层次的发展空间，使人们在浏览图像的时候能够感受到图像背后还有一个更大的图像世界。尼葛洛庞帝用“身临其境”来形容新媒体的这一功能，他指出：“通过让眼睛接收到在真实情境中才能接收到的信息，使人产生‘身临其境’的感觉，更重要的一点是，你所看到的形象会随着你视点的变化即时改变，这就更增强了现场的动感。”① 总之，新媒体的超文本和超链接功能使人们进入了“所见即所得”的图像时代。

此外，新媒体的复制粘贴技术大大增加了信息传播的速度和广度，使原作品和复制品的差异不再存在，并且图像作品的修改也变得非常容易。任何人都可以利用数字化技术对同一作品进行不同的修改，使作品没有终极状态，永远处于待更新的状态。正如尼葛洛庞帝所指出的那样：“数字化高速公路将使‘已经完成、不可更改的艺术作品’的说法成为过去时。给蒙娜丽莎的脸上画胡子只不过是孩童的游戏罢了。在互联网上，我们将能看到许多人在‘据说已经完成’的各种作品上，进行各种数字化操作，将作品改头换面。”② 总之，复制粘贴技术“所要达成的都是具象而非抽象，是物象而非意象，是可以直观感知的形象或影像而非观念感悟性的理念或思想”③。因此，在新媒体中，图像取代文字夺取霸权也就是顺理成章的事情了。

（二）新媒体对“图像思维”的建构

新媒体不仅在叙事方式上使图像取代文字成为主要的叙事方式，更重要的是在思维方式上使人类从文字思维转向图像思维，在审美范式上从文字审美转向图像审美。新媒体技术的迅速发展为“图像思维”和“图像审美”提供了很好的平台，使视听图像的思维方式和审美方式全面融入了人们的日常生活。

首先，“图像思维”的确立并不是一步到位的。也就是说，“文字思维”并不是直接转向“图像思维”的，而是经历从“文字思维”转向

---

① ［美］尼葛洛庞帝：《数字化生存》，胡泳、范海燕译，海南出版社 1997 年版，第 140—141 页。

② 同上书，第 261—262 页。

③ 欧阳友权：《数字媒介下的文艺转型》，中国社会科学出版社 2011 年版，第 22 页。

“语词思维”，再从“语词思维”转向“图像思维”的过程。“文字思维”是建立在书写基础之上的，是一种真切体验式的思维。人们在“书写汉字时不是僵化的机械动作，而是生命的律动和表达，一笔一画、点横撇捺的过程是写心灵情怀，写精神性情、写生命体察，是完成特定的文化命意，其书写的结果（词）就在其书写的过程（字）之中，结果和过程是融为一体的”。[①] 因此，执笔书写汉字的过程也是人们对语言形象和生命对象的体验和感悟的过程。

然而，当电脑键盘取代笔成为人们的主要写作工具的时候，人类的思维方式也就从“文字思维”转向了“语词思维”。“语词思维”是建立在技术基础之上的，是一种程序代码式的思维。电脑键盘写作与执笔写作最大的不同就在于消解了汉字的结构和形象，因为电脑输入是一种技术性的符号编码，没有书写汉字时的一笔一画、点横撇捺的过程。没有了书写汉字的过程也就没有了书写过程中严肃认真、深思熟虑的心态，没有了理性的思考和深度的思想，也就没有了书法这种富有美感的艺术形式。写作过程完全成为机械操作和技术编码的过程以及感觉释放和娱乐撒播的过程。

新媒体的出现又使人类思维方式从“语词思维”转向“图像思维”，也就是说，“图像思维”是“语词思维”的新媒体延伸。在新媒体时代，新媒体技术的迅猛发展，使图像成为人们最主要的符号表意方式。网络、数字电视、手机等新媒体的广泛使用也使图像话语在日常生活中无处不在，图像思维也成了人们把握世界和理解世界的主要思维方式。

如果说“语词思维”消解了“文字思维”的理性逻辑和思想深度，那么“图像思维”就是对整个文字表意方式进行了彻底的颠覆。用视听图像的艺术审美范式霸占了文字表意的审美空间，图像审美取代文字审美成为当下人们主要的审美方式。人们的审美对象也从文学作品、书法等语言文本转向了网络图画、数字视频、手机图像等图像文本。

在新媒体时代，“层出不穷的新技术媒介总是长于创造图像而疏于文字表达，使这个社会的文化走势不断地向视觉文化转化而离文字越来越远，慢慢将数字化时代的文艺消费变成了数字审美和视觉消费，……我们需要做的和所能做的就是适应这种新的艺术转型，重构视觉文化的审美经

① 欧阳友权：《网络媒体对文学经典观念的解构》，载《贵州社会科学》2007 年第 12 期。

验”①。“图像思维”取代“文字思维”的过程也就是感性取代理性、通俗取代精英、娱乐取代批判的过程。人们在面对铺天盖地的各种图像和视频的时候，既要对“图像思维”取代“文字思维”所带来的负面影响要有警惕性和批判性，又要能够看到“图像思维”所具有的意义和价值。

第四节　新媒体与文化全球化

一　“文化全球化”概述

“全球化”是20世纪90年代以后被广泛使用的一个概念，也是后现代思潮中的一个重要方面。大概是指：世界上各个国家、各个民族在政治、经济、文化等方面日益广泛地联系在一起，以及在此基础之上形成的一个有机发展趋势。其中，文化全球化就是指不同文化体在全球范围内日益紧密地联系在一起，以及在此基础之上形成的一个有机的全球文化。正如著名社会学家费孝通在谈到“文化全球化”时所指出的那样：“未来的21世纪将是一个个分裂的文化集团联合起来，形成一个文化共同体，一个多元一体的国际社会。而我们现在的文化就处在这种形成的过程中。”②

具体而言，文化全球化包含两个方面：一是文化的同质化，即不同国家和民族之间的文化走向同一和通约的过程；二是文化的异质化，即不同国家和民族之间文化的差异性和独特性在全球化过程中被不断扩大的过程。并且这两个方面是相互联系、相互作用、相互渗透的，也就是说，文化全球化是一个兼具同质化和异质化的全球性互动的过程。下面我们从三个方面来进一步阐述文化全球化。

（一）文化的同质化：文化帝国主义

文化的同质化最显著的表现方式就是文化帝国主义。文化帝国主义是指“来自支配性国家的某些产品、时尚及风格得以向依附性市场进行传输，从而产生特定的需求与消费形态的运行方式，这些特定的需求与消费形态巩固和支持了其支配国的文化价值、观念和行为。在这种运行方式下，发展中国家的本土文化遇到外国文化，常常是西方文化的控制、不同

① 欧阳友权：《数字媒介下的文艺转型》，中国社会科学出版社2011年版，第328—330页。

② 费孝通：《从反思到文化自觉和交流》，载《读书》1998年第11期。

程度的侵犯、取代的挑战”。① 由此可见，西方发达资本主义国家在对发展中国家实施了政治、经济、军事霸权之后，在当代又实施了文化霸权，即将自己的文化价值观通过媒介、话语等渠道传递给发展中国家，使这些国家的价值观逐步西方化，进而使西方资本主义的文化价值观全球化、普世化。马克思在谈到这种文化格局时也指出：“资产阶级，由于开拓了世界市场，使一切国家的生产和消费都成为世界性的了。……过去那种地方的和民族的自给自足和闭关自守状态，被各民族的各方面的互相往来和各方面的互相依赖所代替了。物质的生产是如此，精神的生产也是如此。各民族的精神产品成了公共的财产。民族的片面性和局限性日益成为不可能，于是由许多种民族的和地方的文学形成了一种世界的文学。”② 具体说来，文化霸权主义主要体现在以下两个方面：

第一，大众文化消费的同质化。20 世纪 60 年代以来，西方发达资本主义国家凭借自身在政治、经济、媒介等方面的垄断优势，将西方消费主义意识形态传遍全球，进而在潜移默化之中改变全世界人民的消费观念、生活观念以及思维方式。以美国为首的西方发达国家生产并且输出了大量的消费商品，比如迪斯尼乐园、好莱坞电影、米老鼠、唐老鸭、摇滚乐等，借助现代化的通讯传媒在全球蔓延开来。现在以商业和娱乐为主要形式的大众文化产品在全世界随处可见，并且随着大众文化的全球化传播，西方消费主义意识形态流行于全世界。

第二，文化传播话语的同质化。“话语霸权”也是文化帝国主义的一个重要方面。正如美国学者萨义德在《东方学》一书所指出的那样：“东方是欧洲物质文明与文化的一个内在组成部分。东方学作为一种话语方式在文化甚至意识形态的层面对此组成部分进行表述和表达，其在学术机制、词汇、意象、正统信念甚至殖民体制和殖民风格等方面都有着深厚的基础。”③ 换言之，东方的意义在西方的话语中体现。在文化帝国主义的话语体系中，媒介具有决定性意义，因此文化帝国主义也被称为媒介帝国主义。在现实情况中，以美国为首的西方发达国家在文化传播方面具有垄断性的优势，世界上最大的 7 家传媒集团的总部都设在美国，“美国控制

① 蒋晓丽、石磊：《传媒与文化：文化视角下的传媒研究》，华夏出版社 2008 年版，第 303—304 页。

② 《马克思恩格斯选集》（第 1 卷），人民出版社 1995 年版，第 276 页。

③ ［美］萨义德：《东方学》，王宇根译，生活·读书·新知三联书店 1999 年版，第 2 页。

着全世界75%的广播和85%的有线电视收入，55%的票房收入，55%的家庭录像带销售，一半以上的唱片销售和30%的图书销售”。① 因此，世界上的信息都是从发达国家传向发展中国家，这也为文化传播话语的同质化奠定了坚实的基础。

（二）文化的多样化：多元文化主义

文化多样化最显著的表现方式是多元文化主义。多元文化主义是20世纪初萌芽于美国的一种政治思潮和文化政策，强调文化、种族、价值观等人类社会的各个方面都是多元的。多元文化主义这一思潮的正式形成是在加拿大，加拿大在20世纪70年代提出了“多元文化主义政策”，这一政策的推出迅速在全世界蔓延开来并引起剧烈反响，成为全球多民族国家解决民族矛盾的一个重要依据。具体说来，多元文化主义主要包含以下三个方面。

1. 文化表现样式的多元

文化表现样式的多元的基础是各民族之间地理环境、生产方式以及人文传统之间的差异，这些差异决定了文化的表现样式是多种多样的。文化不是与政治、经济等相并列的一个领域，而是人类生产方式、生活方式、思维方式等人类一切存在方式的综合体现。人类的存在方式是丰富多彩的，“它是由人的多种运动形式、多层面的存在形态、多样化的物质和精神结果、多重体制和社会关系组成的复杂总体”。② 因此，文化的表现样式也是多彩多样的。不同的民族有着不同的文化，每个民族的文化都是全球文化的重要组成部分，它们共同构成了多元文化主义的景观。

2. 文化主体的多元

随着全球化时代的到来，经济的全球化发展为文化的多元发展奠定了基础，使不同文化主体的自我意识和独立意识逐渐增强。所有国家和民族无论强弱和大小都试图在国际大舞台上充分展示自身的文化特色，争取自身文化发展的主动权。这一状况就必然导致文化主体呈现出多元化的特征。民族国家作为文化交流的主体在全球化的文化交往中努力捍卫自身在文化交流中的主体地位，捍卫本民族的文化传统。

---

① 尹鸿、李彬：《全球化与大众传媒——冲突·融合·互动》，清华出版社2002年版，第134页。

② 陈文殿：《全球化与文化个性》，人民出版社2009年版，第117页。

3. 文化价值的多元

文化价值的多元的根源在于人性的多元。德国哲学家卡西尔从文化符号学的角度阐明了多元的人性对于多元的文化价值的决定作用，他指出："人之为人的特性就在于他的本性的丰富性、微妙性、多样性和多面性；真正的人类符号并不体现在它的一律性上，而是体现在它的多面性上；文化符号不是僵硬呆板而是灵活多变的，语言、神话、艺术、宗教、科学是人类这种更高级的社会形式的组成部分和构成条件。"[①] 人性对于真善美这些价值观念的追求是多元的，这就使人们的文化价值观念也是多元的。

（三）文化的互动化：同质化与多样化的对立统一

文化的同质化与文化的多样化并不是绝对对立的两个方面，而是相互渗透、相互作用、相互制约的。也就是说，文化的全球化是一个兼具同质化和多样化的双向互动的过程，不同文化体在全球范围内相互交融实现文化创新的过程，即文化的互动化。文化的互动化是文化的同质化与文化的多样化相互作用的结果。文化同质化促进文化多样化的发展，当不同文化体在全球范围内深入交流的时候，如果相同因素越来越多，就会激发不同文化体努力保持自身的文化个性，以维持自身在全球范围内的独立性和特殊性；同样，文化多样化也会反过来促进文化同质化的发展，当不同文化体在全球范围内深入交流的时候，如果不同因素越来越多，就会激发不同文化体努力寻找彼此之间的共性，使自身在全球范围内与其他文化体保持联系。

由此可见，文化的全球化是文化的同质化与多样化的对立统一。不同文化体在全球范围内相互融合、相互转化，最后达成"和而不同"的状态。"和而不同"就是指在保持自身独立性的前提之下保持与他人的沟通和交流，进而达到整体和谐的状态。文化全球化范畴下的"和而不同"就是指不同文化体在承认"差异"的基础之上，通过沟通和交流最后达成相互融合、相互依存的共生模式。"对于每一个民族国家而言，其现有文化中都包含有同一性和多样性的成分，都处在选择、吸收、同化他民族文化中有益成分成为自己文化的构成性要素的过程中。"[②] 也就是说，本土文化在吸收外来文化的过程中必然要对外来文化进行本土化的改造，从

---

① 陈文殿：《全球化与文化个性》，人民出版社 2009 年版，第 117—118 页。

② 苏国勋等：《全球化：文化冲突与共生》，社会科学文献出版社 2006 年版，第 104 页。

而形成本土文化与外来文化“杂交”的状态。

美国迪士尼动画片《花木兰》就是这种“杂交”文化的典范，它将迪士尼（西方文化）与花木兰（中国文化）结合起来。在中国，花木兰的故事是一个关于花木兰代父从军的孝道传说，但是迪士尼在这部动画片中加入了女性主义、个人主义等西方文化的元素。因此，“《花木兰》这部片子已经不单纯属于某一国的文化，它成为跨文化的文本，例如：旧与新、传统与现代、东方与西方、集体主义与个人主义、女性服从与女性解放、孝道的奉献与父女双向沟通等。而且受迪士尼公式、属性与中国、日本艺术影响，无论是在内容还是形式上都产生了文化杂交，形成了全球文化”。①

二　新媒体建构文化全球化

全球化首先应该是传媒的全球化，也就是说，传媒的全球化是文化全球化形成的重要原因。正如杰姆逊所指出的那样：“我相信全球化是一个传播性概念……我们有一感觉，即今日的传播网络以更密集和更广延的情势遍布全世界，这些网络一方面是各种通讯技术重大革新的结果，另一方面又以世界各国至少在其大城市里益趋更大程度上的现代化为其基础，这一现代化包括了此类技术的植入。”② 因此，网络新媒体的诞生和普及促使文化全球化的进一步发展，一方面以美国为首的西方发达国家利用其对网络技术的垄断对发展中国家进行文化殖民，使文化全球化在很大程度上表现为以西方文化为主导的文化帝国主义；另一方面网络本身的技术特征又使各种文化体能够保持自身的个性，文化全球化在很大程度上又表现为多元文化主义。虽然文化全球化的这两个方面是相互矛盾的，但是网络新媒体最终还是能够促使不同文化体之间的交流互动，将文化全球化推向“和而不同”的新阶段。

（一）网络建构文化帝国主义

在网络时代，美国掌控了网络资源和网络技术的绝对霸权。美国的互联网用户占全球用户的54.7%，高居世界第一，接下来是日本、加拿大、

---

① 蒋晓丽、石磊：《传媒与文化：文化视角下的传媒研究》，华夏出版社2008年版，第300页。

② Fredric Jameson, “*Notes on Globalization as a Philosophical Issue*,” in: *The Cultures of Globalizaton*, Duke University Press, 1998, p. 55.

德国，发展中国家的网络用户占全球比重还不到20%，接近90%的数据库都集中在美国。此外，美国还控制了全球网络最核心的技术，基本浏览器IE、操作系统Windows、中央处理器CPU都是美国制造。全球互联网的根服务器也是由美国掌控，控制了根服务器也就控制了全球网络的命脉。美国可以随意停掉任何一个国家的域名解析，使这个国家不能通过域名来访问网站，进而导致这个国家的网络彻底崩溃。由此可见，以美国为首的西方发达国家垄断了信息的访问权、发布权、传播权，他们通过网络对发展中国家进行文化殖民。在网络空间中，“文化霸权主义者会驾驶他的战车横冲直撞，对与他们异质的文化横加鞭挞。他们会充分利用网络给他们带来的一切便利，到处去宣传自己的意识形态和文化风格，他们会毫不顾忌其他异质文化的特点，试图去‘说服’别人放弃自己的文化信仰而接受他们的文化理念。当遇到阻碍的时候，西方文明会采取各种方法去‘融解’它，同化它，直到摧毁它”。① 这就是网络文化帝国主义的重要表现形式。

此外，网络文化帝国主义的另一种重要表现形式是语言霸权。互联网诞生于美国，因此，网络上的主导语言是英语。在网络上，英语内容超过了90%，网络的操作系统和核心技术都是用英语来编写的，可以说网络就是一个由英语所组成的世界。众所周知，任何语言符号都承载着一定的文化意义，语言的形式决定了语言所传递的文化内容。“语言符号的传递必将蕴含在其中的文化意识传递开去，而且随着这种符号体系的广泛渗透而表现出特定的文化权力意志。当一个人自觉不自觉地使用另外一种文化符号或话语体系时，这个人必然会在价值观、民族意识等深层面作出相应调整或改变。”② 所以，当英语在网络上大行其道的时候，也就是以美国为首的西方文化在网络上实施文化帝国主义的时候。其他非英语国家在受到英语所承载的西方文化的冲击之下，逐渐被外来的异质文化所同化而丧失了自身的文化空间，本民族的传统文化也将逐渐萎缩和消亡。

（二）网络建构多元文化主义

网络不仅可以在全球建构文化帝国主义的文化景观，还可以使不同的和异质的文化在全球共存，进而建构出多元文化主义的文化景观。其中现

---

① 严耕、陆俊、孙伟平：《网络伦理》，北京出版社1998年版，第82页。

② 魏明革：《全球化背景下的网络帝国主义及应对》，载《当代传播》2011年第1期。

实文化与虚拟文化的共存就是网络多元文化主义的一种重要表现形式。现实文化的基本构成单位是原子，是人类在其全部历史进程中所创造的物质财富和精神财富的总和；虚拟文化的基本构成单位是比特，是人类利用数字技术和网络技术在现实空间之外的虚拟空间中所创造的一个多维的世界。“当我们进入网络的虚拟世界后就会发现，网络上所见到的并非都是现实中已经实现或可能实现的，网络既展示着现实文化，也展示出在现实中不可能出现的事物——虚拟文化，把人们的梦幻变成一种网上的真实。”① 现实文化是人们在现实空间中唯一可以选择的对象，而人们在虚拟空间中既可以选择现实文化的内容，又可以选择现实中不存在的虚拟文化的内容。也就是说，人们如果在现实世界中选择了一种可能性，就不能再选择其他可能性了。但是，人们在虚拟世界中就可以进行多元化的选择，既可以选择现实的可能性，也可以选择非现实的可能性。因此，网络虚拟空间中的文化是多元的，是丰富多彩的。它能够把人们现实中的生活方式与想象中的生活方式都汇集在虚拟空间中供人们自由地选择。

“点对点”的交互式传播是网络的一个重要特征，这也使网络不会被少数人所垄断。每个人既可以是文化的接受者，又可以是文化的传播者。因此，网络这个虚拟空间给每一种文化都提供了生长的土壤，能够让每一种文化都能够按照自己的个性自由发展，能够实现各种文化在全球范围内的平等和共享。不同国家、不同民族都可以将自己的文化产品发布到网上，人们在网上就有了多元的信息渠道和文化选择。

此外，“多媒体”也是网络新媒体区别于传统媒体的一个重要特征。“多媒体”就是指：“它必须能从一种媒介流动到另一种媒介；它必须能以不同的方式述说同一件事情；它必须能触动各种不同的人类感官经验。”② 换言之，报纸、广播、电视等传统媒体只能固守单媒体的传播方式，民族国家在选择适合于自身文化特点的传播方式时就会受到很大的限制。而互联网的多媒体传播方式使每一个民族国家都可以充分自由地选择一种或多种适合于自身文化特点的传播方式来向全世界充分展示自身的文化魅力。

综上所述，虽然网络文化有文化帝国主义的趋势，但是这并不妨碍文

① 鲍宏礼：《论全球化时代的网络文化特质》，载《学术论坛》2003 年第 6 期。

② 尼葛洛庞帝：《数字化生存》，胡泳、范海燕译，海南出版社 1997 年版，第 91 页。

化的多元化生存和发展。无论是西方文化还是东方文化、传统文化还是现代文化、大国文化还是小国文化，在网络空间中都具有独立自主性，没有高低贵贱之分。并且新媒体的全球共享使“各国文化日益走向沟通与整合，在保存各自传统特点的前提下互通有无、共同发展，达成各种区域文化资源的全球共享，从而最终实现‘和而不同’（即多样性的统一）的世界文化新格局——这正是我们所认同的文化全球化的真正意义所在”。①

① 范龙、王潇潇：《试论网络时代的文化全球化》，载《湖北大学学报》（哲学社会科学版）2010 年第 1 期。

第六章

新媒体与后现代主义文艺形态

第一节 新媒体与后现代语境下的新闻：网络新闻的后现代性

在新媒体时代，新闻的传播载体由报纸、广播、电视等传统媒体变为以网络为代表的新媒体。新媒体与新闻的结合产生了一种新的新闻形态，即网络新闻。网络新闻，顾名思义，就是以网络为传播载体的新闻。根据麦克卢汉的“媒介即信息”理论，网络这种新媒介必然也给新闻带来一种新的尺度，颠覆了传统新闻的诸多观念，在本质属性、创作方式以及价值追求方面都建构出了属于自己的特征，并且这些特征也体现出了网络新闻的后现代性。

一 网络新闻的反本质主义

在本质属性上，网络新闻与传统新闻的最大不同就在于网络消解了传统新闻的本质，网络新闻没有自身的本质属性。那么，传统新闻的本质是什么呢？新闻之所以被称为新闻的本质属性又是什么呢？

现在我们经常可以听到人们在抱怨：“现在的新闻越来越不像新闻了。”人们之所以发出这样的抱怨，说明新闻肯定还是有一个属于自己的本质属性。我们平时在各种媒体所看到的新闻仅仅是新闻现象而已，在各式各样的新闻现象背后必然有个共同的本质，这个共同的本质使新闻成为新闻。任何人类活动的产生都必然是为了满足人类的某种需要。正如我国哲学家孙正聿所指出的那样：“人类把握世界的任何一种基本方式——无论是常识的还是科学的，艺术的还是伦理的，宗教的还是哲学的——其存在的最终根据是什么？显然，它们之所以能够相互区别和各自独立地构成人类把握世界的各种‘基本方式’，是因为它们对于构成人的世界具有不可或缺的独特价值，并且各自的独特价值是不可替代的。”① 新闻这种人类活动的产生就是为了满足人们对于事实信息的需求。因为人生在世必然需要了解身边各种各样的信息，“新闻传播活动就是人类信息交流需要的产物，是根据人类生存与发展需要而创造的一种社会性信息交流活动”。因此，新闻的本质就是“客观存在的事实信息”。②

然而，网络新闻却没有这样的本质，换言之，网络新闻不一定就是客观存在的事实信息。这是因为网络的诸多特征消解了新闻的本质。网络是个性化的媒体，人们可以通过博客、微博、微信等渠道在网络上相对自由地发布信息，不需要遵守传统新闻对于新闻人应该客观、真实、准确地报道和挖掘事实真相的要求。“传播者可以将强烈的感情色彩和价值判断植入新闻话语中，越来越多的新闻文本用传统的新闻标准去衡量，已经不是新闻了，而更像是文学故事，更像是散文，更像是发表主观见解的议论文章。至于新闻叙述的方式，也是随心所欲，五花八门。”③ 传统新闻的叙述方式通常都是“倒金字塔结构”，将所有新闻信息都安排在同一层面上线性展开，因此，所展开的基本上都是最关键的事实信息。而网络新闻的叙述方式通常是“超文本结构”，这种结构是非线性的，由若干层次构成：第一层为新闻的骨干，第二层或第三层为与新闻骨干相关的背景、细节等。第一层与第二层或第三层之间用超链接的方式连接起来，读者可以根据自己的兴趣进入不同的层次详细阅读。由此可见，网络上所传播的“新闻”不一定就是客观的、真实的事实信息，还有很多主观的、非真实的背景介绍和评论见解等等。但是，它们都可以称为网络新闻，因为网络新闻是没有本质属性的，是反本质主义的。

反本质主义是后现代哲学最主要的特征之一。传统哲学家都提倡本质主义，他们认为任何事物都有一个不变的本质（新闻显然也有一个本质），人们可以透过千变万化的现象去把握这个共同的本质。反本质主义

① 孙正聿：《崇高的位置》，人民出版社 2010 年版，第 4 页。

② 蒋晓丽、张骋：《新闻的终结？新闻的转向？——新媒体语境下的新闻宿命》，载《新闻界》2012 年第 18 期。

③ 同上。

者则认为，本质主义者所主张的那个不变的本质是不存在的，人们对于这个本质的追求也是徒劳的。

维特根斯坦是反本质主义阵营中的重要人物，他提出的“语言游戏”和“家族相似”理论都是反本质主义的。在维特根斯坦看来，语言是一种游戏活动，语言的意义并不是由语言本身所决定，而是由其使用方式决定。语言的使用方式又是由人们的生活习俗所决定，因此，语言游戏是生活习俗的产物，有多少种生活习俗，就有多少种语言游戏。并且各种语言游戏之间没有共同的本质，只有“家族的相似”。维特根斯坦在考察了棋牌游戏、球类游戏、奥林匹克游戏之后指出：“我们还可以用同样的方法考查许多许多其他种类的游戏；我们可以看到相似点是怎样出现又消失的。这种考察的结果是：我们看到了相似点重叠交叉的复杂网络：有时是总体的相似，有时是细节的相似。”① 这种游戏之间的相似就是维特根斯坦所说的“家族相似”。“家族相似”理论就是指世界上的各种事物之间就像同一个家族内部的各个成员之间一样只具有相似性，并不存在共同的本质。因此，“语言游戏”和“家族相似”都是维特根斯坦消解本质的重要概念。

此后，法国哲学家罗蒂是站在实用主义立场上来消解本质主义的。罗蒂认为，所谓的真理与事物的本质无关，人们在认识事物的时候不是去认识某个先验的、自在的本质，而是与使用这一事物的过程相关。也就是说，人们认识某事物所得出的结论也就是人们在使用了这一事物之后所得出的结论。正如他在《后哲学文化》一书中所指出的那样：“一个信念之真，是其使持此信念的人能够应付环境的功用问题，而不是其摹写实在本身的存在方式的问题。”② 因此，在罗蒂看来，任何事物都没有固定不变的本质，其属性都与人的功用目的密切相关。它们的对于人类来说有多少种功用目的就有多少种属性。

二　网络新闻的反主体主义

在创作方式上，网络新闻与传统新闻最大的不同就在于网络消解了传统新闻的主体性，网络新闻是反主体主义的。

---

① ［奥］维特根斯坦：《哲学研究》，生活·读书·新知三联书店1992年版，第45—46页。
② ［法］罗蒂：《后哲学文化》，黄勇译，上海译文出版社1992年版，第1页。

主体性是传统哲学反复强调的核心问题之一。在人与自然的关系方面，主体性将人视为主体，视为世界的中心。人可以不受外在世界的干扰，独立自主地思考和行动。自然世界是外在于人的客体，受人的控制和支配，如康德所强调的“人为自然界立法”。在人与人的关系方面，主体性以自我为中心，将自我视为主动的主体，将他人视为被动的客体，他人受自我的控制和支配。总而言之，主体性哲学强调主体与客体的二元对立，人和自我是主体，自然界和他人是客体。传统新闻的创作方式显然是具有主体性的，因为传统新闻的报道者和受众通常都是固定的，报道者通常都是专业机构的职业新闻人，其余的人都是固定的受众。此外，传统新闻的载体大众传媒通常都是受人支配的，是人们主动传播信息的工具。

然而，网络新闻的创作方式是消解主体性的。这主要体现在以下两个方面：

一方面，网络新闻创作的主体间性消解了主体性。网络与传统媒体的最大区别就在于网络的传播方式是“点对点”的双向互动传播。这就使网络新闻的创作者不仅是职业新闻人，日常生活中的所有人都可以成为网络新闻的创作者，再也没有了传播者和受众的固定区分，每个人都可以成为传播者和记者，同时，每个人也都可以成为受众。这种以非专业新闻工作者为传播者的网络新闻又被称为公民新闻。公民新闻是20世纪90年代产生于美国的一个重要概念，具体指：“公民个体或群体（主要是非专业新闻工作者）通过专门化的网站、非制度化的自媒体、小众媒体等传播渠道，积极主动地参与事件报道和时事评论的一种社会活动。”① 正是这种“人人都是传播者”的公民新闻消解了主体性，因为它们是主体间性的产物。“主体间性”是后现代主义哲学消解主体性的一个重要概念，最早是由胡塞尔提出来的。所谓主体间性就是指多个先验自我共同地存在，并且这种共同的存在使客观世界先验地成为可能。之后，海德格尔也提出：“人从来就不是简单地或原初地作为具体主体与世界并列，无论人是单个或群体，都是如此。他原则上不是一种其本质存在于主体—客体关系中的意向地指向客体的（认识论的）主体。相反，人在本质上是首先存在于存在的开放性中，这种开放性是一片旷野，它包括了主—客体关系能呈现

① 申金霞：《自媒体时代的公民新闻》，中国广播电视出版社2013年版，第11页。

于其中的‘中间’地带。”[①] 也就是说，海德格尔也将“人与他人的共在”视为此在的存在方式。哈贝马斯提出的公共领域也是建立在主体间性之上的，每个人都可以在公共领域内自由、平等地对话交流。

另一方面，网络以及新媒体本身也是对主体性的消解。网络上无限丰富的信息资源虽然扩大了人们的认知范围，但是人们认知、处理信息的能力毕竟是有限的。在面对浩如烟海的信息的时候，人们就会不知所措，丧失独立思考和行动的能力，成为信息的奴隶，被信息所异化。这种“信息拜物教”控制了人们的感觉、思想和行动，消解了人的主体性。同时，互联网、手机等新媒体本身也消解了人的主体性。新媒体时代的传媒化生存使人们对于新媒体的依赖达到了空前的程度，产生了一大批“屏奴”和“网奴”。正是这种对于新媒体的过分依赖使人们丧失了能动性和创造性，进而丧失了主体性。

反主体主义也是后现代哲学的重要特征。在反主体主义者看来，作为中心概念的人以及人的主体性并不存在，人不是世界的中心，自我也不是他人的中心。后现代哲学家福柯就通过考古学方法对“人”这个概念进行了考古，进而得出结论：人并不是永恒的、无限的存在物，也不是超历史、超文化的东西，仅仅是“特定历史时代的一种认识论的建构”。[②] 不仅人是被建构的，而且人的主体性也是被建构出来的。在福柯看来，所谓的人的主体性“不是一个隐藏在表面表现下面的、由诸多心理学和社会学等科学研究的深层的哲学实在。……它本身是一个没有深层结构或深层原因需要被解释的表面现象”。[③] 他认为，人类主体是被外在于人的“知识型”所建构的，换言之，“知识型”先于人类主体而存在。

三　网络新闻的消费主义

在价值追求上，网络新闻与传统新闻也存在着根本性的区别。人们阅读传统新闻更多的是为了获得客观、真实、重大的事实信息，而阅读网络新闻更多的是为了消费。消费主义是得到当代西方资本主义社会普遍认可的“一种价值观念和生活方式，它煽动人们的消费激情，刺激人们的购买欲望，消费主义不在于仅仅满足‘需要’，而在于不断追求难于彻底满足

① 陈嘉映：《海德格尔哲学概论》，生活·读书·新知三联书店 1996 年版，第 406 页。
② 王治河：《后现代哲学思潮研究》，北京大学出版社 2006 年版，第 125 页。
③ 同上书，第 124 页。

的‘欲望’。‘消费主义’代表了一种意义的空虚状态以及不断膨胀的欲望和消费激情”。[①] 在消费主义思潮的引领之下，商品的使用价值不再是人们的消费目的，人们消费追求的是炫耀性、象征性、时尚性的符号价值，并以此作为人生的价值目标。既然消费主义思潮渗透进了社会生活的各个方面，那么，作为也已经渗透了社会生活各个方面的网络自然而然也受到了消费主义思潮的影响，于是，也就产生了网络新闻的消费主义倾向。网络新闻的消费主义是指以市场为导向、以消费为立足点的一种新闻生产和传播理念。网络新闻一方面大力鼓吹消费主义意识形态和生活方式；另一方面，网络新闻本身也成为人们的消费对象。具体而言，网络新闻的消费主义主要体现在以下三个方面。

（一）报道内容的转换

报道内容的转换主要体现在“硬新闻”向“软新闻”的转换。传统媒体所传播的新闻以关系到人们切身利益的硬新闻为主。因为传统新闻都是遵守新闻专业主义的理念，新闻专业主义将新闻看成是公民社会的一个子系统，新闻的生产、加工和传播都是为作为公民的受众服务，所以传统媒体在选择新闻的时候都是以能够满足作为公民的受众的信息需要的硬新闻为主。

然而，网络媒体传播的新闻以富有人情味和趣味性的软新闻为主，因为网络新闻遵守的是新闻消费主义的理念。新闻消费主义将受众看成是消费者，新闻就是为了满足消费者的消费需求和欲望。消费者的消费需求和欲望的满足又是以追求快乐为主。因此，网络媒体在选择新闻的时候都是以能够满足人们消费需求和快乐追求的软新闻为主。这些软新闻更加贴近生活，贴近娱乐，贴近休闲。

（二）主体形象的转换

主体形象的转换主要体现在新闻所塑造的主体形象从著名的政治领袖、生产英雄等先进人物转向娱乐明星、体育明星等消费偶像。传统新闻强调其作为社会子系统的功能和作用，强调尽可能多地向广大人民群众提供有用的、有价值的信息。因此，传统新闻所塑造的主体形象主要是与国计民生密切相关的政治人物或者是与人们的日常生活密切相关的生产

① 王宁：《消费社会学》，社会科学文献出版社 2001 年版，第 145 页。

英雄。

然而，网络新闻的主体形象却发生了相应转变，各种娱乐明星、体育明星占据了越来越显著的位置。他们的生活方式、兴趣爱好、个人隐私都成了网络新闻挖掘的重点。这些对于各种明星的新闻报道都是通过满足受众的感官欲望和审美体验来提高收视率。各种各样的明星都被网络新闻包装成了“消费偶像”而受到人们的推崇和膜拜。

（三）叙述方式的转换

在叙事方式上，传统新闻都是采用客观、真实、准确、公正的叙事方式。而网络新闻为了实现消费主义的价值追求，往往采用多种多样的叙述方式。用故事化和亲近性的手法来叙述新闻事实，突出新闻事件中的悬念和矛盾冲突，重视对话、心理、场景等细节的刻画，注意各种文学修辞手法以及口语、俗语、情语等陈述手法的运用。20世纪实务新闻学最激进的一种报道理论新闻主义也是新闻消费主义思潮的具体体现。

同时，网络新闻的叙述视角也更加多样化，“对于同一新闻故事，网站往往采取网络专题的形式，通过博客、播客、微博、个人空间、论坛、评论等方式，大量采用受众个性化的叙述视角对新闻故事进行叙述，获得同一新闻故事的不同版本，从而实现对同一新闻故事的多重和多次消费。尽管新闻故事本身没有发生任何改变，但因为富于高度个性化和独家性的有限人物视角的采用，个人对新闻故事的情感、意志和态度等得以注入叙述文本，使得新闻故事叙述文本带有显著的个人化色彩”①。

第二节　新媒体与后现代语境下的文学：网络文学的后现代性

笔者在上一节中论述了新媒体给新闻带来一种新的尺度，造成了新闻的转向。那么，新媒体又会给文学带来什么样的新尺度？文学的文本形态、创作方式、叙事方式、接受方式、功能价值会发生怎样的变化？众所周知，传统的文学理论对于文学的经典定义为：“文学是审美的语言艺术。”然而，后现代的日常生活审美化使文学文本发生了转向，即从传统的语言文本转向了日常生活；文学的功能价值也从审美转向了消费。

① 聂志腾：《消费主义视域下的网络新闻叙述视角》，载《新闻界》2010年第6期。

在新媒体时代，新媒体与文学的结合产生了一种新的文学形态：网络文学。网络文学的平面化、大众化、交互性、超文本等特征是对后现代语境下文学的最好诠释。也就是说，网络文学充分体现了后现代的特征。

一 网络文学的界定

自从网络文学诞生以来，对于网络文学的界定一直都是众说纷纭、莫衷一是。迄今为止，我们可以将关于网络文学的定义分为以下三个层面：从广义层面上讲，网络文学就是指在网络上传播的文学，即载体为互联网的文学作品。它包括在网络上首创的文学作品以及古今中外已出版的纸质文学作品在网络上的电子版。换言之，广义层面的网络文学与传统文学没有内容和形式上的区别，只是载体发生了变化，即从物质性的纸质文本变为数字化的互联网。

从中义层面上讲，网络文学就是指在电脑上首创和在互联网上首发的文学作品。由此可见，中义层面的网络文学不仅在载体上不同于传统文学，在内容和形式、创作方式、叙事方式等各个方面也不同于传统文学。

从狭义层面上讲，网络文学是指只能在互联网上创作和发布的文学作品，或者是完全依靠特定的创作软件在网络上自动生成的文学作品。狭义层面的网络文学完全依赖于网络而存在，一旦离开网络就不能生存。并且它还充分体现了互联网的各种技术特征：超文本、多媒体，等等。因此，狭义层面的网络文学完全不同于传统文学，是真正意义上的网络文学。

总之，网络文学的这三个层面分别“对应于网络与文学关系的三层意义：在第一层，网络仅仅是网络文学的载体；在第二层，网络是网络文学的家园（书籍不过是其可能旅居的客栈）；在第三层，网络是网络文学的血肉，是它的不可分离的组成部分。反过来，似乎也可以这样说：在第一层意义上，网络文学是网络的一种资源，是网络信息库的有机组成部分；在第二层意义上，网络文学是网络发展的写照，是活跃于网上的网虫、网友或网民情思的表达；在第三层意义上，网络文学是网络理念的印证，显现了数码叙事的魅力”。①

---

① 黄鸣奋：《从网络文学到网际艺术：世纪之交的走向》，载《江苏社会科学》2005 年第 1 期。

综合以上三个层面对于网络文学的界定，我们可以给网络文学下一个宽泛的定义：网络文学是依赖于数字化的网络技术而发展起来的，充分体现网络的交互性、超文本、大众化、开放性等特征的一种新的文学形态。它是由网民在电脑上首创，在互联网上首发，以日常生活为题材，供广大网络用户欣赏和互动的一种原创文学形态。

二　网络文学创作主体的后现代性

主体性的丧失是后现代性的一个重要特征。从尼采的“上帝之死”到福柯的“人之死”，再到罗兰·巴尔特的“作者已死”，无不体现了主体性的消亡。也就是说，在后现代语境下没有了主体与客体的二元对立，语言、文本、主体间性、文本间性等一系列后现代概念取代了主体、客体等传统概念。

传统文学的创作主体都是受过专业知识训练的作家，主体身份和社会分工都非常明确。作家和读者之间的区分是非常清楚的，作家的职责是传承思想文化，追求艺术创新，而读者就是这些思想文化和艺术创新的接受者。传统文学的作家概念是建立在传统认识论的主客体二元对立的思维之上。作家是主体，读者是客体，主体作家主动地创作文学作品，客体读者被动地接受文学作品。

然而，网络文学的创作者是以“主体间性”的方式存在的。主体间性将传统认识论主客体二元对立的“我与他”的关系转换为自我主体与对象主体的相互依存、相互对话的“我与你”的关系。网络文学创作者的主体间性主要体现在以下两点：

一方面，网络的交互性、开放性等特征使网络文学的创作者分散在不同的网络节点之上，他们通过在线的沟通与互动将传统文学的“主体—客体”的创作模式转变为网络文学的“主体—主体”的创作模式。这样，每个人都有在网络上发言的机会，每个人都可以在网上创作和发布作品。网络上的文学作品通常都不是由一个人完成的，而是由许多互不相识的网民共同完成的，并且永远处于流动和未完成的状态。

另一方面，网络文学数字化的写作方式也会导致创作者的主体间性。正如马克·波斯特在《第二媒介时代》一书中所指出的那样：“数字化很容易造成文本的多重作者性。一个文件可以用多种方式在人们之间交换，每个人都能在该文本上实施操作，结果，无论是在电脑屏幕上抑或打印到纸面上，每个人都将在文本上留下自己的印记，又都隐藏了所有签名的痕迹。”①

总之，在网络文学中，传统文学的作家概念逐渐消失，每个人都可以成为文学的创作者，每个人都可以成为作家，再也没有了文学家与非文学家、作家与读者的区分。

此外，网络文学还可以依靠特定的创作软件在互联网上自动生成，这也就彻底消解了创作者的主体性，彻底消解了传统文学的作家概念。因为这种自动生成的创作方式“不仅绕开了文学主体在创作前的生活体察、创作中的心灵震撼和作品中的真情蕴涵，而且绕开了主体本身，让‘作家’失去了饭碗，任机器和技术把创作推向了非主体化和非人化的危途。罗兰·巴尔特所说的‘作家死了’似乎被数字化技术印证成了谶语箴言，因为没有作家同样能写作，甚至写得更快，抑或更好”。②

三 网络文学叙事方式的后现代性

传统文学的叙事方式是传统“文房四宝”的在场性线性书写；而网络文学的叙事方式是以比特为基本单位的数字化书写。比特是数码信息的最小单位，没有颜色、尺寸、重量，可以无限储存和自由压缩转换。网络文学以比特为基础的叙事方式将推翻结构主义语言学的语言系统结构，形成后现代的语言指涉方式。

结构主义语言学将语言看成是一个自足的符号系统。语言的意义不是由它所指涉的外在的客观事物所决定，而是由语言符号系统内部的差异性所决定。每个语言符号都由能指和所指两部分组成，能指指形式，所指指意义。并且能指和所指都是稳定的、不可分割的，它们的结合也是约定俗成的，任何人都不得随意更改。而后现代的解构主义解构了这个自足的符号系统，使能指成了“漂浮的能指”，所指成了“滑动的所指”，能指与所指的约定俗成也被解构。网络文学对结构主义语言学的解构主要体现在以下三个方面。

（一）从作品到文本：漂浮的能指

罗兰·巴尔特在《从作品到文本》一书中指出：“新的文学对象已经

① 转引自欧阳友权《网络文学本体论》，中国文联出版社2004年版，第93页。

② 欧阳友权等：《网络文学论纲》，人民文学出版社2003年版，第94页。

从单一研究时期进入多学科相互吸收文化资源的互动时期，传统的‘作品’已走向多维多元的‘文本’研究。”① 也就是说，现在文学研究的对象不再是具体的文学作品，而是包含了哲学、美学、社会学、语言学、历史学等多个领域的文本。因此，网络文学的研究对象也不再是原子式的文学作品，而是以比特为基本单位的叙事文本。

“漂浮的能指”是后现代哲学家所提出的概念，具体指：“在能指的天地中，闪烁着‘能指的星群’，成为‘意义的撒播图’，文本的意义就在于无穷的文本的分裂和意义的聚拢之间。能指制造意义，能指在滑动中总是指向一种新的不确定意义。能指在符号活动中，其意义是隐藏的，能指便不断地加以替代并日益变成自由而无限的。由于能指的不断滑动和延伸，文本的意义就永远延伸而没有终结。”② 网络文学的叙事方式就正好体现了这种“漂浮的能指”。网络文学的比特化叙事使书写过程永远处于未完成的状态，可以不断地被重新书写和修改。因此，它所指涉的意义也是流动和无限积累的，呈现为一个网状的扩张型结构。“这样的话语指涉方式决定了网络文本超越了文学文本的传统分类，使文本仅仅是一个不断被书写和改写的踪迹，可以超越体裁风格、创作方法的限制，使分延的作者沿着这种踪迹去寻找新的词汇和类型、修辞方式和隐喻模式，从而使文本定位于体裁之间的边缘性和交互性，其价值旨在能指间的相互指涉所产生的新的意味性。”③

（二）从文本到超文本：滑动的所指

网络文学文本与传统文学文本的最大区别就是“超文本”结构。超文本区别于一般文本的特征在于：非线性、选择性、不确定性。这就使文学文本的语言意指方式发生了根本性改变，即从稳定的所指走向滑动的所指。这里“滑动的所指”就是指语言的指涉意义不再是确定的、单一的、静态的、稳定的，而是不确定的、复杂的、动态的、撒播的。

网民在解读网络文学的时候面对的是一个个网络节点，节点与节点之间共同构成一个网状结构。读者在点击这些节点之后就会进入另一个文本世界，传统文学的线性文本逻辑将会被解构而进入一个非线性的意义空

① 欧阳友权：《网络文学本体论》，中国文联出版社2004年版，第71页。

② 王岳川：《二十世纪西方哲性诗学》，北京大学出版社1999年版，第371—372页。

③ 欧阳友权：《网络文学本体论》，中国文联出版社2004年版，第73页。

间。文本的“所指亦便由‘点’的诠释走向‘线’的踪迹，词语的关联便从索绪尔所说的‘横组合’走向插入链接的‘纵组合’，形成巴尔特所说的‘无底的空间’，于是，基于线性逻辑的中心、主题、主角、焦点叙事、开端与结局、文本边界等纷纷解体，福柯说的‘权力话语’和布尔迪厄的‘符号权力’均出现破裂或遭到改写”。[①]

（三）从文字文本到多媒文本：能指与所指的约定俗成被解构

笔者在前文已经指出语言能指与所指的约定俗成决定了语言的形音义是统一而不可随意更改的。网络文学的比特叙事使网络文学不只有文字这一种叙事文本，还包括了图像、声音、视频、动画等一系列叙事文本。这种多媒文本的叙事方式就使文字文本的能指与所指关系的约定俗成被解构。因为文字文本的能指与所指的约定俗成是建立在文字符号的间接性指涉基础之上的，人们是通过分析概念来理解文字的意义。然而，多媒文本的意义指涉方式不再是间接的、约定俗成的，而是直接的、定格的。因为图像、声音、视频等媒介的叙事方式是直观的、形象的，人们直接通过视听感官来感知意义。因此，网络文学文本的意指方式就从规约性走向可然性，从历时性走向共时性。

总之，网络文学的多媒文本实现了“万维网之父”伯纳斯·李所预言的“在一个与我们的中枢神经系统相类似的全球网络中实现所见即所得”的梦想。但是，多媒文本也使文学文本不再是自给自足的符号系统，不再是一个意义深刻的审美对象，而是能指与所指均被解构的，破碎的、撒播的、延异的文本世界。

四 网络文学功能价值的后现代性

（一）“祛魅”的叙事逻辑消解深度模式

网络文学以比特为基本单位的叙事方式表现为“祛魅”的叙事逻辑。“祛魅”一词最早由马克斯·韦伯提出，具体指：“对于科学和知识的神秘性、神圣性、魅惑力的消解，引申之，也可以指主体在文化态度上对于崇高、典范、儒雅、宏大叙事、元话语的能指疑虑和表征确认。”[②] 然而，网络文学就是“祛魅”的文学。我国著名文化学者陶东风指出：所谓

---

① 欧阳友权：《网络文学本体论》，中国文联出版社2004年版，第78页。

② 欧阳友权等：《网络文学论纲》，人民文学出版社2003年版，第62页。

"祛魅"的文学就是指"统治文学活动的那种统一的或高度霸权性质的权威和神圣性的解体。……特别指自主、自律的精英文学观念和文学体制的权威性和神圣性的解体"。[①] 传统文学的功能在于反映社会生活的深层本质，追求深刻的历史内涵，由此折射出形上的人文关怀和时代精神。在中国文学思想史上，从孔子的"兴观群怨"，韩愈的"文以载道"，再到梁启超的"小说救国"，鲁迅的"国民精神发出的火光，同时也是引导国民精神的前途的灯火"，等等，无不体现出传统文学深度的价值追求。

网络文学以网络作为载体，网络的交互性、开放性、虚拟性等特征拆除了信息障碍，填平了信息鸿沟，为每个人都赢得了平等言说的自由空间。这也就消解了文学话语的垄断，消除了文学创作的神秘感和崇高感以及作家、诗人、文学家的权威性和神圣性。网络文学成了众声喧哗的作品，成了个体内心欲望的表达和宣泄，实现了生命本我的释放和自我内心的诉求。网络文学没有了传统文学的"载道""救国"功能，没有了传统文学高雅、经典、神圣、宏伟的精神追求。社会大众成了网络文学的作者，日常生活的原生态成了网络文学的主题。总之，网络文学大众化、欲望化、多元化的表达和追求造成了文学的"祛魅"。

此外，对于网络文学而言，"祛魅"的叙事逻辑就是指网络文学的叙事方式将消解深度模式。所谓消解深度模式，就是指"消除现象与本质、表层与深层、真实与非真实、能指与所指之间的对立，从本质走向现象，从深层走向表层，从真实走向非真实，从所指走向能指。这实际上是从真理走向文本，从为什么写走向只是不断地写，从思想走向表述，从意义的追寻走向文本的不断代替翻新"。[②] 网络文学消解深度模式的特征与后现代主义平面化的价值追求是一脉相承的。因此，网络文学不再追求深刻的意义和价值，提供的仅仅是一种大众化的文学叙事，一种平面化的生活体验，一种碎片化的语言游戏。

（二）自娱娱人的消费逻辑消解审美价值

传统文学与非文学的区别就在于文本有没有包含审美价值。康德将审美看成是自身合目的性的，也就是说，审美是高于生活的，审美与生活是有距离的，正是这个距离产生了美。传统文学是一种审美的语言艺术，那

① 陶东风：《文学的祛魅》，载《文艺争鸣》2006 年第 1 期。

② 王岳川：《后殖民主义与新历史主义文论》，山东教育出版社 1999 年版，第 105—106 页。

么传统文学也是高于生活的，文学的存在以距离的存在为前提。在西方文论中，形式主义者将文学与生活的距离称为“陌生化”，俄国形式主义批评家什克洛夫斯基指出：“艺术之所以存在，就是为了使人恢复对生活的感觉，就是为了使人感受事物，使石头显出石头的质感。艺术的目的是要人感觉到事物，而不是仅仅知道事物。艺术的技巧就是使对象陌生，使形式变得困难，增加感觉的难度和时间长度，因为感觉过程本身就是审美目的，必须设法延长。艺术是体验对象的艺术构成的一种方式，而对象本身并不重要。”① 由此可见，文学的存在使审美主体与审美对象产生距离，审美主体通过这个距离体验审美对象的过程就是审美的过程。

然而，网络的出现消解了这种距离。距离是用时间来衡量的一个空间概念，比如我们通常用一个小时的车程来表示一个地方距另一个地方有多远。按照英尼斯的时空偏向理论对传播媒介的划分，网络应该是偏向时间的媒介，即易于远距离传送不易长期保存的媒介。因为网络传播是瞬间的、即时的，是用时间来消灭空间。网络上只存在逻辑意义上的空间距离，不存在时间意义上的空间距离。而在现实中逻辑和时间意义上的空间距离往往是重合的。既然网络通过消解时间来消灭了空间距离，那么网络文学的存在不再是以距离的存在为前提。

由此可见，网络文学不再是高于生活的，而是与日常生活融为一体的，遵循的是自娱娱人的消费逻辑。自娱娱人是网络文学最基本的功能价值，也就是说，网络文学的写作者首先是为了自娱，即娱乐自己，使自己感到轻松快乐；其次是为了娱人，即娱乐他人，使他人感到轻松快乐。自娱娱人的功能价值背后遵循的是后现代的文化消费逻辑。后现代的文化消费逻辑体现为商品拜物教，“一切文化产品都以商品的形式被生产、交换和消费，就像商品一样，它为了获取利润被大规模地生产出来，然后在一个‘异化’的社会体系中被消费”。② 因此，网络文学对于社会大众而言仅仅是一种供人消费的文化产品，受制于消费时代的资本逻辑。传统文学高于生活的审美价值将被网络文学自娱娱人的消费逻辑所解构。网络文学不再是人们的审美对象，而是人们的消费对象。

---

① 方珊主编：《俄国形式主义文论选》，生活·读书·新知三联书店1989年版，第11页。

② 罗钢、王中忱：《消费文化读本》，中国社会科学出版社2003年版，第18页。

第三节　新媒体与后现代语境下的电影：微电影的后现代性

在新媒体时代，新媒体与电影的结合产生了一种新的电影形式：微电影。所谓微电影，就是指“专门运用在各种新媒体平台上播放的、适合在移动状态和短时休闲状态下观看的、具有完整策划和系统制作体系支持的具有完整故事情节的‘微时’（30—300 秒）放映、‘微周期制作（1—7天或数周）’和‘微规模投资（几千至数万元每部）’的视频（‘类’电影）短片。内容融合了幽默搞怪、时尚潮流、公益教育、商业定制等主题，可以单独成篇，也可系列成剧”。[①] 世界上最早的微电影原型可以追溯到 1995 年，美国广告人斯科特扎卡林联合 Fattal and Collins 公司以当时热播电视剧《飞跃情海》的故事情节为参照，制作了一部微型连续剧《地点》在各大网站上播放，并在当时创造了日点击量突破 10 万次的纪录。我国第一部微电影产生于 2001 年，伍仕贤导演拍摄了一部 11 分钟的微型电影《车四十四》，该片还荣获第 58 届威尼斯国际电影节评委会大奖，也是在威尼斯获奖的第一部华语电影短片。

微电影作为一种新兴的电影形态，在叙事方式、美学特征、内容题材上都体现出后现代的特征。可以说，微电影属于后现代语境下的电影，具有后现代电影所具有的碎片化、奇观化、游戏化等一系列特征。

一　微电影叙事方式的后现代性

微电影在叙事方式上的主要特点就是“微”，即形式上和内容上都呈现出碎片化的特征。这种碎片化的“微叙事”消解了传统电影的宏大叙事。后现代哲学家利奥塔认为后现代时期最主要的任务就是对宏大叙事的解构。宏大叙事，又称元叙事，就是指“有某种一贯的主题的叙事；一种完整的、全面的、十全十美的叙事；常常与意识形态和抽象概念联系在一起；与总体性、宏观理论、共识、普遍性、实证（证明合法性）具有部分相同的内涵，而与细节、解构、分析、差异性、多元性、悖谬推理具有相对立的意义；与个人叙事、私人叙事、日常生活叙事、‘草根’叙事等

① 孙悦：《审美文化语境下的微电影探究》，载《影视艺术》2012 年第 11 期。

等相对”。[①] 而利奥塔所提倡的叙事方式是“小叙事”，这种小叙事“主要立足于个体经验，在日常化环境中讲述小人物的小故事”。[②] 小叙事又被称为个体叙事，是对小人物、小事件的关注，呈现出多元化、差异化的特征。

微电影的叙事不再围绕着传统电影经常关注的高大人物和宏大事件而展开，而是转向关注被主流社会所遗忘的小人物，描写日常生活中的小事件，注重个体生活话语的表达和阐释，传达出一种生活化的小情感、小主题。“微电影关注的核心转变为小人物的个人化的命运情感与生活体验，通过展现一个个真实生动的小人物、小感动、小情绪努力挖掘个体生命的真谛，切近现代人的真实的内心世界，以真诚质朴影像折射复杂的社会现实。”[③] 例如，筷子兄弟的《老男孩》《赢家》《父亲》三部微电影都是围绕着小人物、小事件、小主题展开的。《老男孩》关注肖大宝、王小帅这两个痴迷迈克尔·杰克逊的小人物，描写他们重新登台找回梦想的小故事，表达80后怀念青春的主题；《赢家》塑造了一对平凡的中年夫妇，其中中年男人跟妻子吵架之后因为给妻子送手机而被汽车撞伤，在被送往医院的途中开始回忆自己一生的遗憾，表达了懂得珍惜平淡幸福的主题；《父亲》讲述了一个煤矿工人徐宝德一生含辛茹苦抚养四个孩子长大成人的感人故事，表达了父爱和感恩的主题。

此外，传统电影通常采用开端、发展、高潮、结局的线性叙事方式，故事情节流畅，结构要素完整，人物形象丰满，主题思想深刻。然而，微电影为了在较短时间内保持故事情节的张力和吸引力，采用的是首尾接续的叙事方式。这种叙事方式只突出故事的高潮部分，将开端、发展、结局都省略和淡化。在具体情节的叙事过程中，也只选择几个具有典型意义的事件和人物来表现主题，剧情的推进非常快速、跳跃、简洁，观众在观看微电影的过程中需要充分调动自身的想象力和创造力来填补故事情节的空白。

同时，微电影故事的具体讲述方式也是跳跃性的，时空关系是断裂的、错乱的，呈现出多时空交错转换的特点，目的也是为了突出故事结构

---

① 程群：《宏大叙事的缺失与复归》，载《史学理论研究》2005年第1期。

② 王一如：《从〈岁月神偷〉看小叙事中的宏大魅力》，载《电影文学》2010年第22期。

③ 薛国梅：《微电影美学特征及其价值研究》，硕士学位论文，山东师范大学，2013年，第25页。

的高潮部分，以最快的速度吸引观众的注意力，引起观众情感上的共鸣。因为新媒体本身就是一个碎片化的传播平台，人们在新媒体上的注意力通常也是碎片化的。受众没有时间、没有耐心去等待一个漫长故事最后的高潮结局，也没有心情去体会一种深刻厚重的环境氛围。比如，《老男孩》这部微电影就是这种碎片化叙事的典型例子。影片一开始就将相互割裂的现在时空（肖大宝和王小帅在快乐男声的舞台上被评委们提问）与两个过去时空（肖大宝当婚礼主持和王小帅做理发师）结合在一起。整部影片都是由一系列物理时空被完全打乱的记忆碎片拼贴而成，最终形成碎片化、意识流的情节。观众刚开始接触这些情节的时候很难理解影片的内容和思想，不过影片情节随着人的意识的不断流动和推进，很快就能抓住观众的注意力。

二　微电影内容题材的后现代性

微电影是以新媒体为主要传播平台的，这是个平民化、大众化的平台。这个平台上的主角往往不是政府机构、职业新闻人、知识精英，而是普通的社会大众。因此，微电影在内容题材的选择上必然会以大众的审美情趣为标准，呈现出平面化的审美特征，微电影通常围绕着与人们日常生活和社会现实密切相关的主题展开，每个故事都简单明了，都在描述普通人的生活方式，都在表达平民化的生活主题。目前，微电影所包含的主题主要体现在以下几个方面。

一是爱情主题。微电影不像传统电影那样描写的都是惊天动地、刻骨铭心的爱情故事，而是关注普通人日常生活中的爱情故事，反映他们在爱情中的困惑与迷茫和对纯真爱情的追求与向往。例如，《我愿意》这部微电影就真实展现了当代年轻人对待爱情和婚姻的态度和观点，影片讲述了一对80后校园情侣在毕业之后做出了“裸婚”的决定。

二是亲情主题。微电影不像传统亲情电影有激烈尖锐的矛盾冲突，跌宕起伏的故事情节，它们的故事通常是围绕着日常生活中与亲情相关的点点滴滴展开的，给人一种淳朴、真挚的感受。比如，微电影《来信》就向我们展示了现代空巢老人这一社会热点问题，这样的问题在我们每个人身上都有可能发生，给人一种亲近感，更能够打动观众。

三是青春梦想主题。青春梦想主题是微电影最常涉及的，因为微电影的受众主要都是年轻人，青春和梦想是每个年轻人都很关注的话题，很容易被年轻人所接受。《老男孩》就是非常经典的一部以青春梦想为主题的微电影，影片讲述了两个普通的“老男孩”追逐梦想的故事，勾起了70后、80后对青春梦想的集体回忆。

四是公益教育主题。以公益教育为主题的微电影常常用简洁直观的手法将我们日常生活中非常重要但又经常被忽视的问题展现出来引起大家的关注。例如，《假如给我三天光明》以西藏盲童为主题、《寻找失去的孩子》以被拐儿童为主题，等等。

五是社会现实主题。社会现实主题的微电影往往紧扣社会热点，以新近发生的新闻事件为题材内容，号召大家对社会现实问题的关注。例如，微电影《如果723》就是以2011年温州“7・23”动车事故为内容，这部微电影在动车事故仅仅发生50天之后就上映了。

此外，人们接触新媒体的时间一般都是碎片化的。在碎片化的时间里，观众很难有足够的耐心和精力去仔细品味影片背后的意义，通常只是为了获得感官和情绪上的娱乐和消遣。因此，微电影放弃了传统电影“对终极意义、绝对价值、生命本质的孜孜以求，也不再把电影当作济世救民、普度众生的神赐的法宝，不再用电影来显示知识分子的精神优越和智力优越，来张扬那种普罗米修斯的人格力量和悲剧精神。它们仅仅只是一些无深度但却轻松流畅的故事、情节和场景，一种令人兴奋而又晕眩的视听时空。这种电影是供人消费而不是供人阐释的，是供人娱乐的而不是供人判断的”。①

同时，微电影不再追求象征蒙太奇、隐喻蒙太奇等传统电影通常采用的表现手法，观众不需要绞尽脑汁去解读影片背后所蕴含的深刻含义，只需要放松身心就可以轻松、直接地把握住影片的主题内涵；微电影也不再像传统电影那样设置几条故事线索，采用多角度、多场景的表现方式，而是简明扼要地交代故事情节，使观众容易接受和理解，表现为一种拆解深度的游戏文本。这种游戏文本通过反讽、亵渎的方式消解了传统电影的深度感、权威性、高雅性。对经典的反讽和亵渎是后现代很典型的一种叙事方式，它通过制造形式与内容的不一致使深度的东西平面化，高雅的东西世俗化，神圣的东西平凡化。例如，自由职业者胡戈自创的微电影《一个

---

① 尹鸿：《告别了普罗米修斯之后——后现代语境中的中国电影》，载《当代电影》1994年第3期。

馒头引发的血案》就是以著名导演陈凯歌的《无极》形式，其内容却是日常生活中的一个喜剧事件，正是通过这种形式与内容的不一致对传统电影和专业影视制作者进行嘲讽和亵渎。

三　微电影审美特征的后现代性

微电影作为一种新兴的艺术形态必然导致其审美特征发生相应的改变。这种改变使微电影体现出与传统电影截然不同的、只有后现代艺术才具备的审美特征。下面我们从审美效果、审美体验两个方面来阐释微电影所体现出的后现代性的审美特征。

（一）审美效果的后现代性：奇观化

微电影审美效果的后现代性主要体现为奇观化。所谓奇观，就是指具有非同一般视觉吸引力的画面和影像。因为微电影的长度通常较短而且观众一般都是利用碎片化的时间来观看微电影，所以微电影必须体现出奇观化的审美效果来瞬间抓住观众的注意力。这就必然导致与奇观化效果相矛盾的所有表现方式都被边缘化了，因此，在微电影中，叙事的逻辑让位于视觉的快感，奇观效应占据主导因素。传统电影通常都有完整的故事情节、严密的逻辑结构，然而，微电影为了追求奇观化的审美效果，往往使影片在结构上变得碎片化和零散化，它们通过画面的组接来消解故事情节的完整性、逻辑结构的严密性，从而传递出具有视觉快感的影像。“如微电影《一触即发》在短短几分钟时间内集合了耀眼的明星、从高楼纵身跃下的动作、快速追逐的车架场面、不断变化的后现代金属质感的高楼大厦以及变脸的特效，充分展示了好莱坞式大制作所具有的电影奇观的几大必备要素，从视觉上带给观众极大刺激”。[①] 这些影像的叙事方式不再遵循深度的、逻辑的、思辨的理性原则，而仅仅是一场表层的、感性的、追求视觉快感的狂欢盛宴。

微电影利用数字虚拟技术制造出大量的美轮美奂的奇观效果，这使其更加注重感性体验，使受众从注重深度的理性审美转向注重消费的感性审美。人们制作和观看微电影的目的不是为了深思和反省，而是为了娱乐和消费。因此，微电影常常运用恶搞、惊悚、幽默等手段“把对生活的感触、对人性的思索、对现实的批判以荒诞而巧妙的方式在最简短

① 胡奕颢：《微电影传播特征刍议》，载《理论探索》2012 年第 10 期。

的时间内最直观地传达给大众”①，让观众在观影过程中获得视觉的愉悦和享受。

（二）审美体验的后现代性：个性化的自由观赏

审美体验是指审美主体充分调动自己的情感和联想对审美对象进行体味、理解和审视，从而达到一种精神上和生命上的超越和感悟。因此，审美体验是一种具有较强主观性和个性化的心理体验过程，与主体自身的主观情感和联想密切相关，其本身就表现为个性化的后现代性。微电影的审美过程就充分体现了这种个性化的审美体验。

传统电影观影的时间和地点比较集中，是一种在特定公共空间环境下的大众化、仪式化的集体行为。然而，微电影的传播载体一般都是私人化的移动媒介，每位观众都是独自面对影像，都对影片进行个性化的理解和体验。这种私人化的移动媒介将传统电影观看模式下的大众转变为微电影观看模式下的小众，将公共空间里集体互动式的审美方式转变为私人空间里个体私人化的审美方式。个性化本来就是新媒体的重要特征之一，这种个性化的特征使观众完全可以自主操控和自由选择移动接收终端，不受任何时间地点和社会规则的限制和束缚。观影完全成为一种个性化的自由观赏，传统电影观影过程中集体感和仪式感被完全消解，观众甚至可以按照自己的意愿对影片的结构和内容进行分解和重组，从而在这种主动参与和互动中产生更加个性化的审美体验。

此外，传统电影的观影过程是集体性的，每个个体在观影过程中会相互影响、相互呼应，进而通过掌声、笑声、哭声等方式形成一种一致的情绪。而微电影的移动载体为观众所营造的个性化的观赏环境使个体之间没有了相互影响和呼应，观众也不会形成一致的情绪，都是一些个性化的理解和感悟。“不同的传播载体，不同的欣赏环境，不同的个人经历和生活经验，每个人对微电影的感悟出现了不同的感受体验，这些感悟和体验都深深打上个人的烙印，具有明显的个性化特征。”②

① 孙悦：《审美文化语境下的微电影探究》，载《影视艺术》2012 年第 11 期。

② 薛国梅：《微电影美学特征及其价值研究》，硕士学位论文，山东师范大学，2013 年，第 41 页。

第四节　新媒体与后现代语境下的游戏：网络游戏的后现代性

“游戏”从人类诞生之日起就已经存在。人类历史有多长，游戏的历史就有多长。因此，游戏是一种生命的活动方式以及生活的存在方式。正如麦克卢汉所指出的那样，游戏是人的延伸，在生活的不同方面有不同的表现形式。荷兰哲学家赫伊津哈将“游戏”界定为：“在某一固定时空中进行的自愿活动或事业，依照自觉接受‘有别于’‘平常生活’的意识。”① 换言之，赫伊津哈也将游戏看成是日常生活的范畴之一。

在远古时代，人们从事游戏的方式主要是“手之舞之，足之蹈之”。随着社会科学技术水平的不断进步，人类从事游戏的方式也越来越丰富、越来越先进。互联网技术出现之后，游戏与互联网的结合产生了一种新的游戏形态，即网络游戏。网络游戏是以互联网为游戏平台，以计算机、手机等设备为终端，以多人共同参与为条件，以游戏者之间的合作与对抗为表现形式的一种电子游戏形态。网络游戏既然是以互联网为游戏平台，就必然体现出互联网的一些特征。网络游戏的虚拟性、互动性、无限性等特征也是后现代性的重要特征。

一　网络游戏的虚拟性：消解实体性

其实，虚拟性并不是网络游戏所独有的特征，而是所有游戏都具有的特征。很多著名的哲学家、思想家都对游戏的虚拟性进行过阐述。弗洛伊德就将游戏定义为“人借助想象来满足自身愿望的一种虚拟性的活动，是满足人们心理需要的一种行为方式”②。他从儿童游戏入手来探讨游戏的虚拟性。弗洛伊德认为：“游戏的儿童的行为，同一个富于想象力的作家在这一点上是一样的：他创造了一个自己的世界，或者更确切地说，他按照使他中意的新方式，重新安排他的天地里的一切。”③ 由此可见，弗洛

① ［荷］赫伊津哈：《游戏的人》，多人译，中国美术学院出版社 1996 年版，第 30 页。

② 费云芳：《第九艺术——网络游戏的视听元素与文化分析》，硕士学位论文，中国艺术研究院，2009 年，第 8 页。

③ ［奥］弗洛伊德：《论创造力与无意识》，孙恺祥译，中国展望出版社 1987 年版，第 42—43 页。

伊德将儿童游戏看成是一种完全凭借儿童想象进行的虚拟行为。比如，小孩玩的“过家家”游戏就是对成人家庭生活的一种虚拟性模仿；“捉迷藏”游戏是对侦探生活的一种虚拟性模仿；下象棋和下围棋是对战争生活的一种虚拟性模仿；舞蹈是对蝴蝶飞舞等各种自然现象的一种虚拟性模仿，等等。同时，他还指出游戏现象并不是只存在于儿童时代，在成人世界里也普遍存在，贯穿人的一生，只不过成人游戏的表现形式与儿童游戏不同。在弗洛伊德看来，“当人长大后，他便停止了游戏。表面看来，他已经丢弃了来游戏的乐趣。不过，……他所做的，只不过是丢掉了游戏同实际物体的联系，而开始用幻想来取代游戏而已。他建造海市蜃楼，创造出那种称之为白昼梦的东西。我相信，多数人一直到死都不时幻想。这是人们长期忽略的一个事实”。① 换言之，白昼梦和幻想是成人游戏的表现形式，而且白昼梦和幻想都是虚拟性的存在。

由此可见，游戏本身就是虚拟的，游戏的设计、制作、参与以及由此衍生出的喜悦、快乐、郁闷、悲伤等情绪都是完全建立在虚拟的基础之上的。然而，当游戏建立在网络这个载体之上时，网络自身的虚拟性使网络游戏的虚拟性更大更强。网络游戏的虚拟性主要体现在以下两点：

一是虚拟的游戏环境。网络游戏“通过技术手段，对自然世界和人类生活进行一种仿真性质的人工仿制和创造。这种技术是和计算机紧密联系，通过与计算机自动的符号处理相联系，将电脑网络的虚拟转换为数字化，这是对人类现实社会的信息转换和计算机符号处理过程”。② 正是这种数字化的处理技术给游戏者提供了一个虚拟的游戏环境，游戏者们在这个虚拟的游戏环境中能够体验到与现实世界相类似甚至超越现实世界的生存和生活环境，能够感受到逼近真实甚至超越真实的刺激和情感。网络游戏的最大魅力就在于：人们在网络游戏所建构的虚拟环境中能够实现很多在现实环境中不能实现的愿望，能够塑造出与现实中完全不同的理想中的自我。

此外，游戏设计者为了让游戏者在参与过程中有一种身临其境的感受，为了能够达到模仿现实乃至超越现实的目的，在各种细节的设计上都

① ［奥］弗洛伊德：《论创造力与无意识》，孙恺祥译，中国展望出版社 1987 年版，第 43—44 页。

② 费云芳：《第九艺术——网络游戏的视听元素与文化分析》，硕士学位论文，中国艺术研究院，2009 年，第 11 页。

尽量符合现实逻辑，甚至超越现实逻辑。人们一旦进入这个虚拟环境，面对的就是一个与现实世界完全隔离的天马行空、五彩斑斓的虚拟世界，当人们沉浸于这个虚拟世界之中并把这个虚拟世界当作真实世界之后，现实世界反而成了不真实的世界了。“这种情况在很多艺术中都存在，但由于网络游戏在表现上从未有过的真实感，它‘真实的虚幻’首先造成唯美的变成实践的，这种真实感首先是想象的世界以一种逼真的效果再现出来。其次，游戏的真实又是一种超越现实真实的愿望的真实，在这双重真实中，玩家沉醉其中，以幻为真，从而导致了实践的非真实化、理想化、唯美化。”①

二是虚拟的身份认同。网络游戏的虚拟性不仅体现在游戏设计者为游戏者构建了虚拟的游戏环境，而且体现在游戏者在游戏世界中身份认同的虚拟性。在现实世界中，每个人的身份都是稳定的、单一的、确定的，而在网络游戏所构建的虚拟世界中，参与者没有了现实身份的束缚，可以随意设定姓名、性别、职业、地位等身份要素。这就必然导致人们在网络游戏中的身份是不稳定的、多元的、流动的。这种虚拟身份的建构根源于网络游戏对主体现实身份所拥有的各种资源的重组，有些主体在现实身份中拥有的资源，在虚拟身份中没有；有些主体在现实身份中没有的资源，在虚拟身份中却拥有。也就是说，网络游戏为虚拟身份的流动性提供了各种新的可能性。正如鲍德里亚所指出的那样，“与作为真实（包括实在的真实）而出现的所有幻觉不同，对游戏的幻觉作为幻觉而存在。游戏不要求人们相信它，既然表象是装成这样出现的，因此，也不存在相信表象的问题。但正因为他们不相信它，游戏者与游戏规则的关系就尤其必要，一种象征性的协约的规则”。②

在网络游戏中，虚拟的身份认同使人们可以自由地变换和扮演不同的角色。比如，美国林登实验室 2003 年推出的“第二人生”就是全球最大的虚拟世界游戏，每个人都可以在这个虚拟世界中建立自己的“第二人生”。游戏者可以在游戏中扮演律师、商人、医生、游侠等与自己在现实世界中完全不同的角色，实现自己在“第一人生”中不能实现的愿望。通过这种不同角色的扮演，人们可以建构出多元的自我，可以创造出全新

① 马立新：《论网络游戏的本体特征》，载《山东师范大学学报》2007 年第 4 期。

② ［法］鲍德里亚：《完美的罪行》，王为民译，商务印书馆 2002 年版，第 90 页。

的自我。这种全新的多元的自我在网络游戏中是一个开放的、流动的、未完成的统一体。

二 网络游戏的互动性：消解主客体二元对立

网络游戏对于游戏者来说最大的吸引力就在于它的互动性。网络游戏在网络技术的交互性的支持之下，能够将游戏者与游戏者联系在一起，实现了“人—机—人”的双向互动交流模式。在现实世界中互不相识的网络游戏玩家能够在虚拟世界中进行沟通、交流和互动。而传统的单机游戏只能实现“人—机”单向交流模式。在这个由互联网所开启的高度互动的时代，“人—机”单向交流的单机游戏已经不能满足广大游戏者的需要，人们“不单单要和游戏或者机器中的游戏者来交流合作沟通，还要和同时玩此游戏的现实人类进行情感和经验的交流、游戏物品的买卖等，这些更高更互动的要求也迫使网络游戏全方位互动时代的到来”。[①] 这种全方位的互动使网络游戏与现实世界的雷同程度进一步升级，使人与人之间的交往互动更全面、更具体。人们除了不能亲手触碰对方之外，其他方面与现实世界中的交往互动没有多少差异。几乎所有现实世界中的交往互动行为在网络游戏中都可以实现。每当我们进入网络游戏，就可以与其他玩家在虚拟世界中交流与对话，可以用虚拟货币与其他玩家进行商品买卖，可以与其他玩家分工合作共同完成各项任务，等等。例如，在网游《天龙八部》里，各个玩家之间就可以组成同盟来共同完成某个任务，并且这个任务是单个玩家无法完成的，需要玩家与玩家之间的相互配合交流，任务分工明确清楚，有的负责正面作战，有的负责游击战，等等。

更为重要的是，网络游戏的互动性还消解了传统单机游戏主客体二元对立的叙事模式。笔者在前面已经指出了传统单机游戏实现了“人—机”单向交流模式。在这种“人—机”单向交流模式中，游戏设计者和游戏本身是“主体”，而游戏玩家是“客体”，游戏玩家在玩游戏的过程中只能被动地遵循游戏设计者所设计的程序，几乎没有什么主动性和创造性可言。然而，与传统游戏相比，网络游戏的叙事策略从线性变成了超文本，游戏玩家的主动性和创造性得到了强调和凸显。“网络游戏玩家的参与度

---

① 费云芳：《第九艺术——网络游戏的视听元素与文化分析》，硕士学位论文，中国艺术研究院，2009年，第15页。

直接制约着网络游戏这一活动的完成过程。有时，甚至在某种意义上说，玩家已然成为了网络游戏的创造‘主体’。”① 也就是说，在网络游戏中，游戏玩家和游戏设计者都是创造主体，表现为“人—机—人”的双向互动交流模式。例如，网络游戏《无尽的任务》的人物、动作、场景、事件等很多游戏要素都是由游戏玩家设计的，游戏玩家可以任意塑造和书写游戏的要素、游戏的程序、游戏的规则。总之，从传统单机游戏的“人—机”单向交流模式到网络游戏的“人—机—人”的双向互动交流模式的转变，也就是从主客体二元对立的叙事模式向主体间性叙事模式的转变。

三　网络游戏的无限性：消解时空限制

现实时空中的游戏往往会受到各种现实客观因素的影响和支配，游戏的时间和空间都是有限的。然而，在网络游戏中，玩家接触到的是一个由网络技术建构起来的虚拟世界，这个虚拟世界是不受时间和空间限制的。

玩家一旦进入网络游戏也就进入了一个双重时间结构。这个双重时间结构包括两种时间：一是“游戏时间”，二是“事件时间”。“游戏时间”是玩家在游戏过程中所花费的时间。这种时间是在现实世界中可以得到确认并且所有人都共同遵循的时间，是线性的、量化的、不可逆转的时间。而“事件时间”是玩家在游戏角色扮演的过程中所经历的时间概念。这种时间是非线性的、不可量化的、可以任意变换的时间。玩家在游戏过程中用几分钟甚至几秒钟就可以经历在现实世界中几年甚至成百上千年才能经历完的过程。比如，个体的生命历程和朝代的更替和变迁等。然而，从某种意义上说，人们在网络游戏中所经历的时间主要是不受任何限制的“事件时间”。“在游戏中，人们可以不分时间地连续‘作战’，直至游戏的人们受生理和心理等现实条件所限制而被迫下线，个人游戏才到此结束。个人的下线并没有影响到整个游戏的进程，随着个人作战的结束，在他脱离队伍后，队伍会重组或是有新的队员进入，然后等人员整齐后，战斗继续开始。个人的下线只能带来个人成绩的停止和落后，却不能影响到整个游戏和其他玩家的利益。”② 玩家可以通过存盘和备份等方式实现游戏中事件时间的变换与转移，可以让游戏里的同一事件反复发生，可以让

① 吴松：《网络游戏审美特征研究》，山东师范大学硕士学位论文，2008 年，第 17 页。

② 费云芳：《第九艺术——网络游戏的视听元素与文化分析》，硕士学位论文，中国艺术研究院，2009 年，第 14 页。

游戏里的角色无限次地“死而复生”进而达到“不朽”。在网络游戏中，时间被划分为一连串碎片化的“点”，玩家可以在历史长河中无拘无束地自由翱翔，任意穿越。

此外，网络游戏不仅消解了时间上的限制，还突破了空间上的限制。以比特（“0”和“1”）为基本构成单位的虚拟空间拥有无限的容量以及任意创造和穿梭的可能性。“网络游戏队伍中人员通常是地理位置相去甚远，却被网络游戏带到同一个平台上游戏交流，这种穿越空间的魔力只有在网络游戏中才能得以体现。”① 例如，《魔兽世界》这款网络游戏就充分体现了空间的无限性。游戏中包含了几层空间，每一层空间都与其他层面的空间截然不同。玩家进入其中一层空间也就进入了一个独立的、个人的世界。

① 费云芳：《第九艺术——网络游戏的视听元素与文化分析》，硕士学位论文，中国艺术研究院，2009年，第17页。

结　语

传媒学转向：当代人文社会科学研究的新走向

人文社会科学研究的“转向”是指学术研究中的重要学术思想和学术范式的大转变。在20世纪，人文社会科学经历了非理性转向、语言学转向、文化转向之后，在21世纪即将迎来一次新的转向，即“传媒学转向”。也就是说，“传媒学”成为文、史、哲、政、经等各个人文社会科学领域中的一门“显学”。“关注传媒、理解传媒”已经成为各个学科的主要研究任务。

一　从“反思理性”到“反思传媒”

20世纪人文社会科学经历了两大思潮的洗礼和流变：一是人本主义思潮；二是科学主义思潮。人本主义思潮使人文社会科学的研究对象从传统形而上学的理性转向了身体、直觉、情感等非理性的文化；科学主义思潮使人文社会科学的研究对象进一步从非理性的文化转向了各种形态的科学技术及其方法。其中，传媒作为一种特殊的科学技术，自然而然也就成为主要的研究对象，传媒学也就成为对其他学科具有重大影响的学科。概言之，当代人文社会科学实现了从“反思理性”到“反思文化”，从“反思文化”到“反思传媒”的两次转向。

（一）从“反思理性”到“反思文化”

“理性”自古以来就是人文社会科学关注的重点。在古希腊，理性被视为支配世界万物的逻各斯以及具有能动性和超越性的努斯的二元对立。到了中世纪，理性发生了变异，上帝成了全知全能的理性代言人，人的理性被非理性的信仰所剥夺和取代。到了近代，启蒙思想家们重新树立了人类理性的权威，主张人们运用理性来使自身走出不成熟的状态。18 世纪末，康德是第一个对人类理性进行反思和批判的哲学家，否决了理性的无限的认知能力。他既看到了理性为认识、道德、审美立法的伟大作用，同时又看到了理性的边界，理性只能认识到现象世界，而现象世界背后作为世界本体的"物自体"，人类理性是认识不到的，只能诉诸信仰。康德之后，德国古典哲学的另一位伟大的哲学家黑格尔重新赋予理性以至高无上的地位，他认为理性是世界的本质，理性与存在同一。

从"反思理性"到"反思文化"是从德国哲学家狄尔泰开始的。狄尔泰认为传统形而上学的危机在于构成文明的价值和意义与生命脱节，精神科学失去了基础。狄尔泰哲学的主要任务就是通过"历史理性批判"来为精神科学奠定新的基础。在他看来，精神科学的基础不是某个知识概念，而是生命。狄尔泰的生命概念不是生物学意义上的个体生命，而是一种自我与世界的关系，一种人类社会文化的历史过程。而且在狄尔泰看来，精神科学的经验方式是内在的经历，而不是外在的感觉经验。"经历要比感觉经验更原始，更根本。经历是存在论意义上的经验，而感觉经验是知识认识论意义上的经验。经历是我们与世界的原初关系，是对事物当下直接的经历，包括它们具体的特征、意义、价值、关系和模式。但我们还未能加以区分，经历是原始的生命过程，是一种质的存在。"① 因此，正是这种从感觉经验到经历，从认识的行为到存在的活动，从理性的逻辑思考到生命本身的体验，实现了从"反思理性"到"反思文化"的转向。

之后，胡塞尔又进一步推进了对于文化的反思。胡塞尔所强调的现象学还原分为两步：第一步就是要将经验主义者的自然思维方式暂时"悬置"起来，回到事情本身，回到我们原始的直观经验；第二步就是进一步通过悬置最终回到先验意识领域，这也是还原的最终目的和终点。因为回到了先验，自我也就回到了作为人的价值存在基础的生活世界。在胡塞尔看来，欧洲工业文明的兴起和科学技术的发展虽然极大地改善了人们生活的物质条件，但同时也造成了人类精神意义的迷失。胡塞尔所提倡的回到生活世界就是要拯救这种精神价值的危机。生活世界是先于科学的世界，是科学世界的基础，它是人们原初感性世界和历史文化世界的集合体。因此，"只有将生活世界作为人的价值存在基础，那一度失落的人的意义才

---

① 张汝伦：《现代西方哲学十五讲》，北京大学出版社 2003 年版，第 86 页。

能重新复归”。[①] 总之，从“反思理性”到“反思文化”，也就是使人文社会科学的关注点从形而上的理性思辨领域转向了与人类生存的意义和价值密切相关的文化领域。

（二）从“反思文化”到“反思传媒”

文化与传媒是一枚硬币的两面，紧密地联系在一起，大家在对文化进行反思和批判的时候，自然而然也要反思和批判传媒，因此，从“反思文化”到“反思传媒”的转向也就是顺理成章的事情。尤其是到了20世纪中后期，随着大众传媒的蓬勃发展以及传媒文化的出现，很多人文社会科学的研究学派和研究理论都是围绕着“传媒”而展开的。

1. 作为文化的传媒与法兰克福学派

在法兰克福学派的所有理论体系中，对于大众传媒的反思和批判是最为引人注目的。因为“他们对资本主义社会中作为压迫性结构的大众传播与媒体产生了极浓的兴趣”，所以“传播在这一理论运动中占核心地位，而且对大众传播的研究一直是特别重要的部分”。[②] 概言之，法兰克福学派主要是从以下三个方面来展开传媒批判理论的。

首先是传媒的资本化。法兰克福学派认为资本主义社会是一个高度资本化的社会。资本控制着大众传媒，利用它来使自身利益最大化，利用它来消灭个性，达到控制社会的目的。大众传媒变成了功利主义的资本工具，正如马尔库塞所指出的那样，大众传媒“传播着必要的价值标准，它们提供了效率、意志、人格、愿望和冒险等方面的完整的训练”[③]。其次是传媒的权力化。法兰克福学派认为，在资本主义社会，大众传媒完全受到国家权力的控制和操纵，成为权力的工具。大众传媒向大众传播信息的过程，也就是国家权力对大众进行控制和操纵的过程。最后是传媒的产业化。法兰克福学派的代表人物霍克海默和阿多诺将大众传媒所制造的文化称为“文化工业”，文化工业的主要特征就在于文化产品的标准化生产，生产出来的文化产品都是千篇一律的，毫无个性可言。大众传媒也就成为文化的生产工具，导致了文化的异化和物化。

---

① 王岳川：《艺术本体论》，中国社会科学出版社1994年版，第77页。

② ［美］斯蒂文·小约翰：《传播理论》，陈德民、叶晓辉译，中国社会科学出版社1999年版，第413页。

③ ［德］马尔库塞：《爱欲与文明》，黄勇、薛民译，上海译文出版社1987年版，第87页。

2. 作为文本的传媒与文化研究学派

大众传媒不仅是文化世界的一部分，而且具有文本的特性。因为“大众传媒不是物理性的事实，而是需要解释意义的文本叙事的过程。人类都悬浮在一个自己编织的意义之网中，只有借助哲学与历史的广阔视野、人文主义的研究方法，才能弄清这些意义的产生之源，才能深刻地揭示文本的复杂性和文化的矛盾性”。[①] 文化研究学派就是对传媒文本进行多元化解读的理论学派。

文化研究学派是站在大众文化的立场，“关注语言与文化的关系以及传媒作为文本自身对于文化生活的实践作用，从而将大众传媒的过程视为文化生产与意识形态再发现的过程，将日常生活的权力关系反映为意识形态的争霸”。[②] 与法兰克福学派不同，文化研究学派不仅强调了大众传媒塑造大众文化的重要作用，而且肯定了大众的能动性、批判性、对抗性。大众虽然不能直接控制传媒文本的生产，但是可以主动地对传媒文本进行解码，将自己的意义植入传媒文本之中。总之，文化研究学派将传媒看作一个开放的文本，大众可以在其中创造自己的文化公共空间。

3. 作为商品的传媒与传播政治经济学派

传播政治经济学派是采用政治经济学的方法来从事传媒研究，他们遵循政治经济学的两大逻辑：经济逻辑和政治逻辑。经济逻辑就是指商品生产的逻辑支配传媒的运作，即传媒的商品化；政治逻辑就是指少数个人和集团控制传媒的运作，即传媒的权力化。并且传播政治经济学派认为，西方的传媒首先是经济产业，然后才是权力的工具，传媒产业的最终目的就是追逐剩余价值。“传媒不仅直接创造剩余价值即生产传媒商品，而且通过广告将其他生产部门纳入资本主义商品经济的轨道；与其他产业一样，在剩余价值的诱惑下，传媒工业必然走向竞争和垄断。”[③] 总之，在传播政治经济学派看来，传媒是货真价实的商品，具有使用价值和交换价值。传媒研究者应该首先关注传媒的商品性，其次才是它的意识形态性。

---

① 潘知常、林玮主编：《传媒批判理论》，新华出版社 2002 年版，第 54 页。

② 张邦卫：《媒介诗学：传媒视野下的文学与文学理论》，社会科学文献出版社 2006 年版，第 82 页。

③ 同上书，第 73 页。

二 从“人使用传媒”到“传媒使用人”

在研究领域方面，“传媒学转向”实现了人文社会科学的研究领域从“反思理性”到“反思传媒”的转向；在传媒观方面，“传媒学转向”改变了人与传媒的关系。过去，传媒被看作是人所使用的工具，即“人使用传媒”，而现在，人成为传媒的使用工具，即“传媒使用人”。

（一）传统认识论：人使用传媒

西方人文社会科学在近代发生了一次转向，即“认识论转向”。“认识主体”成为近代西方哲学研究的重点，主体与客体的二元对立关系在哲学研究中被凸显出来。“认识论转向”一般被认为是从“近代哲学之父”笛卡尔开始的，笛卡尔的“我思故我在”是传统认识论的起点，他认为：“我是一个实体，这个实体的全部本质或本性只是思想，他并不需要任何地点以便存在，也不依赖任何物质的东西。”① 换言之，思维与认识主体同在，不可分割。其中，“我思”确立了一个“思维主体”。并且这个“思维主体”是一个具有先验理性的人。这个思维主体在认识活动中所面对的是一个外在于自身的客观世界，“只有当这个客观物质世界以某种形式转移到人的思维主体之中，人才有可能进行思维活动，这种思维活动，其实也就是一种‘再现活动’或‘表征活动’。而正是这样一种‘再现活动’才使‘知识‘成为可能”。② 换言之，知识的获得就是人运用自身的先验理性思维“再现”大脑之外的客观世界的过程，这个“再现”的过程也就是认识的过程。总之，认识论强调主客体二元对立，人被看作是一个封闭的主体，能够不受外界的干扰，自主、主动、能动、自由地进行思考和行动。客观世界被看作一个外在于人的客体而存在。知识的获得便是主体运用自己的理性去认识客体。并且由于认识论将理性看成是万能的，因此，人们通过理性的认识能获得客观、普遍、必然、确定的知识。

同时，传统认识论的这种主客体二元对立的关系是人所特有的，是人与动物的区别之所在。正如马克思、恩格斯所指出的那样：“劳动把人从动物界中提升出来，使人成为与自然界相对立的主体，自然界则同时成为

---

① 北京大学哲学系外国哲学史教研室：《十六—十八世纪西欧各国哲学》，商务印书馆 1975 年版，第 148 页。

② 盛宁：《人文困惑与反思——西方后现代主义思潮批判》，生活·读书·新知三联书店 1997 年版，第 42 页。

同主体处于对立统一关系中的客体。这就是主体与客体的分化。而劳动是以制造和使用工具为开端的。工具的制造和使用意味着动物的本能活动被人的劳动所代替”①。由此可见，工具的制造和使用是主体与客体二元对立的前提和标志，在主客体关系中处于中介地位。因此，认识论所强调的主体对客体的“再现”和认知必须通过工具才能实现。最开始是语言承担起了这种“再现”功能，语言不仅能够再现外在的客观世界，而且自我内在的主观的思想世界也必须通过语言才能得到再现。因此，传统语言观将语言看成是一种受主体自我支配的工具，人们使用这种工具可以再现和认识世界上的万事万物，可以将自己的思想、经验、意志、情绪等信息传递出去。在这里，人与语言的关系是主宰与从属、主动与被动的关系，并且这种关系是绝对的，不可逆转的。

如果站在传统认识论的立场之上看，传媒也仅仅是受人支配的工具（语言也是一种特殊的传媒），在与人的关系中始终处于从属和被动的地位，其功能是传递主体的思想、情感、信息。目前，传播学界对于传媒功能的研究也还基本上停留在“工具论”的层面。比如，1948 年拉斯韦尔在《传播在社会中的结构与功能》一书中首次明确地提出了大众传媒的社会功能，即后来著名的“三功能说”，包括环境监测功能、社会协调功能、社会遗产传承功能。1959 年赖特在《大众传播：功能的探讨》一书中对拉斯韦尔的“三功能”又进行了补充，增加了重要的“提供娱乐”的功能后将其扩充到“四功能”。传播学奠基人施拉姆将拉斯韦尔、赖特的功能观总结为三个方面：政治功能，包括监视环境、协调、社会遗产传递；经济功能，包括市场信息的传递和解释、开创经济行为等；一般的社会功能，包括社会规范的传达、协调公众的了解和意愿、娱乐等。此外，传播学的另一位奠基人拉扎斯菲尔德和社会学家默顿提出了传媒的“三功能论”，而且第一次指出并研究传媒的“负功能”问题。他们认为“授予地位”“促进社会规范的实行”是正功能，而“麻醉精神”则是负功能。

从以上分析可以看出，虽然传媒学家们提出了很多关于传媒功能的理论，但是，从本质上来看，这些理论都从不同的侧面和角度强调了传媒的“工具性”，强调人们使用这种工具进行信息传递、宣传教育、提供消遣等用途，如“瞭望哨”“社会排气阀”等，目的是使人们更有利地应付环

---

① 齐振海：《认识论探索》，北京师范大学出版社 2008 年版，第 61 页。

境、适应生活，顺利地、有效地开展与自身生存和发展有关的一切行为。也就是说，目前的传媒功能理论都是站在传统认识论的立场上得出的，都将传媒看作是人们在认识、再现和改造世界的过程中所使用的工具。

（二）后现代解释学：传媒使用人

传统认识论的终结是由“解释学转向”完成的，知识的形成不再被看成是主体去认识客体进而获得某个普遍的、客观的、绝对的真理。相反，知识被看成是在解释活动中形成的，解释活动赋予文本以意义，并且这种意义的赋予不是某种一次性的解释活动就能完成的，它处于不断的解释过程之中；文本的意义也是开放的，随着解释语境的改变而处于一个不断生成的过程之中。

“解释学转向”就是指从传统解释学向后现代解释学的转向。传统解释学始于古希腊，终于德国浪漫主义哲学家施莱尔马赫。古希腊哲学家亚里士多德认为，“解释的目的在于排除歧义以保证词与命题判断的一致性”。[①] 到了中世纪，基督教哲学家奥古斯丁将解释学应用于解释圣经和宗教教义中，并通过马丁·路德的宗教改革，解释学发展成为诠释经文和法典的一门学科。到了近代，德国浪漫主义宗教哲学家施莱尔马赫将解释学运用于哲学史中，希冀通过批评的解释来揭示某个文本中的作者的原意。因此，传统解释学也被称为方法论解释学，解释被看成是主体去认识客体的方法，是读者去解读文本中作者原意的方法。由此可见，传统解释学与传统认识论是一脉相承的，都是建立在主客体二元对立的前提之下。

后现代解释学又被称为本体论解释学。方法论解释学向本体论解释学的转向是从海德格尔开始的。在海德格尔看来，“理解的本质是作为‘此在’的人对存在的理解，理解不再被看作一种认识的方法，而是看作‘此在’的存在方式本身”。[②] 这里的“此在”就是指人的存在方式，这种存在方式消解了传统认识论所强调的主客体二元对立。海德格尔认为，人与世界应该是“融为一体”的，我们在认识事物之前已经在世界之中，“我们与日常事物打交道的实践活动（海德格尔把这种活动叫‘烦忙’，或‘烦’）总是第一位的，我们一定是在已经熟悉了事物以后，才会把它

① 王岳川：《后现代主义文化研究》，北京大学出版社1992年版，第27页。

② 同上书，第30页。

作为一个外在于我，与我没有实践关系的东西来客观观察”。[①] 解释学则不是主体去认识客体的方法，而是人的存在方式（此在）本身；解释学不是主体去认识客体而获得知识，而是敞开我们置身于其中的世界。

解释学的本体论转向必然带来语言学的转向。因为主客体二元对立被消解使语言从一种被主体所支配的工具，跃升为一种先在的本体。在人与语言的关系上，不再是人说语言，而是语言说人。海德格尔的后期哲学逐渐转向了语言问题的研究。后期海德格尔哲学集中探讨两个问题：一是重新确立整个西方哲学以及世界的本源；二是寻找“通向存在之真理”的路径。而解决这两大问题的方法都是通过语言分析，实现思与诗的对话。这样，沿着“言—思—诗”的路径，海德格尔实现了语言的本体论转向。“语言是存在之家”这个著名命题意在表明语言不是表达和交流思想的工具，而是存在真理显现的场所。人与生俱来就存在于语言之中，人只有借助语言才能理解自我、理解世界，才能为世界命名，为世界赋予意义。另一位德国哲学家伽达默尔也指出“能被理解的存在就是语言”。也就是说，语言揭示出了人与世界的内在关系，决定了人对于世界的态度和看法，人永远是以语言的方式来理解世界的。

与“语言学转向”反对工具论语言观、提倡本体论语言观一样，传媒作为语言的一种特殊替代形式，其功能在当代也正进行着越发明显的转向：从工具到本体。我们当然不会否认传媒的工具性，如传递信息、提供娱乐等，但从本体论的角度来看，传媒最基本的功能是它揭示了一个世界，这个世界就是传媒世界。传媒世界本身就是真实环境得以展开和被领会的领域。世界通过传媒使我们感知其存在，人通过传媒拥有其生活世界。传媒打开了我们的世界，使事态得以呈现出来，人与人之间得以交流，社会得以形成。也就是说，传媒世界等同于我们的生活世界，并且是生活世界得以存在的前提。

总之，解释学的转向以及接踵而至的语言学转向让我们认识到，传媒不再被认为是一个外在于主体，并可以被主体任意使用的工具，而是存在显现的场所，是事件存在和自我发展、自我揭示的领域。它将万事万物带入我们的生活世界，并因此而成为生活世界的一部分。从这个意义上讲，我们甚至可以提出“传媒是存在之家”这个命题。人与传媒的关系也不

---

① 张汝伦：《现代西方哲学十五讲》，北京大学出版社 2003 年版，第 232 页。

再是“人使用传媒”，而是“传媒使用人”。

三　“传媒学转向”对“语言学转向”的超越

从以上笔者的分析我们可以看出，“传媒学转向”所强调的从“人使用传媒”到“传媒使用人”是继承了“语言学转向”所强调的从“人说语言”到“语言说人”。因此，“传媒学转向”是继承了“语言学转向”的思路和方法。但是，笔者之所以能够提出“传媒学转向”这个命题，就表明“传媒学转向”一定有超越“语言学转向”的地方。与“语言学转向”创立了“语言、言语、文本”等新概念一样，“传媒学转向”也创立了一些概念，并且这些概念是“语言学转向”所没有的，这些新概念就是：仿真、超真实、内爆。

（一）仿真

仿真又称为仿象或拟真，具体指某个没有本源、没有指涉物的存在。鲍德里亚将仿真的特点界定为“模型先行，围绕着最纯粹事实的所有模型的先行——模型先出现，他们在轨道上（像炸弹一样）的流动构成了事件的真正磁场”。[①] 这里的“模型”就是由电子传媒、信息网络、数字化技术所建构出来的一个符号世界。这个符号世界是一个与现实无关的，自主、自律的仿真世界。

关于拟像，鲍德里亚在《符号交换与死亡》一书中，总结和概述了“拟像”演进的社会发展的三个阶段，提出了“拟像的三阶序列”。他认为，自文艺复兴时代以来，关于“拟像”的发展依次递进是：“①仿造是从文艺复兴到工业革命的‘古典’时期的主导模式；②生产是工业时代的主导模式；③仿真是被代码所主宰的当前时代的主导模式。”[②] 其中，第一阶段的“拟像”，即仿造，遵循的是“自然价值规律”。这个阶段发生在工业革命之前，在那个时期，人们只能通过手工制造的方式来制造产品，因此，在当时符合自然规律的“原件”的地位是至高无上的。一个产品仿制的好不好主要看它与“原件”的匹配程度高不高，与“原件”越像，价值就越高。第二阶段的“拟像”，即生产，遵循的是“市场价值

---

① Jean Baudrillard, *The Masses The Implosion of the Social in the Media*, New Literary History, 1985, p. 32.

② Jean Baudrillard, *symbolic Exchange and Death*, London: Sage Publicatons, 1993, p. 50.

规律”。工业革命之后，由于机械化大生产的出现和普遍应用，人们可以采用机械化大生产的方式来制作产品。换言之，通过机械复制技术，人类可以生产出与“原件”一模一样的产品，即本雅明所说的“机械复制时代”生产方式，因此，在这一阶段，“原件”的地位已经下降，主要的调控方式也变成了市场这只“无形的手”。

第三阶段的“拟像”，即仿真，遵循的则是“结构价值规律”。仿真的对象不是现实中的原件和指涉物，而是符号化的理想模型。仿真物的价值不是由仿制品与原件的相似度或产品的交换价值来决定，而是由符号与符号之间的差异原则决定的。这种符号差异原则呈现价值的方式主要是通过模式的散射，它没有任何现实中的指涉对象，表现为一种无规则的病毒传播式的存在状态。正如鲍德里亚所指出的那样：“某个称为模式的生成核心向外辐射，这样我们就发现自己置身于第三序列的拟像中。第一序列中对原物的仿冒和第二序列中的纯粹系列都因为模型的出现而消失了……只有忠实于模型，才能生成和表达意义。所有的功能都没有终极目的，但都以模型为起点，模型‘指涉的能指’，就像前面的终极性，只提供可信的结果，这就是现代意义上的仿真，工业化只是它的初级形式。”① 总之，仿真是由先进的电子媒介（电视、网络）为大众建造了一个可以取代现实存在的虚拟存在。在这个虚拟存在中，没有了仿制品与原件、影像与现实之间的差异，也没有了指涉物，没有了基础，没有了本源。

（二）超真实

拟真以符号的拟像组成了一种新的现实秩序：超真实。超真实是以理想模型为参照，用符码编制出来的真实。这种真实只有通过符码编码才能存在，是一种比真实更真实的存在。

传统意义的真实是一个与幻觉、想象相对的概念。这种真实是传统哲学的基础，是绝对的、永恒不变的，只能通过理性和逻辑才能把握。正如柏拉图所指出的那样：“真实者是仅能被理性和思考所把握，用眼睛是看不见的。”② 传统哲学的任务就是要剥开一切幻觉和想象，进而去把握那个真实的存在。而现在，随着现代电子传媒的蓬勃发展，传统意义上的真

① 王民安、陈永国、马海良主编：《后现代性的哲学话语：从福柯到赛义德》，浙江人民出版社 2000 年版，第 320 页。

② ［古希腊］柏拉图：《理想国》，郭斌和、张竹明译，商务印书馆 1986 年版，第 294 页。

实已经被电子传媒所消解，真实成了由电子传媒生产出来的没有原型的符码。传统意义上的真实不存在了，与传统真实相关的整个传统形而上学也被瓦解了，人们进入了超真实的时代。

在鲍德里亚看来，超真实是通过大众传媒、计算机网络等类似的技术所产生的一个没有真实原型的虚拟实在。在这种超真实的虚拟实在中，“真实”的命运也发生了改变，真实与再现之间的界限不复存在，真实不再是再现式的真实，而是幻觉式的真实，这种幻觉式真实是已经被再现的存在。真实与再现、现实与符号、对象与表象都融为一体。“真实本身也在‘超真实’中沉默了。复制媒介巨细无遗地临摹，真实在从媒介到媒介的过程中被挥发了，成了一种死亡寓言，真实成了为真实而真实（就像为了欲望而欲望的欲望），膜拜逝去的客体，但这客体已经不是再现的客体，而是狂喜的否定和对自己仪式的消除：成了‘超真实’。”[①]

“超真实”实质上就是电子传媒的产物。电视、网络等电子传媒为人们构建了一个比现实世界更理想、更真实、更诱人的符号世界。在这个符号世界中，“真实与非真实的区别已经模糊不清了，非真实超过了真实，比真实还真实”。[②] 在《拟像与仿真》一书中，鲍德里亚以美国迪士尼乐园为例对这种符号世界进行了说明。“迪士尼乐园在那里存在，为的是掩盖一种事实，即它是‘真实的’国家，所有‘真实的’美国，就是迪士尼乐园。迪士尼乐园是作为想象来表现的，为的是让我们相信其余的都是真实的，而实际上围绕着它的洛杉矶和美国不再是真实的，而变成了超真实的和仿真的秩序。”[③] 迪士尼乐园就是完美展示美国的一个超真实世界，这个世界没有原件，充分体现了美国人的价值观和生活方式。迪士尼乐园不再是美国建构的一个娱乐场所，美国反而成了迪士尼乐园的注脚。这就是超真实世界对真实世界的遮蔽和替代。

（三）内爆

超真实既是仿真文化的产物，又是真实与非真实内爆的结果。“内爆”最早是由麦克卢汉提出的一个概念，与“外爆”相对。“外爆”表征

---

① 王民安、陈永国、马海良主编：《后现代性的哲学话语：从福柯到赛义德》，浙江人民出版社2000年版，第325页。

② 石义彬：《单向度·超真实·内爆：批判视野中的当代西方传播思想研究》，武汉大学出版社2003年版，第264页。

③ Jean Baudrillard, *Simulation*, New York: Semiotext, 1983, p. 25.

了现实世界的运行方式，现实世界总是以主体与客体的二元对立为前提条件的，进而产生了现象与本质、经验与超验、假象与真理等区分，这些也是整个传统形而上学的基础。外爆具体表现为“商品生产、科学技术、国家疆域、资本等的不断向外扩张，以及社会领域、话语和价值的不断分化”。[①] 麦克卢汉认为，文字印刷传播方式延伸了人们的视觉功能，消解了部落时代人们整体化的感知方式，强化了线性思维和分割意识。并且文字印刷术可以清楚、无限地加以复制，信息就可以无限地向外扩张。因此，在麦克卢汉看来，正是文字印刷传播的出现和普及造成了外爆。

然而，电子传媒的出现使文字印刷传播造成的外爆转换为内爆。内爆是物理学的概念，具体指事物内部的聚爆消解了事物之间的界限。在麦克卢汉看来，内爆有三层含义：一是指时空压缩。电子传媒转瞬即逝的传播特征使人们的时空感知方式发生了巨大的改变，时间距离和空间距离不复存在。二是指非中心化。文字印刷传媒的线性传播方式导致了中心与边缘的二元对立，但是，电子传媒的非线性传播方式又消解了中心与边缘的区分，造成了非中心化的生态格局。三是指整体感知。因为电子传媒是人的中枢神经系统的延伸，所以电子传媒也就突破了文字印刷传媒的单一感知方式的限制，重塑整体化的感知方式。

此后，鲍德里亚又在麦克卢汉的基础上将内爆的范围从感知方式层面扩展到社会总体现实层面。对于内爆这个概念，鲍德里亚认为：“模型、数字和符号构成了真实，真实变成模型、数字和符号，模仿和真实之间的界限已经彻底消融，从内部发生了爆炸，即‘内爆’。‘内爆’所带来的是人们对真实的那种切肤的体验以及真实本身的基础的消失殆尽。”[②] 在鲍德里亚这里，内爆有两层含义：一是指意义在传媒中内爆。传媒所传播的信息内容只能被控制在传媒自身的范围之内，信息的意义不再由其指涉的外在世界决定，而是由传媒自身的编码规则和系统秩序所决定。也就是说，符号的能指与所指之间的界限被消解，符号与符号之间在能指层面上互为所指。二是指传媒在现实中内爆。传媒与现实之间的界限被消解，传媒与现实都被内爆于“超现实”的环境之中，这也就是鲍德里亚所认为的在社会总体现实层面的内爆。

---

① 连珩、李曦珍：《后现代大祭师的仿象、超真实、内爆：鲍德里亚电子媒介文化批评的三个关键词探要》，载《科学·经济·社会》2007 年第 3 期。

② Jean Baudrillard, *Simulation*, New York: Semiotext, 1983, p. 25.

“传媒学转向”所创立的“仿真”“超真实”“内爆”三个新概念都是“语言学转向”所没有的，都是超越“语言学转向”的。综上可以看出，这三个概念有一个共同的特点，就是它们“不像语言那样以信息即现实内容的交流为目的，而是完全与指涉物，与所指涉的现实无缘，自成一体，并行于现实之外”；并且它们“不把自己当成虚构的，而是融入现实和日常生活，甚而成为现实的灵魂和主宰，本来现实的倒成了非现实，而它这个人工‘拟像’则变为真正的现实，即能够发生作用的现实”。[①] 尽管结构主义语言学也将语言看成是一个自足自律的独立的符号系统，语言的意义不是由其所指涉的对象，而是由语言符号之间的差异性所决定。但是，只要是语言符号就必然有能指与所指的二元对立。而“仿真”、“超真实”、“内爆”这三种新符号就将能指与所指扭结在一起，将所指消解于能指之中，符号的意义完全是由能指与能指之间互动而产生。这也就是“传媒学转向”超越“语言学转向”的地方之所在。

最后，笔者提出“传媒学转向”这个命题只是意在强调传媒学的理论知识和研究方法给其他人文社会科学带来的重大变革。“传媒学转向”绝不意味着所有或大部分人文社会科学研究都朝这个方向发展和演变，它仅仅是其中一种走向而已。与此同时还存在很多其他走向，如图像转向、文化转向、人类学转向等等。并且笔者抛出“传媒学转向”这个命题也只能起到“抛砖引玉”的作用，还有待其他学者同僚对这一问题作出更加深入、细致、全面的研究和探索。

① 金惠敏：《媒介的后果：文学终结点上的批判理论》，人民出版社2005年版，第46页。

参考文献

一　中文著作

北京大学外国哲学史教研室编译：《16—18世纪西欧各国哲学》，生活·读书·新知三联书店1958年版。

北京大学外国哲学史教研室编译：《西方哲学原著选读》（上卷），商务印书馆1981年版。

北京大学哲学系外国哲学史教研室：《十六—十八世纪西欧各国哲学》，商务印书馆1975年版。

曾国屏等：《赛博空间的哲学探索》，清华大学出版社2002年版。

陈昌曙：《技术哲学引论》，科学出版社2012年版。

陈龙：《传媒文化研究》，中国人民大学出版社2009年版。

陈文殿：《全球化与文化个性》，人民出版社2009年版。

崔保国：《信息社会的理论与模式》，高等教育出版社1999年版。

段伟文：《网络空间的伦理反思》，江苏人民出版社2002年版。

范龙：《媒介现象学：麦克卢汉传播思想研究》，中国大百科全书出版社2012年版。

方珊主编：《俄国形式主义文论选》，生活·读书·新知三联书店1989年版。

高亮华：《人文主义视野中的技术》，中国社会科学出版社1996年版。

郭庆光：《传播学教程》，中国人民大学出版社1999年版。

郭晓科主编：《大数据》，清华大学出版社2013年版。

洪谦主编：《西方现代资产阶级哲学论著选辑》，商务印书馆 1982 年版。

胡潇：《媒介认识论》，人民出版社 2012 年版。

贾明：《现代性语境中的大众文化》，上海人民出版社 2007 年版。

蒋荣昌：《消费社会的文学文本：广义大众传媒时代的文学文本形态》，四川大学出版社 2004 年版。

蒋晓丽、石磊：《传媒与文化：文化视角下的传媒研究》，华夏出版社 2008 年版。

金惠敏：《媒介的后果：文学终结点上的批判理论》，人民出版社 2005 年版。

李沁：《沉浸传播：第三媒介时代的传播范式》，清华大学出版社 2013 年版。

李秋零主编：《康德著作全集》第 6 卷，中国人民大学出版社 2007 年版。

刘丹鹤：《赛博空间与网际互动：从网络技术到人的生活世界》，湖南人民出版社 2007 年版。

陆扬、王毅：《大众文化与传媒》，上海三联书店 2000 年版。

罗钢、王中忱主编：《消费文化读本》，中国社会科学出版社 2003 年版。

欧阳友权：《网络文学论纲》，人民文学出版社 2003 年版。

欧阳友权：《网络文学本体论》，中国文联出版社 2004 年版。

欧阳友权：《数字化语境中的文艺学》，中国社会科学出版社 2005 年版。

潘知常、林玮主编：《传媒批判理论》，新华出版社 2002 年版。

潘知常、林玮：《大众传媒与大众文化》，上海人民出版社 2002 年版。

齐振海：《认识论探索》，北京师范大学出版社 2008 年版。

乔瑞金主编：《技术哲学教程》，科学出版社 2006 年版。

盛宁：《人文困惑与反思——西方后现代主义思潮批判》，生活·读书·新知三联书店 1997 年版。

石磊：《新媒体概论》，中国传媒大学出版社 2009 年版。

石义彬：《单向度、超真实、内爆——批判视野中的当代西方传播思想研究》，武汉大学出版社 2003 年版。

苏国勋等：《全球化：文化冲突与共生》，社会科学文献出版社 2006 年版。

孙正聿：《崇高的位置》，人民出版社 2010 年版。

涂子沛：《大数据》，广西师范大学出版社 2013 年版。

涂子沛：《数据之巅》，中信出版社 2014 年版。

王民安，陈永国，马海良主编：《后现代性的哲学话语：从福柯到赛义德》，浙江人民出版社 2000 年版。

王一川主编：《大众文化导论》，高等教育出版社 2009 年版。

王岳川：《后现代主义文化研究》，北京大学出版社 1992 年版。

王岳川：《艺术本体论》，中国社会科学出版社 1994 年版。

王岳川：《二十世纪西方哲性诗学》，北京大学出版社 1999 年版。

王岳川：《后殖民主义与新历史主义文论》，山东教育出版社 1999 年版。

王治河：《后现代哲学思潮研究》，北京大学出版社 2006 年版。

文化部教育局编：《西方现代哲学与文艺思潮》，上海文艺出版社 1987 年版。

肖峰：《信息主义及其哲学探析》，中国社会科学出版社 2011 年版。

萧俊明：《文化转向的由来》，社会科学文献出版社 2004 年版。

许良：《技术哲学》，复旦大学出版社 2005 年版。

严耕、陆俊、孙伟平：《网络伦理》，北京出版社 1998 年版。

杨仁忠：《公共领域论》，人民出版社 2009 年版。

衣俊卿：《现代化与日常生活批判》，人民出版社 2005 年版。

尹鸿、李彬：《全球化与大众传媒——冲突·融合·互动》，清华出版社 2002 年版。

喻国明：《新闻传播的大数据时代》，中国人民大学出版社 2014 年版。

余虹：《审美文化导论》，高等教育出版社 2006 年版。

俞宣孟：《本体论研究》，上海人民出版社 2012 年版。

翟振明：《有无之间：虚拟实在的哲学探险》，北京大学出版社 2007 年版。

张邦卫：《媒介诗学：传媒视野下的文学与文学理论》，社会科学文献出版社 2006 年版。

张汝伦:《现代西方哲学十五讲》,北京大学出版社 2003 年版。

赵光武主编:《后现代主义哲学述评》,西苑出版社 2000 年版。

周宝曜、刘伟、范承工主编:《大数据:战略·技术·实践》,电子工业出版社 2013 年版。

周宪:《中国当代审美文化研究》,北京大学出版社 1997 年版。

周宪:《审美现代性批判》,商务印书馆 2005 年版。

周宪:《视觉文化的转向》,北京大学出版社 2008 年版。

朱立言:《哲学与当代文化》,中国人民大学出版社 1998 年版。

二 中文译著

[古希腊] 柏拉图:《理想国》,郭斌和、张竹明译,商务印书馆 1986 年版。

[奥] 弗洛伊德:《论创造力与无意识》,孙恺祥译,中国展望出版社 1987 年版。

[奥] 维特根斯坦:《哲学研究》,生活·读书·新知三联书店 1992 年版。

[德] 本雅明:《机械复制时代的艺术作品》,王才勇译,杭州:浙江摄影出版社 1993 年版。

[德] 冈特·绍伊博尔德:《海德格尔分析新时代的技术》,宋祖良译,中国社会科学出版社 1993 年版。

[德] 哈贝马斯:《公共领域的结构转型》,曹卫东等译,学林出版社 1999 年版。

[德] 哈贝马斯:《公共领域》,载汪晖、陈燕谷《文化与公共性》,生活·读书·新知三联书店 2005 年版。

[德] 海德格尔:《海德格尔选集》,孙周兴主编,生活·读书·新知三联书店 1996 年版。

[德] 海德格尔:《世界图像时代》,见孙国兴编《海德格尔选集》,上海三联出版社 1996 年版。

[德] 海德格尔:《存在与时间》,陈嘉映等译,生活·读书·新知三联书店 1999 年版。

[德] 黑格尔:《逻辑学》上卷,杨一之译,商务印书馆 1974 年版。

［德］黑格尔：《哲学史讲演录》第四卷，贺麟、王太庆译，商务印书馆1978年版。

［德］胡塞尔：《现象学的观念》，倪梁康译，上海译文出版社1986年版。

［德］胡塞尔：《欧洲科学危机和超验现象学》，张庆熊译，上海译文出版社1988年版。

［德］胡塞尔：《纯粹现象学通论》，李幼蒸译，商务印书馆1992年版。

［德］霍克海默：《批判理论》，李小兵译，重庆出版社1989年版。

［德］霍克海默、阿多诺：《启蒙辩证法》，渠敬东、曹卫东译，重庆出版社1990年版。

［德］康德：《纯粹理性批判》，邓晓芒译，人民出版社2004年版。

［德］拉普：《技术哲学导论》，刘武等译，辽宁科学技术出版社1986年版。

［德］马尔库塞：《爱欲与文明》，黄勇、薛民译，上海译文出版社1987年版。

［德］迈克尔·海姆：《从界面到网络空间：虚拟实在的形而上学》，金吾伦、刘钢译，上海科技教育出版社2000年版。

［德］尼采：《悲剧的诞生》，周国平译，生活·读书·新知三联书店1986年版。

［德］尼采：《苏鲁支语录》，徐梵澄译，商务印书馆1997年版。

［德］叔本华：《作为意志与表象的世界》，石冲白译，商务印书馆1982年版。

［德］韦尔施：《重构美学》，陆扬、张岩冰译，上海译文出版社2002年版。

［德］席勒：《审美教育书简》，冯至、范大灿译，北京大学出版社1985年版。

［法］波伏娃：《法国的后弗洛伊德主义》，李亚卿译，东方出版社1988年版。

［法］布尔迪厄：《关于电视》，许钧译，辽宁教育出版社2000年版。

［法］德里达：《声音与现象》，杜小真译，商务印书馆1999年版。

［法］德里达：《书写与差异》，张宁译，生活·读书·新知三联书店

2001 年版。

［法］福柯：《癫狂与文明——理性时代的精神病史》，孙淑强、金筑云译，浙江人民出版社 1991 年版。

［法］卢梭：《论科学和艺术》，何兆武译，上海人民出版社 2007 年版。

［法］罗蒂：《哲学和自然之镜》，李幼蒸译，生活·读书·新知三联书店 1987 年版。

［法］罗蒂：《后哲学文化》，黄勇译，上海译文出版社 1992 年版。

［法］罗蒂：《后哲学文化》，黄勇译，上海译文出版社 2009 年版。

［法］让·鲍德里亚：《消费社会》，刘成富、全志纲译，南京大学出版社 2001 年版。

［法］让·鲍德里亚：《物体系》，林志明译，上海人民出版社 2001 年版。

［法］让·鲍德里亚：《完美的罪行》，王为民译，商务印书馆 2002 年版。

［法］塞奇·莫斯科维奇：《群氓的时代》，许列民、薛丹云、李继红译，江苏人民出版社 2006 年版。

［法］约瑟夫·祁雅理：《二十世纪法国思潮》，吴永泉等译，商务印书馆 1987 年版。

［荷］赫伊津哈：《游戏的人》，多人译，中国美术学院出版社 1996 年版。

［加］查尔斯·泰勒：《市民社会的模式》，载邓正来、J. C. 亚历山大主编《国家与市民社会——一种社会理论的研究路径》，中央编译出版社 2002 年版。

［加］罗伯特·洛根：《理解新媒介——延伸麦克卢汉》，何道宽译，复旦大学出版社 2012 年版。

［加］马歇尔·麦克卢汉：《理解媒介——论人的延伸》，何道宽译，商务印书馆 2000 年版。

［加］马歇尔·麦克卢汉：《麦克卢汉如是说：理解我》，何道宽译，中国人民大学出版社 2006 年版。

［美］巴雷特：《非理性的人》，段德智译，上海译文出版社 2007 年版。

［美］保罗·莱文森：《数字麦克卢汉》，何道宽译，社会科学文献出版社 2001 年版。

［美］丹尼尔·贝尔：《后工业社会的来临：对社会预测的一项探索》，高铦等译，新华出版社 1997 年版。

［美］道格拉斯·凯尔纳：《媒体文化——介于现代与后现代之间的文化研究、认同性与政治》，丁宁译，商务印书馆 2004 年版。

［美］杰姆逊：《后现代主义与文化理论》，唐小兵译，陕西师范大学出版社 1987 年版。

［美］卡勒：《论解构》，陆扬译，中国社会科学出版社 1998 年版。

［美］凯尔纳、贝斯特：《后现代理论：批判性的质疑》，张志斌译，中央编译出版社 2001 年版。

［美］罗尔斯：《正义论》，何怀宏、何包钢、廖申白译，中国社会科学出版社 1988 年版。

［美］马克·E. 沃伦编：《民主与信任》，华夏出版社 2004 年版。

［美］马克·波斯特：《信息方式：后结构主义与社会语境》，范静晔译，商务印书馆 2001 年版。

［美］马克·波斯特：《第二媒介时代》，范静晔译，南京大学出版社 2002 年版。

［德］马克思：《资本论》（第 1 卷），人民出版社 1956 年版。

《马克思恩格斯全集》（第 47 卷），人民出版社 1979 年版。

［德］马克思：《1844 年经济学—哲学手稿》，人民出版社 1979 年版。

［美］曼纽尔·卡斯特：《网络社会的崛起》，夏铸九、王志弘译，社会科学文献出版社 2003 年版。

［美］芒福德：《机械的神话》，钮先钟译，黎明文化实业股份有限公司 1972 年版。

［美］米切尔：《比特之城》，范海燕、胡泳译，生活·读书·新知三联书店 1999 年版。

［美］米切姆：《技术哲学概论》，殷登祥译，天津科技出版社 1999 年版。

［美］尼尔·波兹曼：《娱乐至死》，章艳译，广西师范大学出版社 2004 年版。

［美］尼葛洛庞帝：《数字化生存》，胡泳、范海燕译，海南出版社

1997 年版。

［美］萨义德：《东方学》，王宇根译，生活·读书·新知三联书店 1999 年版。

［美］施拉姆等：《传播学概论》，陈亮等译，新华出版社 1984 年版。

［美］斯蒂文·小约翰：《传播理论》，陈德民、叶晓辉译，中国社会科学出版社 1999 年版。

［美］斯图亚特·霍尔：《文化研究：两种范式》，载《文化研究》第 1 辑，天津社会科学出版社 2000 年版。

［美］西奥多·罗斯扎克：《信息崇拜：计算机神话与真正的思维艺术》，苗华健、陈体仁译，中国对外翻译出版公司 1994 年版。

［美］约翰·R. 霍尔、玛丽·乔·尼兹：《文化：社会学的视野》，周晓虹、徐彬等译，商务印书馆 2004 年版。

［美］詹姆逊：《文化转向》，胡亚敏等译，中国社会科学出版社 2000 年版。

［西］加塞特：《大众的反叛》，刘训练等译，吉林人民出版社 2004 年版。

［匈］阿格妮丝·赫勒：《日常生活》，衣俊卿译，重庆出版社 1990 年版。

［匈］阿诺德·豪泽尔：《艺术社会学》，居延安译，学林出版社 1987 年版。

［匈］巴拉兹：《电影美学》，何力译，中国电影出版社 1979 年版。

［英］阿兰·斯威伍德：《大众文化的神话》，冯建三译，生活·读书·新知三联书店 2003 年版。

［英］费瑟斯通：《消费文化与后现代主义》，刘精明译，译林出版社 2000 年版。

［英］罗素：《西方的智慧》，冯家驹等译，世界知识出版社 1992 年版。

［英］尼克·史蒂文森：《认识媒介文化》，王文斌译，商务印书馆 2001 年版。

［英］诺顿：《互联网：从神话到现实》，朱萍等译，江苏人民出版社 2001 年版。

［英］维克托·迈尔－舍恩伯格、肯尼思·库克耶：《大数据时代》，

盛杨燕、周涛译，浙江人民出版社 2013 年版。

三 中文论文

鲍宏礼：《论全球化时代的网络文化特质》，载《学术论坛》2003 年第 6 期。

程群：《宏大叙事的缺失与复归》，载《史学理论研究》2005 年第 1 期。

邓晓芒：《胡塞尔现象学导引》，载《中州学刊》1996 年第 6 期。

范龙、王潇潇：《试论网络时代的文化全球化》，载《湖北大学学报》（哲学社会科学版）2010 年第 1 期。

方苏：《人类：一个娱乐至死的物种?》，载《东南传播》2007 年第 11 期。

费孝通：《从反思到文化自觉和交流》，载《读书》1998 年第 11 期。

胡奕颢：《微电影传播特征刍议》，载《理论探索》2012 年第 10 期。

黄鸣奋：《从网络文学到网际艺术：世纪之交的走向》，载《江苏社会科学》2005 年第 1 期。

蒋晓丽、冯乐：《文化的传媒化与传媒的文化化——现状、症候与反思》，载《当代文坛》2012 年第 5 期。

蒋晓丽、张骋：《新闻的终结？新闻的转向？——新媒体语境下的新闻宿命》，载《新闻界》2012 年第 18 期。

郦全民：《计算与实在——当代计算主义思潮剖析》，载《哲学研究》2006 年第 3 期。

连珩、李曦珍：《后现代大祭师的仿象、超真实、内爆：鲍德里亚电子媒介文化批评的三个关键词探要》，载《科学·经济·社会》2007 年第 3 期。

练新颜：《“工具制造者”还是“心灵制造者”？——刘易斯·芒福德论人的本质》，载《自然辩证法研究》2012 年第 11 期。

刘剑敏、李润权：《论网络的碎片化特征》，载《新闻爱好者》2011 年第 9 期。

路宪民、樊亚平：《论全球性媒体对公共领域的冲击和影响》，载《兰州大学学报》（社会科学版）2004 年第 1 期。

马立新：《论网络游戏的本体特征》，载《山东师范大学学报》2007

年第 4 期。

梅琼林：《论后现代主义视觉文化之内涵性的消失》，载《哲学研究》2007 年第 10 期。

梅琼林：《透明的媒介：论麦克卢汉对媒介本质的现象学直观》，载《人文杂志》2008 年第 5 期。

孟建：《视觉文化传播：对一种文化形态和传播理念的诠释》，载《现代传播》2002 年第 3 期。

聂志腾：《消费主义视域下的网络新闻叙述视角》，载《新闻界》2010 年第 6 期。

欧阳友权：《网络媒体对文学经典观念的解构》，载《贵州社会科学》2007 年第 12 期。

欧阳友权：《网络审美资源的技术美学批判》，载《文学评论》2008 年第 2 期。

潘知常、袁力力：《文化研究：传媒作为文本世界——西方传媒批判理论研究札记之一》，载《现代传播》2003 年第 2 期。

秦湘源：《本体论的历史演进》，载《求是学刊》1994 年第 4 期。

秦志希等：《网络传播的“后现代”特性》，载《武汉大学学报》（人文科学版）2002 年第 6 期。

宋新军：《信息的占有与观念的缺失：人在信息社会中的一个悖论》，载《当代传播》2010 年第 4 期。

孙伟平：《信息社会及其基本特征》，载《哲学动态》2010 年第 9 期。

孙悦：《审美文化语境下的微电影探究》，载《影视艺术》2012 年第 11 期。

陶东风：《文学的祛魅》，载《文艺争鸣》2006 年第 1 期。

王榕、辛军：《哈贝马斯论大众传媒功能的变化》，载《山东大学学报》（哲学社会科学版）2003 年第 4 期。

王一如：《从〈岁月神偷〉看小叙事中的宏大魅力》，载《电影文学》2010 年。

魏明革：《全球化背景下的网络帝国主义及应对》，载《当代传播》2011 年第 1 期。

文成伟、刘则渊：《欧洲中世纪技术的形而上学反思》，载《自然辩证法研究》2004 年第 3 期。

吴国盛：《芒福德的技术哲学》，载《北京大学学报》（哲学社会科学版）2007 年第 6 期。

吴琳、张敏：《论芒福德巨机器技术观》，载《白城师范学院学报》2008 年第 4 期。

吴兴明：《反思波德里亚：我们如何理解消费社会》，载《四川大学学报》（哲学社会科学版）2006 年第 1 期。

徐震：《“网络恶搞”的后现代意蕴》，载《重庆邮电大学学报》（社会科学版）2007 年第 5 期。

尹鸿：《告别了普罗米修斯之后——后现代语境中的中国电影》，载《当代电影》1994 年第 3 期。

喻国明：《解读新媒体的几个关键词》，载《媒介方法》2006 年第 5 期。

张红岭：《鲍德里亚的消费社会理论探要》，载《广西社会科学》2008 年第 7 期。

张红岩：《人本主义的马克思：弗洛姆的〈马克思关于人的概念〉解读》，载《云南财贸学院学报》（社会科学版）2007 年第 2 期。

张品良：《网络传播的后现代性解析》，载《当代传播》2004 年第 5 期。

张跣：《微博与公共领域》，载《文艺研究》2010 年第 12 期。

张学标、严利华：《大众传播媒介、公共领域与政治认同》，载《新闻与传播评论》2009 年第 1 期。

赵勇：《信息崇拜与通胀写作》，载《学术月刊》2008 年第 12 期。

周雪、张新标：《回归生活——基于芒福德技术哲学思想的反思》，载《湖北经济学院学报（人文社会科学版）》2011 年第 5 期。

四　学位论文

费云芳：《第九艺术——网络游戏的视听元素与文化分析》，硕士学位论文，中国艺术研究院，2009 年。

吴松：《网络游戏审美特征研究》，硕士学位论文，山东师范大学，2008 年。

谢锐：《传媒哲学视野下的麦克卢汉媒介观：兼论我们与世界的传媒性关系》，硕士学位论文，兰州大学，2007 年。

薛国梅:《微电影美学特征及其价值研究》,硕士学位论文,山东师范大学,2013 年。

杨玲:《从网络流行语看大众文化特征》,硕士学位论文,华中师范大学,2006 年。

五 外文文献

Colin Sparks, *The Evaluation of Cultural Studies*. John Storey, *What Is Cultural Studies*? A Reader, Arnold, 1996.

Eric McLuhan, Frank Zingrone. *Essential McLuhan*, Stoddart Publishing Co, 1995.

Fredric Jameson, "Notes on Globalization as a Philosophical Issue," in: *The Cultures of Globalizaton*, ed. Fredric and Masao Miyoshi, Duke University Press, 1998.

Jacques Ellul, *The Technological System*, Trans, Jouchim Neugroschel, New York: Continuun, 1980.

James M. Beniger, *Who Shall Control Cyberspace? Communication and Cyberspace: Social Interaction Environment*, Hampton Pree, Inc.

Jean Baudrillard, *symbolic Exchange and Death*, London: Sage Publicatons, 1993.

Jean Baudrillard, *Simulation*, New York: Semiotext, 1983.

Jean Baudrillard, *The Masses The Implosion of the Social in the Media*. New Literary History, 1985.

Jean Baudrillard, *Selected Writings*, Stanford University Press, 1988.

Jean Baudrillard, *symbolic Exchange and Death*, London: Sage Publicatons, 1993.

Kostas Axelos, *Alienation, Praxis, and Techne in the Thought of Karl Marx* 1—3, Translation Copyright by the University of Texas.

Lewis Mumford, *The Condition of Man*, Harcourt, Brace and Company, 1944.

Nicholas Mirzoeff, *An Introduction to Visual Culture* (London: Routledge, 1999).

R. Middleton, *Studying Popular Music*, Milton Keynes, Open Univerdity

Press, 1990.

Raymond Williams, *Keywords: A Vocabulary of Culture and Society*, London: Fontana, 1976.

Zimmerman, *Heidegger's Confrontation with Modernity*, Indiana University Press, 1990.

后　记

本书是在我博士论文的基础上修改而成，在漫长而艰苦的写作过程中，我最期待的就是写后记的时刻。一是因为写后记就意味着我的拙著终于要杀青了；二是因为在后记中，我可以对我近30年的人生历程作一次小小的总结。我有太多的话想要倾诉，有太多的情感想要表达。

古希腊哲学家亚里士多德曾经说过："思辨是最大的幸福。"亚氏这句话的意思就是指人们在思辨的过程中就能体验到世界和人生的终极价值，而不必过分关注思辨的现实结果。的确，我们做学问不应该有太多外在的功利目的，学术本身就有其极高的内在价值，这种价值也是高于其他任何世俗价值的。同时，在做学问的过程中，我们也能体会到超验的终极幸福，这种幸福也是世俗之人永远体会不到的。简言之，学术是目的，而非手段。同样，真正的知识分子也不是拿知识来谋生的人，甚至也不只是以这些知识去为社会服务的人，而是对真善美这些人类终极目标的自由追求者，是人类自我意识和人生最高价值的体现者；而当他在创建和探求这些无限价值的同时，必然也是对有限的现实生活和社会存在的不懈的批判者。

我从小的理想就是当一名公共知识分子，也一直在朝这个目标而奋斗。同时，我也深知在这个急功近利的时代坚持自身理想的艰难，也深知人有时为了生存，也需要做出一些妥协和退让。我不能虚伪地说我就是一个淡泊名利之人，但是，我可以问心无愧地说名和利绝不是我做学问的唯一目的，因为人除了有物质追求之外，更应该有精神追求。这本书可以算是我"公知"奋斗路上的阶段性成果。本书也是国内第一本以"传媒本体论"命名的书，既然是第一本，就肯定会有很多不成熟的地方，欢迎各位前辈和同行批评指正，使我在以后的学术研究中能将"传媒本体论"

建构得更完善。

本书的写作不仅仅是一次学术的写作，更是一次人生的写作，因为一个人要完成一本书的写作不仅仅需要知识和思想的积累，更需要精神和毅力层面的付出。也就是说，这本书不仅记载了我的毕生所学，更包含了我 30 年人生中的点点滴滴。我这 30 年的人生之路谈不上一帆风顺，大大小小的挫折也经历了不少，我也曾经迷茫过、徘徊过、消沉过，可以说是几经沉浮，但是我从来没有沉沦。因为我始终坚信成功的道路其实并不拥挤，只是坚持走下去的人太少。我也深知生活的艰辛，没有人可以随随便便成功，有时你所付出的要远多于你所得到的。步入而立之年的我已经不再是男孩了，已经成为一个堂堂正正的男人。这种从男孩到男人的蜕变，使我慢慢走向成熟，使我懂得了感恩。在我 30 年的人生之路中，有很多帮助过、陪伴过、关心过我的人。这里，我将逐一表达出我由衷的感激之情。

感谢我的恩师蒋晓丽教授。当年在我走投无路的时候，感谢您能收我为徒，让我重新燃起了对事业和生活希望和信心。我们师徒之间虽然接触不是很多，但是我能清晰地感受到您对弟子的关心、照顾和赏识。您一直都是我学习的榜样，您高尚的人品和渊博的学识都值得我终身学习。同时，非常感谢您能给我最大的学术自由，让我能将尽可能多的时间和精力投身于我深爱的学术。我也一定加倍努力，决不辜负您对我的期望。同时，感谢我在读博期间帮助过、指导过我的其他各位老师：阎嘉老师、蒋荣昌老师、邱沛篁老师、欧阳宏生老师、蔡尚伟老师、徐新建老师、吴建老师、傅其林老师、赵渭绒老师等等。你们对我的谆谆教诲，学生永世不忘。

感谢我的父亲。我们父子虽然没有生活在一起，但是我仍然能清楚地感觉到你对我的关爱和付出。记得小时候我最喜欢坐在你的自行车上听你给我讲故事，虽然我现在知道那些故事都不是真实的，但是从这些故事中透露出来的父爱绝对是真实的，我从来没怀疑过。我们父子都是做学问的人，都是知识分子。现在你已经退居二线，而我已经走上前线，沿着你的步伐继续前进。

感谢我的母亲。我的母亲也是我最应该感谢之人。在我与母亲相依为命的漫长岁月里，我们母子经历了太多的风风雨雨和艰难坎坷，你为了我的健康成长做出了太多的牺牲，付出了太多的心血。这些儿子心里都非常清楚，虽然我在语言上很少正面说出过。现在我们的日子过得越来越好了，我也已经长大成人，已经能够独当一面，已经成了一个顶天立地的男子汉了。该是你享清福，我尽孝的时候了。

感谢这些年来一直在我身边见证我成长的亲人们：爷爷、奶奶、舅舅、舅妈、怡哥、姨妈、姑妈、徐老师、邓叔叔，等等。你们都是看着我长大的，在我小时候最孤苦伶仃、无依无靠的时候，你们给了我很多温暖和帮助。我的健康成长离不开你们的关心和照顾。无论我以后飞得了多高，飞得了多远，都不会忘了你们的恩情。

感谢2011级蒋门的兄弟姐妹们：王志华、江凌、刘可文、周珣、欧勤扬、张毅、陆敏捷、杨卫民、黄文、冯乐、杨涵雯、李晓蔚、李丹等等。我们一起开读书会、一起准备晚会、一起唱歌、一起喝酒、一起过生日的场景是那么的让人难忘。现在大家即将各奔东西，以后很难再有相聚的机会，那些美好的记忆将在我的头脑里永久珍藏。同时，感谢蒋门的各位师兄师姐：石磊、张放、张杰、刘肖、任雅仙、董子铭、刘路、李玮、耿姝等等。你们都是非常优秀之人，都是我学习的榜样。

感谢我在读博期间认识的各位朋友：胡易容、饶广祥、张莉、姚婷、余艳青、景诗佳、赵星植、闫文君、蒋诗萍等等。我在川大读书这几年最幸运的就是认识了很多优秀的朋友。所谓“近朱者赤、近墨者黑”，当我每次想放松自己的时候，只要一想到自己身边还有那么多优秀的朋友在努力奋斗，马上也就打消了放松自己的念头。

感谢我单位上的各位领导和同事，正是有了你们对我的帮助和指导，让我这个第一次走上工作岗位的新人感受到了影传学院这个大家庭的温暖。我们学院是个年轻而有活力的学院，我相信在我们的共同努力之下，我们一定能有个更加灿烂的明天。

感谢我的学生们，感谢你们给我的人生留下了那么多美好的记忆。你们是我从小到大给予我掌声最多的一群人，无论我平时工作再苦再累，只要一想到有你们对我的支持和肯定，我就有坚持下去的动力，就不后悔我当初的选择。一路上有你们，苦一点也愿意。

最后，我将这本几乎耗尽了我全身功力的立身之作献给我的家人，没有你们的爱作为我最坚实的后盾，我不可能完成这本书的写作。

张 骋

2015年7月于狮子山